U0499792

博士论文
出版项目

# 流动人口家庭发展
## 家庭团聚再造与支持重构

Migrant Family Development

Reunification of Family Members and Reconstruction of Family Supports

### 李 龙 著

中国社会科学出版社

图书在版编目（CIP）数据

流动人口家庭发展：家庭团聚再造与支持重构／李龙著. —北京：中国社会科学
出版社，2023.4

ISBN 978 – 7 – 5227 – 1837 – 8

Ⅰ.①流… Ⅱ.①李… Ⅲ.①流动人口—研究—中国②家庭问题—研究—中国
Ⅳ.①C924.24②D669.1

中国国家版本馆 CIP 数据核字（2023）第 073160 号

出 版 人　赵剑英
责任编辑　王莎莎
责任校对　季　静
责任印制　张雪娇

出　　版　中国社会科学出版社
社　　址　北京鼓楼西大街甲 158 号
邮　　编　100720
网　　址　http://www.csspw.cn
发 行 部　010 – 84083685
门 市 部　010 – 84029450
经　　销　新华书店及其他书店

印　　刷　北京君升印刷有限公司
装　　订　廊坊市广阳区广增装订厂
版　　次　2023 年 4 月第 1 版
印　　次　2023 年 4 月第 1 次印刷

开　　本　710×1000　1/16
印　　张　18.25
插　　页　2
字　　数　253 千字
定　　价　118.00 元

凡购买中国社会科学出版社图书，如有质量问题请与本社营销中心联系调换
电话:010 – 84083683
版权所有　侵权必究

# 出 版 说 明

 为进一步加大对哲学社会科学领域青年人才扶持力度，促进优秀青年学者更快更好成长，国家社科基金 2019 年起设立博士论文出版项目，重点资助学术基础扎实、具有创新意识和发展潜力的青年学者。每年评选一次。2021 年经组织申报、专家评审、社会公示，评选出第三批博士论文项目。按照"统一标识、统一封面、统一版式、统一标准"的总体要求，现予出版，以飨读者。

全国哲学社会科学工作办公室

2022 年

# 摘　　要

　　人口流动是某一区域所提供的发展机会与当地居民的发展需要或者发展能力不相称时出现的现象。当今中国，人民美好生活日益增长的需要和不平衡不充分的发展之间的矛盾，是人口流动现象空前活跃、流动人口规模异常庞大的根源。家庭始终都是人口流动决策最重要的参与者，同时又是人口流动影响最突出的承受者，中国家庭发展基本格局在人口大流动的新时代里发生了深刻变化。由日渐广泛化和日益常态化的人口流动所催生的家庭成员居住分离问题，要求把研究视角投射到流动人口家庭这一中国目前最为薄弱的家庭发展环节和最需重视的家庭发展领域。

　　本书着眼于国内流动人口家庭发展的理论研究还没充分考虑流动人口的特殊性、尚未明确其家庭发展的基本内涵和国内流动人口发展的实证研究过于偏重描述事实、对流动人口家庭发展深层机制的揭示仍显不足两大现实状况，致力于对流动人口家庭发展的典型特征做出理论层面上的经验梳理、为流动人口家庭发展的基本规律提供实证层面上的数据支撑：（1）在系统梳理和全面总结家庭发展理论的基础上，构建流动人口家庭发展三阶段论，阐释流动人口家庭发展的生命周期关系和结构功能逻辑；（2）基于理论提出研究假设，运用调查数据和计量模型来进行实证检验，分别呈现家庭化流动和家庭式融入在流动人口家庭发展中的特定意义。

　　本书坚持以理论驱动实证、以实证回馈理论，共计包括七章。除了作为首尾两章的第一章"导论"和第七章"结论讨论"之外，其余五章均可归入依据文献回顾基础上的 Zetterberg（1954）发展"公理化"理论的一般过程与理论构建中诠释的流动人口家庭发展所特有的阶段过程而设计的两大部分中：（1）第二章"文献回顾"和第三章"理论构建"实际上是在 Zetterberg（1954）发展"公理化"理论的一般过程指引下展开具体研究，它们恰组成了本书的理论探讨部分，其中，"文献回顾"一章的重点是阐述基于生命周期、现代转变、人类发展等三种主要的导向来认识家庭发展的概念框架和理解家庭发展的理论模型，"理论构建"一章的核心是提出流动人口家庭发展三阶段基础理论模型以及分化进化、生命周期、结构功能等三组重要研究假设；（2）第四章"第一阶段（家庭化流动阶段）实证分析"、第五章"从第一阶段向第二阶段进化的实证分析"、第六章"第二阶段（家庭式融入阶段）实证分析"则是以流动人口家庭发展所特有的阶段过程为根据进行分解研究，它们共同构成本书的实证检验部分，第四章立足流动人口家庭发展第一阶段（其以家庭化流动为主要"发展任务"），第五章聚焦流动人口家庭发展第一阶段向第二阶段的进化，第六章植根流动人口家庭发展第二阶段（其以家庭式融入为主要"发展任务"）。理论和实证两大部分紧密地结合，先从理论出发，以理论假设指引实证，而后再从实证出发，以实证结果验证理论，这是社会研究"科学环"的直观体现。

　　第二章"文献回顾"在归纳总结与比较辨析中描绘出家庭发展理论三大主要导向的演进图谱，并分别提炼出各种导向的理论内核：生命周期导向是对家庭发展因时而异的阶段过程分化转化做出了直观描述，凸显的是阶段过程性；现代转变导向是对家庭发展随时而变的结构功能分化转化做出了深刻剖析，凸显的是分化转化性；人类发展导向是对家庭发展应时而动的发展任务分化转化做出了系统探讨，凸显的是发展本位性。有鉴于家庭发展理论本身浓厚的调和主义倾向、考虑到三大主要导向之间深刻的理论关联属性，本书在理论融合的基础上构造了认识家庭发展的概念框架、形成了理解家庭发展的理论模型，强调家庭发展是家庭在结构与功能分化与转化中扩展成员相应能力、增进成员相关福祉的阶段演替过程，其以阶段向阶段的演化与替代为外显的过程特征、以结构与功能的分化与转化为重要的作用机制、以指向成员个体的发展任务为本位的目标要求。本书同时也在经济学和社会学双重视野之下，从人力资本理论、新迁移经济学、性别角色理论、生命历程理论四大主要导向着眼纵览家庭迁移理论的演进历程，发现最新的理论导向正自觉或者不自觉地同家庭发展思想相对接、与家庭发展理念相结合，家庭迁移和家庭发展之间的紧密联系正得到更充分的揭示。

第三章"理论构建"首先对"家庭""家庭发展"等基本概念以及由其组合出的"流动人口家庭发展"等派生概念分别进行界定，认为流动人口家庭发展是家庭为了满足因人口流动而变化了的需求、应对因人口流动而新出现的压力，通过促成家庭结构功能分化转化以重新塑造成员角色，进而实现家庭发展任务分化转化以继续拓展成员能力。本书而后使用这些概念构建三组理论假设：（1）第一组涉及流动人口家庭发展三阶段的分化进化特征，实际上集中地呈现了本书的基础理论模型，亦即流动人口家庭发展首先经历"家庭化流动阶段"（对家庭迁移流动本身特有的过程性做出因应），而后度过"家庭式融入阶段"（对家庭迁移流动继发问题的过程性做出因应），最终回归一般意义上的家庭行列，按以生命周期阶段演替为突出特征的过程发展；（2）第二组关注流动人口家庭发展三阶段与生命周期关系，实际上是在流动人口家庭发展的特殊性和一般意义家庭发展的普遍性之间搭建起了桥梁，本书发现，流动人口家庭发展所独有的阶段过程性从属于生命周期、受生命周期制约；（3）第三组围绕流动人口家庭发展三阶段的结构功能逻辑，实际上是把流动人口家庭发展外显的阶段过程与内隐的作用机制两者统一起来，本书认为，"家庭化流动阶段"再造家庭内部团聚，这场"有形"的内在"革命"使家庭结构趋于稳定，带动家庭功能趋向协调，"家庭式融入阶段"重构家庭外部支持，这场"无声"的外在"革命"使家庭功能趋于协调，带动家庭结构趋向稳定。

本书以阶段分解研究的独特思路对上述理论假设进行了实证检验,以期深化对相关命题的理解、更新对现实状况的认识。

第四章"第一阶段(家庭化流动阶段)实证分析"在对"家庭化流动阶段"的生命周期表现和结构功能问题展开多维度、多方案的定量研究后发现:(1)家庭化流动在家庭扩展稳定期(从子女出生到子女结婚)这一生命周期阶段上完成状况相对最差,在扩展稳定期后段(子女接受中等教育)的达成情况则尤其差,这与子女随迁因家庭生涯的推进而比例趋于降低是密切相关的,同配偶随迁的关系则不是很大,因为后者在生命周期各阶段上保持着一贯的高水平;(2)家庭化流动的完成能够显著促进流动人口心理健康、优化随迁儿童人际行为以及内在行为,这归功于,成员团聚为家庭保护性功能与社会化功能的有效发挥创造了坚实的基础。

第五章"从第一阶段向第二阶段进化的实证分析"一方面深入地诠释了家庭化流动阶段完成对主客观融入性这个阶段进化标志性测度变量的影响;另一方面也特别地关注到举家流动这种流动人口家庭发展阶段进化中的特殊形态。本书由此获知:(1)处在流动人口家庭发展第一阶段上的家庭化流动是推动融入进程、改善融入体验的必要环节,是向流动人口家庭发展后一阶段纵向演化、朝流动人口家庭发展新的阶段深度进化的重要基础;(2)举家流动并不是家庭化流动完成方式中的多数选择,其相对于分批流动没能够显现出更积极的融入效应,甚至还有可能在主客观融入性上差于分批流动,应当给予必要关注。

第六章"第二阶段(家庭式融入阶段)实证分析"从生命周期角度审视"家庭式融入阶段"、从结构功能维度考察"家庭式融入阶段",得到以下核心结论:(1)家庭式融入在生命周期阶段演替中变得越来越不易实现,扩展稳定期这一生命周期阶段几乎成为致使家庭式融入水平整体呈现下降走势的关键性转折期和迫使家庭式融入水平总体维持较低态势的决定性变动期;(2)家庭式融入作为流动人口家庭发展的第二阶段,极大地影响着流动人口长期居留以及就地养老的可能性，实现家庭式融入、促成功能性演进，将有利于稳定以长期居留以及就地养老为代表的流动人口家庭结构性预期、服务流动人口家庭结构性发展。

实证部分最终总结归纳出本书两大重要观点：（1）从生命周期角度上来看，流动人口家庭比一般意义家庭在更大程度上会被生命周期挤压掉、侵蚀掉家庭发展"成果"，后家庭化流动时代的家庭仍将面临双重困境，一方面是团聚了的家庭本身可能因为成员由随迁转留守而陷入到家庭化流动滞退的境地，而另一方面则是进一步地整体融入当地社区困难极大且家庭式融入也并非完全稳固；（2）从结构功能角度上来看，家庭从完成家庭化流动到实现家庭式融入，对促进其结构趋于稳定、推动其功能趋于协调都是有益的，这从根本上说，对满足家庭成员个体优质成长的要求、服务家庭成员个体良性发展的需要也是有利的，这就是为什么可以将再造家庭内部团聚与重构家庭外部支持的过程称之为家庭"发展"，而不是单纯的家庭"变动"。

总的来说，本书依托理论探讨与实证检验相融合、基础描述与复杂统计相接合、单向评测与多元比较相贴合的研究方案，既重视发挥人口学科本体性优势，基于分解研究思路呈现流动人口家庭发展阶段特征，又强调借鉴其他学科适用性经验，协力推进对于流动人口家庭发展过程的系统性认识。

在理论层面上，本书的学术创新价值主要体现为，明确流动人口家庭发展基本内涵，提出三阶段论作为流动人口家庭发展全过程全周期的统一分析框架。

（1）依托对大量文献的综述，形成基于生命周期、现代转变、人类发展等三种主要的导向来认识家庭发展的概念框架和理解家庭发展的理论模型，并据此界定了流动人口家庭发展这一核心概念。（2）突出阶段过程性在流动人口家庭发展理论研究全局中的统领性地位，提出流动人口家庭发展三阶段基础理论模型，并融合对流动人口家庭发展与生命周期关系、流动人口家庭发展的结构功能逻辑等方面的探讨，从家庭发展的特殊性回归到其普遍性、从家庭发展的外化性延伸到其内隐性。本书创建的流动人口家庭发展三阶段论可为认识中国流动人口家庭特征、理解中国流动人口家庭规律提供一种可参考的分析框架。

在实证层面上，本书的学术创新价值主要体现为，以多种计量模型为依托，在对流动人口家庭发展深层机制的探讨中着力做出更为稳健可靠的实证检验。

（1）在阶段分解研究中，逐一考察本书提出的分化进化、生命周期、结构功能等三组重要理论假设，综合应用描述统计、多元回归、内生控制、稳健检验等多重计量方法，以充分的经验证据、坚实的数据结果，对本书的核心问题做出理论初回答基础上的实证再回答，使流动人口家庭发展相关探析不是简单地停留在理论层，而是能深度地触及实证层，达到理论与实证结合的效果。（2）在调查数据考察中，努力增进对于家庭化流动与家庭式融入、家庭功能与家庭结构、举家流动与分批流动等现实问题的认知，其中不乏一些长期以来想了解而没能充分了解的态势、想掌握而没有完全掌握的状况。

在外围层面上，本书的学术创新价值主要体现为，揭示人口流动相关政策纳入家庭视角的极端重要性，提供服务于以人为核心的新型城镇化的政策建议。

本书在除了作为首尾两章的第一章"导论"和第七章"结论讨论"之外的各章中所体现的学术创新价值具体包括：

第二章"文献回顾"中，在理论融合的基础之上构造了从生命周期、现代转变、人类发展三种导向出发来认识家庭发展的概念框架，同时也形成了从这三种导向出发来理解家庭发展的理论模型，系统地呈现了家庭发展基本内涵；

第三章"理论构建"中，提出了流动人口家庭发展三阶段基础理论模型作为一整套崭新的统一分析框架，并对流动人口家庭发展这种特殊外化过程同生命周期普遍规律的关系以及所内隐的结构与功能的逻辑进行了较深入地探讨；

　　第四章"第一阶段（家庭化流动阶段）实证分析"中，基于生命周期阶段对家庭化流动定义做出更为精准的操作化处理，通过分解研究的方式来探析家庭化流动蕴含的决策发生机制，发现配偶随迁是相对普遍的且一贯的，子女随迁状况在生命周期演进中趋于恶化，故而直接地制约家庭化流动完成水平；

　　第五章"从第一阶段向第二阶段进化的实证分析"中，基于调查数据并参照 Gordon（1964）所提出的融入过程理论形成了主客观融入性指标体系，同时对举家流动与分批流动两种家庭化流动的完成形态做出比较研究，发现举家流动并不是家庭化流动完成方式中的多数选择，而且没能够显现出相对更积极的融入效应；

　　第六章"第二阶段（家庭式融入阶段）实证分析"中，创新性地提出以调查数据为依托的家庭式融入测量方式分析框架以及操作化处理的流程，发现家庭式融入在生命周期阶段演替中变得越来越不易实现，扩展稳定期几乎成为了致使其水平呈现下降走势的关键性转折期和迫使其水平维持较低态势的决定性变动期。

　　**关键词**：流动人口；家庭发展；三阶段论；家庭化流动；家庭式融入

# Abstract

Population migration is a phenomenon that occurs when the developmental opportunities provided by a certain region are not commensurate with the developmental needs or developmental capacities of local residents. In today's China, the contradiction between unbalanced and inadequate regional development and the people's ever-growing needs for a better life leads to the unprecedented active population migration and the very large-scale migrant population. Families are always the most important participants in the decision-making of population migration, and they are also the most prominent bearers of the impact of population migration. Due to population migration, basic pattern of Chinese family has consequently experienced a profound transition. The household split between two or more places caused by increasingly spreading and normalized population migration urges us to pay much more attention to the migrant families, which are currently the weakest part in Chinese family development, and the most important part which needs family development policy to focus on.

Considering that the domestic theoretical researches of migrant family development don't take migrants' particularity into account and haven't defined the basic content of family development, while the domestic empirical researches of migrant family development just concentrate on describing the facts but neglect to reveal the inner mechanisms of migrant family development, this study aims at summarizing the basic rules in the processes of migrant family development on the theoretical level and further providing data results to show the typical characteristics of migrant family development on the empirical level. Firstly, this study systematically and comprehensively reviews European and American family development theoretical orientations, and then constructs a three-stage theory for migrant family development on the basis with interpretations on the relationship between migrant family development processes and life cycle, and the structural and functional logic of migrant family development. Secondly, according to the above-mentioned three-stage theory for migrant family development, this study puts forward research hypotheses and uses survey data to conduct empirical tests by using econometric models, presenting the specific meanings of family migration and family integration in the processes of migrant family development, respectively.

This study makes combination between the empirical processes orientated by theoretical framework and the theoretical processes tested by empirical methods, including seven chapters. In addition to Chapter 1 "Introduction" as the first chapter and Chapter 7 "Conclusion and Discussion" as the last chapter, the remaining five chapters could be categorized into two major parts, with one part following the general processes laid out by Zetterberg (1954) which lead to "axiomatic" theory on the basis of the literature review, and another based on the stages of the specific processes of migrant family development designed in the theoretical construction. Chapter 2 and Chapter 3, the theoretical discussion of this study, are actually developed under the guidance of the general processes laid out by Zetterberg (1954). After summarizing three main theoretical orientations including the life cycle perspective, the modern transition perspective, and the human development perspective, Chapter 2 "Literature Review" sets forth the conceptual framework and the analysis model to understand the family development. Chapter 3 "Theoretical Construction" puts forward a basic three-stage theoretical model for migrant family development and a series of hypotheses to illustrate the differentiation and progression in migrant family development processes, the relationship between migrant family development processes and life cycle, and the structural and functional logic of migrant family development. Chapter 4, Chapter 5 and Chapter 6, the empirical analysis of this study, are disaggregated researches according to the stages of the specific processes of migrant family development. Chapter 4 focuses on the first stage of migrant family development which targets family migration. Chapter 5 pays attention to the progression from the first stage of migrant family development to the second stage. Chapter 6 concentrates on the second stage of migrant family development whose mission is family integration. The two major parts of theoretical discussion and empirical analysis are closely linked. Starting from the theoretical propositions, using theoretical hypotheses to orient empirical processes, and then proceeding from empirical evidence, using empirical results to test the theoretical framework, is the intuitive reflection of the "the wheel of science", a logic of science in sociology.

By historical summary and comparative analysis, Chapter 2 "Literature Review" creates the genealogy of the three main theoretical orientations focusing on family development and extracts the key concepts of various theoretical perspectives. This study shows that the life cycle perspective highlights the stages and processes of family development; the modern transition perspective emphasizes the differentiation and transformation of family development; and the human development perspective focuses on the developmental meanings of family development. Considering that the family development approach is eclectic in its incorporation of the compatible sections, and there are particularly close connections between the three main theoretical orientations, this study forms a conceptual framework and an analysis model for understanding family development on the basis of theoretical integration. This study emphasizes that family development refers to the processes of structural and functional differentiation and transformation over the succession of family's stages to expand the capabilities of the family members and to improve the capacities of the family members. This study considers that the external feature of family development is the progression from one developmental stage to another stage; the inner mechanism of family development is the structural and functional differentiation and transformation; the fundamental goal of family development is the accomplishment of developmental tasks by the family in a way that could satisfy the personal aspirations. This study also traces the evolution of family migration theory from the perspectives of the human capital approach, the new economic approach of labor migration, the gender role approach and the life course approach under the vision of economics and sociology, and then finds that the latest theoretical orientations are associated and combined with family development concepts consciously or unconsciously. The close connections between family migration and family development is being fully exposed.

According to the general processes laid out by Zetterberg (1954) which lead to "axiomatic" theory, Chapter 3 "Theoretical Construction" firstly defines the basic concepts such as "family", "family development" and the derived concepts obtained from the combinations of the basic concepts such as "migrant family development". Then this study formulates hypotheses of the theory using the nominal definitions including the basic concepts and the derived concepts. The first hypothesis involves the differentiation and progression of the three-stage migrant family development processes, presenting the basic theoretical model which this study innovatively puts forward. This study considers that the first stage that the migrant family might experience in the processes of its family development is "the stage of family migration" which could be the response to the own

procedural feature of family migration; the second stage that the migrant
family might undergo in the developmental processes is "the stage of family
integration" which could be the response to the follow-up procedural prob-
lems of family migration; after the above-mentioned two stages, the mi-
grant family eventually returns and joins to the general families. The sec-
ond hypothesis focuses on the relationship between three-stage migrant
family development processes and life cycle, actually bridging the particu-
larity of migrant family development and the universality of general family
development. This study finds that the unique stages of the migrant family
development is subordinate to and constrained by life cycle. The third hy-
pothesis pays attention to the structural and functional logic of three-stage
migrant family development, actually unifying the external feature and the
inner mechanism of migrant family development. This study believes that
the first developmental stage, "the stage of family migration", contributes
to achieve the reunification of family members, and this internal "visible
revolution" could stabilize the family structure, leading to the improvement
of the family functions; the second developmental stage, "the stage of
family integration", contributes to achieve the reconstruction of family sup-
ports, and this external "voiceless revolution" could harmonize the family
functions, bringing about the stabilization of the family structure.

This study uses the unique ideas of stage-decomposition to test the a-
bove-mentioned theoretical hypotheses empirically, deepening the compre-
hension of propositions and updating the understanding of the realities.

After conducting a quantitative study on "the stage of family migra-
tion" from the perspectives of life cycle and structure-function, Chapter 4
"Empirical Analysis of the First Stage (the Stage of Family Migration)"
finds that firstly, the proportions of family migration in the extended and
stable stage of family life cycle are relatively lower, especially lowest in the
later stage, than the other stages of family life cycle, which is closely relat-

ed to the fact that the proportions of the children migration decrease with the advancement of family career but is not influenced significantly by the the spouse migration as the proportions of the spouse migration maintain at a consistently high level throughout family life cycle; secondly, the family migration could significantly promote migrants' mental health and optimize children's interpersonal behaviors and intrapersonal behaviors, which is due to the fact that the reunification of family members creates a solid foundation for the effective functioning of family's protection and socialization.

Chapter 5 "Empirical Analysis of Progression from the First Stage to the Second Stage" examines in depth the impacts of implementation of "the stage of family migration" on subjective and objective integration, key variables to measure progression from the first stage to the second stage. On the other hand, it also pays close attention to the household migration which is a special form of progression in the processes of migrant family development. The results show that firstly, family migration, which means implementation of the first developmental stage, is a relatively necessary step to promote the processes of integration and to improve the experiences of integration, which could act as an important foundation of evolution towards the new stage of migrant family development; secondly, the household migration is not a popular choice in a way to implement "the stage of family migration" and does not show more positive integration effects with even lower scores on subjective and objective integration compared with split migration.

Also using empirical methods to test theoretical hypotheses reflecting the relationship between migrant family development processes and life cycle, and the structural and functional logic of migrant family development, Chapter 6 "Empirical Analysis of the Second Stage (the Stage of Family Integration)" concludes that firstly, the family integration becomes more and more difficult to achieve with the advancement of family life cycle, with the extended and stable stage of family life cycle becoming a crucial turning period that has led to the decline of family integration proportions and a decisive changing period that has forced family integration to be at a relatively low level; secondly, family integration, which means implementation of the second developmental stage, greatly influences the possibilities of migrants' long-term residence and local living in old age, with positive effects to stabilize the expectations and to serve the development represented by long-term residence and local living in old age.

The empirical part summarizes two important findings of this study. Firstly, from the perspective of the life cycle, to a greater extent than the general family, the migrant family could be squeezed out by the life cycle in the family development. In the post-family-migration era, migrant family will still face the double dilemma. On the one hand, the reunified migrant family themselves may be trapped in the situation of household split again due to some migrant members (children) becoming left-behind with the advancement of family career. On the other hand, it is much more difficult to integrate as a whole into the local community and family integration is also not completely stable. Secondly, from the view point of the structure-function, experiencing "the stage of family migration" and "the stage of family integration", the migrant family has become more stable in structure and more harmonizing in functions. Fundamentally speaking, it is beneficial to satisfy the requirements for the high-quality growth and the needs for the healthy development of family members. This is why the processes of the reunification of family members and the reconstruction of family supports could be called "development" of the migrant family rather than "change" of the migrant family.

At the theoretical level, the academic innovation of this study is mainly reflected in clarifying the basic concepts of the migrant family development, and putting forward the three-stage theory as a unified analytical framework for the whole process and the whole cycle of the migrant family development.

Firstly, based on literature review, this study forms the conceptual framework and theoretical model for understanding family development on the basis of three main theoretical orientations, including the life cycle perspective, the modern transition perspective, and the human development perspective. Further, this study defines the basic concept of migrant family development. Secondly, this study highlights the dominant position of process and stage in the overall research of the migrant family development theory, and furthermore, puts forward the three-stage theoretical model of migrant family development. This study integrates the discussion on the relationship between migrant family development and life cycle, and the structural and functional logic of migrant family development, so as to return from the particularity of family development to its universality, and extend from the external feature of family development to its inner mechanism. The three-stage theory for migrant family development established in this study could provide a reference for understanding the Chinese migrant family's characteristics and law.

At the empirical level, the academic innovation of this study is mainly reflected in making a more robust empirical test in the discussion of the mechanism of migrant family development, based on a variety of econometric models.

Firstly, in the stage-decomposition study, a series of important theoretical hypotheses are examined by a variety of econometric methods including descriptive statistics, multiple regression, endogenous control and robust test, and this study therefore combines the theory with sufficient empirical evidence. Secondly, in the investigation of survey data, efforts have been made to improve the understanding of practical problems such as family migration and family integration, among which there are some tough problems that were wanted to know but never fully understood.

Additionally, the academic innovation of this study is also reflected in revealing the extreme importance of bringing the family perspective into population migration related policies, and providing policy implications for the people-centered advanced urbanization.

**Key Words**: Migrant; Family Development; Three – Stage Theory; Family Migration; Family Integration

# 目　　录

# Content

# 第 一 章

# 导 论

## 第一节 选题背景

### 一 流动人口规模膨胀深刻改变家庭格局

20世纪中叶以来的半个多世纪里，中国在极其特殊的人口国情下展露出极其磅礴的人口图卷、诞生了极其深刻的人口实践。特别是在改革开放滋润着的新的历史时期当中，置身于迸发着持久活力的中国经济发展格局，受益于彰显着强大动力的中国社会发展环境，中国人口发展实现了世所罕见的新跨越、达到了前所未有的新境地。人口流动就是在这当中极为引人注目的一环，几十年来，中国以其尤为庞大的人口总量孕育了国际社会上任何一个国家都难以匹敌的、历史过程中任何一个时期都无法超越的流动大潮。人口大流动，无疑已经成为了当今中国人口发展的大事件，同时也成为了中国经济社会发展的大命题。党的十九大报告号召我们"加强人口发展战略研究"①。积极因应人口流动所开创的新形势、科学回答人口流动衍

---

① 习近平：《决胜全面建成小康社会 夺取新时代中国特色社会主义伟大胜利》，人民出版社2017年版。

生出的新问题，正是人口研究服务于国家经济社会总体布局的一大
重要时代使命。

改革开放以来的约四十年间，伴随经济社会持续快速发展，中
国流动人口规模不断攀升，国家统计局的有关调查推算结果（见
图1-1）显示，这一时期流动人口总体数量相继突破了百万级大
关、千万级大关以至亿级大关。尤其是在进入新世纪后，短短十余
年里，中国流动人口规模就发生了上亿幅度的大增长。最近几年以
来，流动人口总体数量维持在2.5亿人左右的水平，这相当于是有
两个日本，其全体的国民都在流动①。平均每6个国人中就有1个处
于流动状态，流动人口在城市里的"可见度"和影响力等空前提高。
如今，人口流动早已不单单是中国最典型的人口特征之一，同时还
是中国最突出的经济现象之一、是中国最重要的社会问题之一，它
嵌入到中国改革的大格局中，辉映在中国发展的新时代里。中国的
大流动不仅显著地激发了研究人员对于人口新特征、新规律、新情
况的探究热情，近些年里每年都有大量相关文献不断出炉，而且也
有力地推动着政府部门旨在实现工业化、城镇化、现代化的政策实
践，众多具体文件亦在近些年间每年均有出台。大流动的中国甚至
让全世界都为之瞩目。

其间，20世纪的20余年当中，中国人口总量从9.63亿人②
（1978年末）发展到12.67亿人（2000年末），年均增长1.2%，中
国流动人口总量则从五六百万（1982年"三普"显示）发展到上亿
（2000年"五普"显示），年均增长15.1%；而21世纪的近20年
里，中国人口总量进一步发展到13.75亿人（2015年末），年均增
长0.5%，中国流动人口总量则进一步发展到2.47亿人（2015年

---

① 日本2015年人口总量约为1.28亿人，引自 United Nations, Population Divi-
sion., "World Population Prospects: The 2017 Revision," https://esa.un.org/unpd/wpp/
Download/Standard/Population/, 2017.

② 本小节的数据均来自于国家统计局改革开放以来相关年份全国人口普查以及
全国人口变动情况抽样调查资料推算。

"小普查"显示），年均增长 6.0%；可见，中国流动人口总量增速一直都是中国人口总量增速的十数倍。考虑到中国的生育率在经济社会发展与人口政策调控的双重作用下已经基本稳定在较低水平，死亡率随平均预期寿命的提高也已经降低到很低水平，迁移流动对中国人口发展的影响正在变得愈加突出。

尽管从国家统计局公布的数字来看，流动人口总体数量增长势头在最近的几年有所趋缓①，但是可以预见的是，中国已经到来了的流动人口规模十分庞大的时代不会倒退，我们将始终处于这样一个大流动的时代；中国不断发展着的人口流动活力愈加凸显的过程不会逆转，我们将继续经历这样一个大流动的过程。上述判断一方面是人类社会客观发展规律作用下的必然结果；另一方面也是中国全面深化改革战略布局下的应然气象。20 世纪 70 年代，Zelinsky（1971）曾经集中地阐述了备受学界关注的人口迁移流动转变相关理论假说：作为现代化的进程中一个重要的有机组成部分，包括国际迁移流动、乡城迁移流动、城城（以及城市内部）迁移流动、往返迁移流动等多种形式在内的人口迁移流动会随人类社会的发展而呈现出特定的变化模式，其转变一般可分为传统社会时期、转型社会早期、转型社会晚期、发达社会时期以及未来社会时期等数个阶段。从该理论假说来看，在时下正从转型社会晚期向着发达社会时期跨越的中国，虽然乡城迁移流动强度可能将会逐渐趋于下降，但是城城（以及城市内部）迁移流动和往返迁移流动却会更为活跃，其规模将持续上升甚至加速上升。因此可以说，中国接下来相当长的一个发展阶段里，流动人口内部结构变动可能变得日益突出起来，而

---

① 根据国家统计局发布的年度统计公报，2014 年，中国流动人口规模达到一个时期以来的最高值，约为 2.53 亿人。自此之后，流动人口总体数量出现了连续两年的小幅回落（2015 年约为 2.47 亿人，2016 年约为 2.45 亿人）。这其中的原因可能是多个方面的，原国家卫生计生委流动人口司主编的《中国流动人口发展报告 2016》认为，包括短期经济波动、统计误差调整、流动人口落户规模增加、个别特大城市人口疏解等在内的多种因素对此产生了共同的作用，目前仍有待于进一步的研究加以验证。

流动人口规模或许不再似之前那般迅猛变动，但仍有望在十分庞大的水平之上继续稳步增长。此外必须看到，改革发展的新时代，中国经济将通过深化供给侧结构性改革而实现中高速发展，有力刺激人口迁移流动；同时，中国在新发展理念指引下推出的城镇化利好政策，也会切实助推人口迁移流动发展。总的说来，中国人口迁移流动规模持续增长的总体趋势不会被改变，未来一个时期预计还将会保持一定的增长势头。

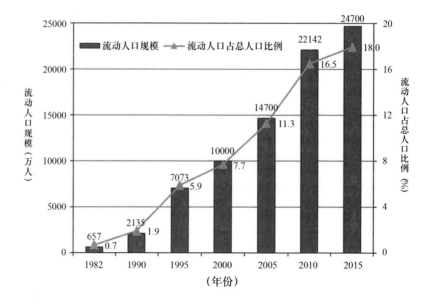

**图 1-1　改革开放以来的中国流动人口增长态势（1982—2015 年）**

主要参考数据来源：基于国家统计局改革开放以来历次全国人口普查资料以及历次全国 1% 人口抽样调查（"小普查"）资料推算。

在这目前流动着的约 2.5 亿人背后，数以亿万计的家庭实际上是人口流动决策最为重要的参与者，同时又是人口流动影响最为突出的承受者。传统中国所讲究的"父母在，不远游"，便是家庭作为人口流动决策主体极为生动的写照。而今，虽然国人已不再为这种较为保守的孝道观念所禁锢，但是家庭在人口流动决策中施加的先导性作用未有明显削减、提供的基础性支撑没有根本弱化、扮演的关键性角色未有突出改变。无论是成员个体先行的流动模式，还是家庭整体并行的流动模式，在中国这样一个自古以来关注家庭环境、强调家庭风气、重视家庭教化的社会里，家庭始终都是人口流动所带来的收益的集中预判者、人口流动所存在的风险的系统评估者、人口流动所需要的资源的统一配置者、人口流动所依赖的网络的有效动员者。与此同时，中国家庭也正深受着人口流动的影响：首先，人口流动直接地改变了家庭居住模式，从"同一个屋檐下"到相隔于两地间，人口流动使家庭不得不与原有亲属网络发生空间上的割裂，甚至不得不让核心家庭成员面临地域上的区隔，这在家庭的赡养老年、抚育幼儿乃至精神慰藉、社会控制等方面又产生了不容忽视的继发性负面影响，保障家庭有序发展迫切需要对此给予关注；其次，人口流动明显地改变了家庭收益程式，人口流动很大程度上源自于改善收益状况的动机，因此往往更有可能助益家庭打破原居住地收益机会的束缚，更有可能助推家庭化解原居住地收益波动的风险，促进家庭从单一性收益走向多元化收益、从高风险收益走向低风险收益，进而切实地改造了家庭发展的物质基础、开辟了家庭发展新的空间；再次，人口流动突出地改变了家庭生活方式，流动一般指向城市地带、面向发达区域①，家庭通常可以实现从较传统到偏现代的转型，家庭内部的人际互动模式会随之发生变革，家庭与外部系统的互动格局也会为之发生变化，而这种"变"实际上意味着对流入地的认同、在流入地的融合，这并不是轻轻松松、"敲锣打鼓"就能达成的，家庭发展需要为此经受现实的考验。人口流动影响下的家庭一方面承接着发展机遇，发展势头增强；另一方面也承

---

① 本书在此特别地加以强调，下文针对"流动"以及"流动人口"所作分析均是以流向城市地区为基本的着眼点，不考虑指向农村地区的"流动"以及"流动人口"（包括返乡回流）。

受着发展挑战,发展问题凸显。随着流动由一种个人主义特色明显的生存形态转变为家庭主义取向突出的发展状态,这种受影响的家庭亦将只增而不减。

## 二　流动人口家庭居住分离现象十分突出

改革开放以来的约40年间,中国人口流动在经历着规模上的持续膨胀的同时,也发生着结构上的深刻变迁,其中尤为突出的就是,以家庭为单位的整体性流动日益增多,正取代以单人为特色的个体性流动而成为中国人口流动的主要形态。20世纪最后的20余年可以说是中国人口流动初步发展的时期。其间,与中国流动人口总量以年均超10%的速度急剧攀升相伴的是,人口流动在时间上从农闲季节拓展为完整一年、在空间上从较短距离延展至跨越省份,但无论是最初农闲季节、较短距离的"钟摆式"人口流动,还是后来完整一年、跨越省份的"候鸟式"人口流动,个体性色彩都非常鲜明,这几乎是一个"单枪匹马"流动的时期。21世纪开局的近20年则可以说是中国人口流动纵深发展的时代,家庭化流动正是其中颇为引人注目的一大最典型的新特征、一大最重要的新现象,不仅"夫妻档"已成为极通行的流动策略,而且"亲子档"也变为很常见的流动形式,我们正迎来一个"携家带口"流动的时代。愈来愈多的文献聚焦于此,它们有的围绕家庭中的先行流动与后继流动,注重对家庭化流动的总体性过程进行考察,有的则着眼家庭中的随迁成员与留守成员,强调对家庭化流动阶段性结果加以分析。这是对经济发展进程中的人口学新问题作出的回答,也是对社会发展格局下的人口学新形势作出的注解,它们无不把流动人口家庭发展的基本思想渗透在其中、将流动人口家庭发展的特定视角彰显在其间。而今,在中国流动人口的总量增长趋于相对稳定、规模变动步入了"新常态"之际,结构效应将会逐渐超越规模效应成为占主导的作用机制、质量型发展将会逐渐取代数量型发展成为最主要的演化类型,家庭化流动也将会迸发出新动力、新活力,更具有普遍性、广泛性。

　　尽管以家庭为单位的整体性流动正深刻改变着中国人口乃至经济社会的大格局、大趋势，但中国大规模、大范围的人口流动对家庭结构造成破坏性冲击的总体局面迄今为止还没有因此而得到显著改变、对家庭功能产生负面性影响的总体态势截至目前还没有因此而得到显著改变、对家庭发展构成障碍性因素的总体状况时至今日还没有因此而得到显著改变。这最集中地表现在，中国家庭居住分离问题依旧十分突出。该问题长期地困扰着流动人口所处家庭，无疑成为其结构失稳、功能弱化、发展受阻的一大"罪魁祸首"。在被人口流动分割的家庭里，一方面，青壮年劳动力往往率先外出，他们在繁重的工作之余还要经受着无法亲眷团聚的思念之苦、难以社会融合的漂泊之痛；另一方面，其他人员或者因年幼、或者因老迈、或者因病残而留守，他们本就弱势却要面临着家中养无所依、困无所助的境地，生存发展因此遭遇巨大威胁。而家庭化流动助力留守人员与流动人口在流入地团聚，能够推动家庭结构回归平稳、家庭功能有效发挥、家庭发展夯实基础。

　　在流动人口所处的家庭中，相当多的人是伴着分离之苦而流动的。近些年来，中国外出的农民工规模基本上延续着上涨的态势，国家统计局全国农民工的监测调查结果显示，自 2008 年到 2016 年的八年里①，外出的农民工增量可达接近 3000 万人，总量从 1.40 亿人一举攀升至 1.69 亿人，年均增速约为 2.3%。在这个过程中，举家外出的农民工规模也随之不断上涨，2008 年仅有 2800 余万人，而 2014 年时则达近 3600 万人②，举家外出者成为农民工规模攀升过程中的重要贡献力量（见图 1-2）。然而，与此不相匹配的是，举家外出的农民工所占比例却始终增长不大，2010 年之后基本上常年维

---

　　① 国家统计局是在 2008 年的年底建立了面向农民工的监测调查制度，2008 年的外出的农民工总量是在统计系统中可查的首个全国性数据。

　　② 国家统计局"农民工监测调查报告"在 2016 年和 2017 年未再公布前一年度举家外出的农民工情况，因此，这里提供的相关数据只到了 2014 年（由 2015 年"农民工监测调查报告"公布）。

持在五分之一左右，高低相差甚至还不及 2 个百分点。其显示出，
为数甚众的受到人口流动影响的家庭所实现的经济收益提升、文化
视野开拓等，事实上是以家庭实体"破碎化"、家庭成员"伤别离"
为代价的，许多流动人口往往只能被迫地接受亲子无法相聚的境况，
甚至只能无奈地承受夫妇不能相守的境遇。这些家庭问题的实质是
家庭发展过程因人口流动而涌现出的特殊环节，只有问计于家庭发
展理论才可以认识和理解这些典型的家庭问题，只有借助于家庭发
展实践才可以解决这些现实而迫切的家庭问题。

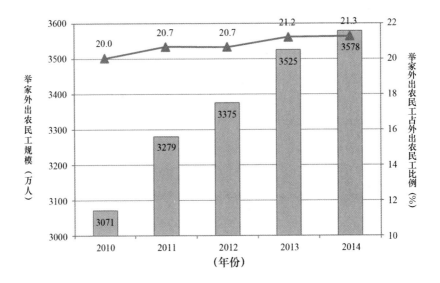

**图 1-2　近些年来农民工家庭的外出流动情况（2010—2014 年）**

主要参考数据来源：国家统计局：《2014 年全国农民工监测调查报告》，http：//www. stats.
gov. cn/tjsj/zxfb/201504/t20150429_ 797821. html，2015 年 4 月 29 日。

　　在流动人口所属的家庭中，规模庞大的三留守群体抗风险能力
低。中国人口流动催生出大量的留守儿童（子女）、留守妇女（妻
子）以及留守老人（父母），他们绝大多数都分布在农村地区。如
表 1-1 所示，目前，仅农村留守儿童就有约 6000 万人（占到了全

国儿童总量的 1/5，接近于英国的举国人口总数①，在规模上远远超过农村户籍流动儿童②，据此而言，农村户籍流动人口的幼年子女现在仍以留守为主，这一状况自改革开放至今始终未有显著改变），农村留守妇女和农村留守老人亦各有千余万人，"三留守群体"合计会有上亿人之多。农村"三留守群体"本身的生产性相对很弱，需要家庭成员给予必要的支持。然而，人口流动明显地削弱了家庭在结构与功能上的支持性，留守人员只能是从同样弱势的留守人员中得到最直接的支持，这必然严重地制约其生存发展。党的十九大报告明确提出："健全农村留守儿童和妇女、老年人关爱服务体系。"③解决"三留守群体"抗风险能力不足的问题，根本之道还是让稳定的家庭结构重新成为实现留守成员个体发展的基本依托、让协调的家庭功能再度扮演推动留守成员个体发展的关键角色、让良性有序的家庭发展始终充当服务留守成员个体发展的重要根基。

　　改革开放创造了中国人口流动的活跃期、塑造了中国人口分布的新形态、锻造了中国人口领域的"大革命"。但是，时至今日，人口大流动衍生家庭大"分离"的状况却依旧存在，其构成了经济发展"压迫"人口发展、社会发展"侵蚀"家庭发展的一种典型表现。目前仍有上亿的流动人口家庭成员由于地域分割而天各一方，使其所属家庭的结构面临失稳的挑战、功能存在弱化的风险。流动人口家庭是当前家庭发展最为薄弱的环节之一、家庭发展最需关注的对象之一。总的来说，其主要的症结就在于：一方面，名义家庭在实体上的地域分割，老幼年成员和青壮年成员通常分居于两地，

---

① 英国 2010 年人口总量约为 6331 万人，引自 United Nations, Population Division. , "World Population Prospects：The 2017 Revision," https：//esa. un. org/unpd/wpp/Download/Standard/Population/, 2017.

② 2010 年时不到 2900 万人，该数据来源于段成荣等：《我国流动儿童生存和发展：问题与对策——基于 2010 年第六次全国人口普查数据的分析》，《南方人口》2013 年第 4 期。

③ 习近平：《决胜全面建成小康社会 夺取新时代中国特色社会主义伟大胜利》，人民出版社 2017 年版。

家庭本应发挥的功能无法有效地发挥,一些现在仍无法团聚的夫妻不得不面对婚姻质量方面的种种挑战;另一方面,留守家庭在结构上的弱势相倚,尚未外出的家庭成员大都是在人口流动的选择性中被"淘汰"的,他们需要青壮年成员给予必要的支持,然而,他们能够得到的直接支持却是来自同样弱势的留守成员。新时代里,流动人口及其所处家庭要实现新发展、呈现新气象,不能孤立地看待流动人口个体、片面地对待流动人口家庭,应从促进流动中团聚、强化流动后支持入手寻求破题,在根本上就是,不以牺牲流动人口家庭利益、损害流动人口家庭权益为代价来推动经济社会的发展,让流动人口家庭也能共享全面建成小康社会、全面深化改革进程中产生的家庭福利。

表1-1  21世纪以来农村地区"三留守群体"变动情况(2000—2015年)

| 类型 | 2015年 | | 2010年 | | 2000年 | |
|---|---|---|---|---|---|---|
| | 规模 | 相关占比 | 规模 | 相关占比 | 规模 | 相关占比 |
| | (万人) | (%) | (万人) | (%) | (万人) | (%) |
| 农村留守儿童 | 5493 | 20.3 | 6103 | 21.9 | 2699 | — |
| 农村留守妇女 | 1717 | 4.1 | 2148 | — | 834 | — |
| 农村留守老人 | — | — | — | — | 1358 | 15.7 |

主要参考数据来源:段成荣等:《我国农村留守儿童生存和发展基本状况——基于第六次人口普查数据的分析》,《人口学刊》2013年第3期;段成荣等:《21世纪以来我国农村留守儿童变动趋势研究》,《中国青年研究》2017年第6期;段成荣:《我国农村留守妻子的分布与生存发展现状——基于2015年1%人口抽样调查数据的分析》,《南方人口》2017年第2期;周福林:《我国留守老人状况研究》,《西北人口》2006年第1期。部分数据是经本书的推算所得。

注:留守儿童的具体定义为,0—17周岁、父母至少一方正处于流动状态的人,相关占比是指,其在全国0—17周岁儿童中的所占比例;留守妇女的具体定义为,20—59周岁、丈夫处于流动状态的女性,相关占比是指,其在全国20—59周岁女性中的所占比例;留守老人的具体定义为,65周岁及以上、家庭户中有人处于流动状态的人,相关占比是指,其在全国65周岁及以上老年人中的所占比例。

显然,处在居住分离状态的流动人口无不盼着能与留守的家庭成员团圆在流入地，已经实现家庭团聚的流动人口无不盼着能同家庭成员一起融入当地社区中，总的来说就是回归"正常"家庭行列，这可以被视为流动人口对美好生活的向往。而用相对较学术化的语言来加以概括就是，以家庭为单位实现整体性的流动并在此基础上完成整体性的融入，化解流动人口家庭在发展的过程中所面临的特有难题，保障流动人口家庭像一般意义上的家庭那样实现发展，这可以被视为流动人口家庭发展的核心关切。因此，在理论上认识流动人口家庭发展的规律、在实证中理解流动人口家庭发展的特征，能够为回应流动人口对美好生活的向往提供参考、作出贡献。

## 第二节 问题提出

### 一 旨在突破的主要研究环节

尽管流动人口家庭正处在全社会家庭发展链条相对最薄弱的一环之上、反映了家庭全周期发展中一种相对最特殊的需求，然而，遗憾的是，改革开放以来，国内始终没有文献严格地界定过流动人口家庭发展的基本内涵、明确地阐述过流动人口家庭发展的一般机制、深入地考察过流动人口家庭发展的独有特征、系统地梳理过流动人口家庭发展的关键问题。以"流动"与"家庭发展"作为主题词在中国知网（www.cnki.net）进行检索，我们只能得到自2008年以来的83篇文献（这包括了期刊、报纸、学位论文等，其中发表在期刊上面的仅有36篇），而这其中，有的是在探讨中国家庭总体态势之余简单地提及了流动人口家庭的情况，有的是在分析流动与家庭关系时顺便将家庭发展摆在了主题升华的位置，真正围绕流动人口家庭发展谋篇布局的文献几近于无。当把文献综述的范畴扩展到流动人口家庭研究，我们仍能发现，国内相关文献对于流动人口家庭发展所作探析，至少存在着以下两大比较薄弱的环节：

其一，理论研究没有充分地考虑流动人口的特殊性，尚未明确其家庭发展的基本内涵。

事实上,没有搞清或者至少没有讲清何为"家庭发展",不仅仅是流动人口家庭研究领域存在着的"沉疴痼疾",甚至也是整个国内家庭研究领域不得不面对的尴尬局面。长期以来,对着静态现象说"家庭发展"的情况十分突出、脱离阶段实际论"家庭发展"的情况尤其常见、忽视个体需求谈"家庭发展"的情况极为广泛,上述问题实质上是对众多学科已有的家庭发展理论成果吸纳不够、对国际社会既有的家庭发展理论脉络梳理不足,如果能够从这些理论中有所借鉴,从而在时间维度相关视角下对家庭发展有更科学的把握、在现代转变相关背景下对家庭发展有更清晰的认知、在任务导引相关思想下对家庭发展有更深刻的剖析,国内家庭发展研究就能突破上述困境。既然没能够充分地认识清一般层面上的"家庭发展"、理解透普遍意义上的"家庭发展",受到人口流动复杂影响、兼有流动人口特定"标签"的"流动人口家庭发展"概念内涵也就更不可能得到系统而可靠的研究。显而易见的是,不同于一般层面、普遍意义上的家庭,流动人口所处家庭面临着许多其他家庭在发展中不曾遭遇的难题:从家庭内部看,成员团聚难、内部相倚性差;再看家庭外部,融入社区难、外部支持性弱。因此,流动人口家庭既要沿着常规的家庭发展路线前行,同时又要走着具有自身"特色"的发展轨迹,家庭发展理论研究当为之提供具有一定抽象意义的概念和可供实证过程检验的假设,然而,国内在这方面还很欠缺。

其二,实证研究过于偏重描述事实,对流动人口家庭发展的深层机制的揭示仍显不足。

当前国内流动人口研究大都秉持个体性的视角,从某种意义上来说,流动人口家庭研究还处在起步后的发展前期。一大典型表现就是,实证研究当中,事实描述居多,机制探讨偏少,绝大多数影响因素分析较为泛化、不够细致。一方面,可能正是因为现阶段还没来得及对流动人口家庭发展过程中的重要影响环节、关键作用机理进行有针对性的考察,既有的流动人口家庭研究文献基本都是在

描述特定状况之余提供一些回归模型估计结果，影响因素分析似乎
只是连带性的、依附性的，更为突出的问题则在于，所有影响因素
在文献解读中无分主次、平均用力，故而只能粗略地呈现各种因素
可能的影响方向与影响力度，并不能深入地剖析这些因素缘何会产
生影响。另一方面，在研究家庭某一种特定状况的影响因素时，几
乎从未关注过遗漏未被观测或者不可观测的重要影响因素带来的问
题，结果就是，其中的内生性没能得到有效控制，极大地增加了模
型估计的风险，干扰研究结论的准确性和稳健性。另外，多数研究
或者是单纯地考察流动人口家庭团聚问题，或者是集中地论析流动
人口自身融入特征，事实上将流动人口家庭发展过程中的事件割裂
开来，忽视了家庭发展的连续性。总体而言，家庭发展在过去的实
证研究里除了作为研究主旨可能的延伸之外，从没真正地充当实证
上可供操作化的概念、有待于检验的假设，也正是源于此，众多深
层次的机理仍然未被研究者们呈现出来。

## 二 旨在实现的重点研究目标

针对上述两大国内相关文献比较薄弱的环节，本书的总体目标
是，以文献综述基础上的理论构建为特别的着眼点，以理论假设限
定下的实证分析为重要的支撑点，在理论上对流动人口家庭发展的
基本内涵加以破题，在实证中对流动人口家庭发展的深层机制作出
研判，具体来说包括以下两点：

其一，在系统梳理和全面总结家庭发展理论的基础上，构建流
动人口家庭发展三阶段论，阐释流动人口家庭发展的生命周期关系
和结构功能逻辑。

本书的理论构建工作首先是从既有的家庭发展理论成果里、已
有的家庭发展理论脉络中寻找可借鉴的、可参考的思想意涵、观点
启示，同时也不忽视家庭迁移理论为本书搭框架、建模型提供的相
关信息，以期对家庭（在迁移流动中）发展的过往理论框架加以充
分厘清、对家庭（在迁移流动中）发展的传统理论模块作出系统综

合，进而凝练出能够体现创新性的概念框架、打造出足以适用本书的分析模型。

本书以对流动人口家庭发展阶段过程性的探讨来统领流动人口家庭发展理论研究的全局，使对流动人口家庭发展分化转化性和发展本位性的剖析作为阶段过程性的内在机理和目标导向得以融合到其中。之所以选定了这一特定维度，主要是考虑到为了保证研究视线足够地聚焦于家庭发展理论所独有的角度，这里遂从最能体现发展特性的家庭阶段演替与家庭过程演进着眼，尝试对流动人口家庭发展理论研究作出破题、也为流动人口家庭发展实证研究提供进路。依托于所构建的流动人口家庭发展三阶段基础理论模型，本书旨在揭示流动人口家庭发展的过程性规律、呈现流动人口家庭发展的阶段性特征，从而竭力地改进已往家庭发展基本面不清大方向不明的研究状况、倾力地破解迁移流动在家庭发展中的特殊性未被重视的研究问题，同时，努力地变革长期以来极少关注后家庭化流动时代的研究态势、着力地扭转过去不以家庭作为单位考察融入问题的研究局面。

参照 Zetterberg（1954）提出的发展"公理化"理论（"axiomatic" theory）的一般过程，本书将在概念界定中解析家庭发展为了什么，在假设阐述中探察家庭发展依靠什么，尤其将会关注流动人口家庭发展与生命周期的关系，实现家庭发展的普遍性与特殊性在研究中的统一，同时将会梳理流动人口家庭发展的结构与功能逻辑，确保家庭发展的外化性与内隐性在研究中的统一。在此基础之上，本书将依假设序次展开实证分析工作。

其二，基于理论提出研究假设，运用调查数据和计量模型来进行实证检验，分别呈现家庭化流动和家庭式融入在流动人口家庭发展中的特定意义。

后文所有实证分析工作力图紧紧围绕本书所提出的流动人口家庭发展三阶段基础理论模型及以此为基础构造出的三大基础假设（包括分化进化假设、生命周期假设以及结构功能假设）具体展开，以理论构建来催生实证检验，以实证过程来回应理论关切，切实避免出现理论与实证硬凑一起"说事儿"、强扭一块儿论题而浮夸式联结、实质性脱节的问题，本书既不盲目列示计量模型，也不过度罗织调查数据，更不随意预设研究议题，一切皆从理论假设出发。

本书将从家庭发展的阶段在过程中的分化与进化着眼，依次选取实证方案，考察处于流动人口家庭发展独特轨迹上的家庭化流动与家庭式融入的相关环节。首先，本书将围绕家庭化流动这一当今中国人口流动最为突出的新型趋势，同时也是流动人口家庭发展最为关键的先导环节，解析其随家庭生命周期阶段演替而显现的发展特征，探究其引致的结构性变动所伴生的功能型发展状况。其次，考虑到家庭化流动继续深度发展的现实可能性，本书将聚焦于后家庭化流动时代的新需求、以家庭为单位融入的新要求，探察家庭式融入因为家庭生命周期阶段演替而发生的特定变化，剖析家庭式融入带来功能性变化并由此释放结构型活力的原理。本书并不只是简单地考察这其中的相关关系，而是旨在系统地诠释相应的作用机制，为此将会设定被解释变量及核心解释变量、引入回归模型来进行因果型研究。值得一提的是，本书为更好呈现影响机理，特别地注重矫正内生性等造成的偏误，以期获得较为稳健且精准的结果。

本书将纳入源于国家部委组织实施的权威流动人口调查的数据，采用在内生控制和稳健检验等方面广被认可的计量模型，一方面，改变过去家庭发展研究所用调查数据缺少全国层面的代表性（个别数据甚至采取相对随意的抽样而非随机的抽样）的状况；另一方面，逆转以前家庭发展研究所用计量方法对影响机制的探析不足（多数的时候只简单量化分析是否影响）的局面，使得流动人口家庭发展研究建立在牢靠的实证基础之上。

### 三 旨在回答的核心研究问题

把发展的视角引入流动人口家庭研究之中，对流动人口家庭发展特殊的外化过程以及同生命周期普遍规律的关系和本身所内隐的结构功能逻辑进行深入探讨，着力建构流动人口家庭发展基础分析模型、统一解释框架,是更加充分地把握人口流动特征之所需、更加有效地判定人口流动趋势之所需、更加务实地解决人口流动问题之所需,既有益于推动家庭发展领域的理论研究,又有助于服务家庭发展领域的政策实践,不仅可在宏观层面上为引导新时代的人口合理流动提供支撑,而且可在微观层面上为增进流动人口家庭成员福祉贡献力量。

为了能够实现上述重点目标,本书将全力回答"流动人口家庭发展的理论过程和现实路径如何?"这一核心问题。在此经过细化之后,本书提出了6个拟解决的流动人口家庭发展具体问题:(1)"当谈流动人口家庭发展时,我们在谈什么?"(2)"流动人口家庭发展将经历怎样的一般过程?"(3)"流动人口家庭发展与生命周期有什么关系?"(4)"流动人口家庭发展的结构功能逻辑是什么?"(5)"家庭化流动对于家庭发展有何特定的意义?"(6)"如何基于家庭发展实现流动人口社会融入?"

本书首先提出一个相对比较纯粹的理论问题,亦即"当谈流动人口家庭发展时,我们在谈什么?"何为家庭发展,这是关系本书的根基能不能筑得牢、本书的故事能不能讲得好的元问题,同时也是目前国内相关领域依旧存在含糊之处、有待加以厘清的大问题,家庭发展(及更进一步的流动人口家庭发展)概念说不清、道不明,直接制约整个研究过程的深入,严重干扰各项研究环节的推进。本书将流动人口家庭发展是什么确立为第一问题,旨在通过博彩传统家庭发展思想之所长,形成关于家庭发展基本概念的综合认识,通过汲取国外家庭发展观点的精华,增进对于中国家庭发展概念的确切理解,并在所提出的认识家庭发展的概念框架和理解家庭发展的分析模型指引下考察受到迁移流动影响的家庭具体发展状况,让事实层面上的分析能够有理论可依。

本书继而提出三个理论与实证相融合的问题。其一,"流动人口家庭发展将经历怎样的一般过程?"之所以在提问了什么是流动人口家庭发展之后继续追问这一问题,主要因为过程以及阶段实际上是家庭发展理论最为核心的聚焦点、是家庭发展理论最具特色的关注点。描绘出了流动人口家庭发展的过程图景与阶段图像，也就可以诠释流动人口家庭发展外化于时间维度的突出表现是什么、诠释流动人口家庭发展不同于其他家庭的特定表现是什么。这一方面是对家庭发展理论传统的延续、是对家庭发展理论内核与特质的展现；另一方面也是对研究的切入点与发力点的更精准掌控、对研究的落脚点的更深刻把握。本书将以家庭化流动为第一阶段、以家庭式融入为第二阶段、以一般性发展为第三阶段构建流动人口家庭发展三阶段基础理论模型，提供认识和理解流动人口家庭发展的过程性及所包含的阶段性的重要工具。

其二，"流动人口家庭发展与生命周期有什么关系？"明确了从家庭化流动到家庭式融入再到一般性发展的流动人口家庭发展一般过程之后，我们不禁就会疑问，存在这样一种独特发展趋势的流动人口家庭是否就完全不再走"寻常路"，是否就跳脱于一般意义上的家庭都要经历的以生命周期为典型表现的发展轨迹，由此需要回答流动人口家庭发展的特殊性和一般意义家庭发展的普遍性之间具有何种联系。本书将通过开展与生命周期阶段相结合的流动人口家庭发展分解研究检验流动人口家庭发展与生命周期的关联性。基于家庭发展普遍规律支配着流动人口家庭发展特定规则、流动人口家庭发展支流在根本上要服从家庭发展主流这方面的考虑，本书构建了"流动人口家庭发展的各阶段楔入家庭生命周期之中"的理论假设，借以说明流动人口家庭发展三阶段是植根于、依附于、从属于、受制于生命周期的三阶段。

其三，"流动人口家庭发展的结构功能逻辑是什么？"在引入生命周期思想以期更好揭示流动人口家庭发展的特殊性的同时，本书又纳入结构功能范式，旨在更好诠释流动人口家庭发展外显的阶段过程与内隐的作用机制之间的关系。提出这个问题的重要意义在于昭示：本书绝不是单纯地描摹流动人口家庭发展的表象，而是以描述外在事实为重、以探讨内在机理为本，建构具有充分概括力、兼有相当解释力的流动人口家庭发展研究体系,既包括对流动人口家庭发展可见的现象作出刻画的基础理论模型,又涵盖对流动人口家庭发展背后的"故事"加以阐述的相应理论假设,简而言之,本书不光要厘清流动人口家庭发展是什么状况,而且还要解读流动人口家庭为什么如此发展。本书为此呈现了家庭发展所要遵循的结构与功能逻辑,将流动人口家庭发展三阶段统一于结构功能的主线上,使之能在共通的维度链条上前后挂钩。

至此为止,本书在理论上为达成"两结合"(家庭发展特殊性与普遍性相结合、外化性与内隐性相结合)的目标已经作出了较为周密的设计,后文章节又以检验相关假设的形式在实证上进行了较为全面的考察。这些具体研究问题不仅拥有了必要的理论答案,同时,其相应的实证答卷也得以完成。

本书最后提出两个理论与实证相融合兼有一定政策意味的问题。其一,"家庭化流动对于家庭发展有何特定的意义?"阶段分解可以说是本书的一大特色,这能确保实证分析视角相对更加聚焦,同时在相当程度上弥补使用截面数据考察家庭发展过程所构成的不足之处,确保截面数据一样可以为认识和理解流动人口家庭发展提供有益的信息。基于本书提出的流动人口家庭发展三阶段论,家庭化流动作为第一阶段首先将会得到审视。紧紧围绕着家庭化流动与生命周期之间的关系、家庭化流动所蕴含的结构功能逻辑这两大方面,本书将综合运用简单描述统计、基准回归模型与复杂计量技术等多种手段,深入探析家庭化流动在家庭发展时间维度上的典型表现形式、集中窥视家庭化流动在家庭发展功能维度上的特定作用模式。以此为基础,本书还将进一步讨论第一阶段完成对于整个流动人口家庭发展过程进化的重要意义。

其二,"如何基于家庭发展实现流动人口社会融入?"家庭式融入是迁移流动影响下的家庭继家庭化流动阶段之后步入新阶段而面临的新议题。长期以来,国内学界始终未曾清晰地阐释过完成家庭化流动、实现了成员团聚的流动人口家庭将"向何处去",这部分是因为家庭化流动在中国的蓬勃兴起基本是从跨过新世纪门槛开始，渐成规模则主要是在 2010 年以来的数年间，还属于相对较新的现象，立足于家庭化流动本身所作的研究就是十分有限的，遑论放眼长远、面向未来地对其后续问题进行更细致的考察。本书把流动人口家庭发展第二阶段亦即家庭式融入阶段作为一大重点剖析对象，一方面将系统呈现后家庭化流动时代的问题与出路，提供家庭化流动研究的一种前瞻性的视角；另一方面把融入研究的目光从个体转投向家庭，也将带来一种革命性的新认识。

## 第三节　研究脉络

### 一　基本框架设计

本书总体上按照理论驱动实证、实证检验理论的思路来进行布局，以大量文献资料综述基础上的理论构建为先，进而依托于大量数据模型分析展开实证探讨，最后以理论与实证相结合的方式阐述研究的发现，并将其扩展至政策性领域作出相应的评价和预判。就学理而言，从理论出发延伸到实证、再从实证出发回归到理论，是契合于社会研究"科学环"的逻辑主线。就事理来看，从事实层面上的理论刻画与实证描述、到机制层面上的理论阐发与实证诠释，再进一步基于研究发现梳理政策启示、并进一步利用研究发现改进政策设计，是着眼特征制定方案、立足规律寻求出路的逻辑主线。本书坚持把概念框架、假设体系融入调查数据、计量模型之中，贯彻理论工作成果彰显于实证环节、政策分析过程依附于学术探讨的方针，让对流动人口家庭发展的考察既有理论深度，又有实证力度，且有政策温度。

前文在对选题背景进行介绍之后确立了旨在实现的重点研究目标、提出了旨在回答的核心研究问题，本书接下来将致力于构建并以实证方案检验流动人口家庭发展三阶段论，这首先离不开对既有文献的系统回顾。本书一方面沿着欧美家庭发展理论的演进脉络进行回顾,从生命周期、现代转变、人类发展等三方面出发,努力地溯及其各条支线的源头,着力地把握其各种导向的内核,为更加科学地认识和理解家庭发展的基本理念、重要观点积累素材、提供支撑;另一方面围绕家庭迁移理论的发展主轴进行回顾,在经济学和社会学两种话语体系下,探析其各种具体范式之间如何加以承继、如何实现突破,使之能为迁移流动影响下的家庭发展相关研究议题作出必要佐证、有益补充。

笔者将依托于界定"名词定义"(包括基本概念与派生概念)和阐述相应假设来完成理论构建主体工作。为了确保本书不偏离流动人口家庭发展这一核心,被界定的基本概念均按照最贴近家庭发展观的标准加以遴选,其中具体包括从认识和理解家庭发展的角度着眼来定义的"家庭"、长期以来充当家庭发展研究重点对象的"核心家庭"、体现家庭发展阶段过程普遍规律的"家庭生命周期"、对把握家庭发展内在机理有重要意义的"家庭结构"与"家庭功能"以及作为家庭发展研究终极关注范畴的"家庭发展"等,被界定的派生概念均基于迁移流动与家庭发展相交叉的考量加以确定,对应于基本概念,其中具体包括"流动人口(核心)家庭""流动人口家庭生命周期""流动人口家庭结构""流动人口家庭功能"以及"流动人口家庭发展"等。使用上述"名词定义"所构建的理论假设将本书在文献回顾基础上提出的家庭发展概念框架与分析模型贯穿其间。

本书将立足权威的调查数据、采用可靠的统计方法,对流动人口家庭发展的关键概念分别作出度量、对流动人口家庭发展的突出态势加以细致描述,并重点对流动人口家庭发展的影响机理实施模型检验。以前一部分所构建的流动人口家庭发展三阶段(家庭化流动、家庭式融入、一般性发展)基础理论模型为框架进行阶段分解,以前一部分所生成的流动人口家庭发展分化进化、生命周期、结构功能等三组基础理论假设为靶标进行实证检验,本书将循着流动人

口家庭所特有的发展轨迹，着重考察第一阶段与第二阶段分化中的
生命周期分布与结构功能问题、密切关注第一阶段向第二阶段进化
中的特定促进效应与特殊表现形态。理论与实证两大部分事实上统
一于 Zetterberg（1954）提出的发展"公理化"理论（"axiomatic"
theory）的一般过程，这将会在第三章的开篇作出说明。本书最后将
围绕被相关结果证实的理论观点，简要探讨其所对应的政策启示，
基本框架设计如图 1 - 3 所示。

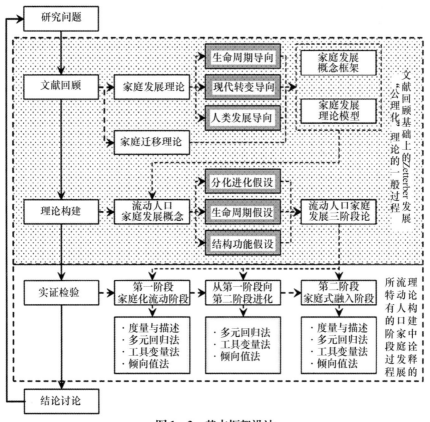

**图 1 - 3 基本框架设计**

注：本章以及后文诸章中的各个图表如果未作主要参考数据来源或者资料来源上的专门说明，
均系本书的独立创制。

总的来说，本书是拟实现的重点研究目标充分聚焦、拟回答的核心研究问题足够明确、拟施行的基本研究思路十分清晰的理论性与实证性兼具、理论构建过程为重心、实证检验过程为辅助的一项综合研究，旨在继续推动中国特色家庭发展基础研究、大力深化流动人口家庭发展专题研究，形成更加科学的相关研究认知、提供更为全面的相关研究结论，为此而面临的理论层面上的挑战格外得大、遭遇的实证层面上的困难十分得多。

### 二  总体章节布局

总体章节布局是本书的基本框架设计在行文上的贯彻。共计七章内容当中，为首的是第一章"导论"，主要负责提出研究问题；第二章至第六章为文献回顾、理论构建以及实证检验，此系本书的主体章节部分，其是 Zetterberg（1954）发展"公理化"理论（"axiomatic"theory）一般过程的体现、同时也是社会研究"科学环"的反映；为末的是第七章"结论讨论"，主要着眼于政策启示的阐发。

第一章"导论"在对选题背景进行介绍之后明确了本书的重点目标、提出了本书的核心问题，并以目标为指引、以问题为导向设计了本书的基本框架，这些内容前文业已呈现，此处不作赘述。

第二章与第三章构成一大部分，以理论探讨为使命。它们实际上是按照 Zetterberg（1954）发展"公理化"理论（"axiomatic"theory）的一般过程展开理论层面上的具体研究。第二章"文献回顾"负责打好理论"地基"，本书通过对大量既有文献的归纳总结与比较辨析，细致地描绘出家庭发展理论三大主要导向的演进图谱，具体地提炼出家庭发展理论三大主要导向的特定内核，遵从家庭发展理论融合的传统，从而构造出认识家庭发展的概念框架，把握家庭发展理论导向的关联，进而形成了理解家庭发展的分析模型，同时还从现存的家庭迁移理论相关文献中汲取"养分"，借以"滋补"迁移流动特殊语境下的家庭发展基础研究。第三章"理论构建"负责盖起理论"高楼"，本书紧紧围绕着受迁移流动影响的家庭发展特有路径、家庭发展过程中的迁移流动特色属性，选取了包括（核心）家庭、家庭生命周期、家庭结构、家庭功能、家庭发展等在内的基本概念，构造了包括流动人口（核心）家庭、流动人口家庭生命周期、流动人口家庭结构、流动人口家庭功能、流动人口家庭发展等在内的派生概念，对其分别予以界定，而后运用这些概念、结合分析思路、通过理论推演建立了若干的研究假设，深化对本书拟回答的核心研究问题的认识和理解：一方面从家庭发展理论的时间维度着眼，凝练出一组体现流动人口家庭发展三阶段的分化进化特征的理论假设和一组反映流动人口家庭发展三阶段与生命周期关系的理论假设；另一方面则从家庭发展理论的功能维度入手，提炼出一组聚焦流动人口家庭发展三阶段的结构功能逻辑的理论假设。

　　第四章至第六章则是本书的实证检验环节，这一大部分是按照本书在理论探讨部分最终构建出的流动人口家庭发展所特有的三阶段基础理论模型来进行以阶段为导向的分解研究，其中，第四章和第六章分别针对第一阶段（家庭化流动阶段）和第二阶段（家庭式融入阶段）展开实证分析，第五章则衔接两者，将实证分析的视角聚焦于从第一阶段向第二阶段的进化。各阶段的实证工作皆是遵从理论假设加以设计：一方面把流动人口家庭发展的特殊性与一般意义家庭发展的普遍性结合起来，集中审视家庭化流动与家庭式融入在生命周期阶段演替中的不同表现形态，为此需要分别对家庭化流动、家庭式融入以及生命周期阶段等作出既立足调查、又反映实际的操作化界定；另一方面则把流动人口家庭发展外显的阶段过程与内隐的作用机制结合起来，深入探析家庭化流动阶段所代表的家庭结构性演进与家庭式融入阶段所代表的家庭功能性演进在家庭发展的结构与功能逻辑上分别产生何种促进效应，先从基准回归模型入手初步明确影响的方向性与显著性，而后依托内生控制模型提升估计的有效性与精准性，最后借助稳健检验模型确保结果的恰切性与可靠性；这些内容在第四章"第一阶段（家庭化流动阶段）实证分析"和第六章"第二阶段（家庭式融入阶段）实证分析"中加以具体展现。对于第一阶段向第二阶段的进化机制,本书一方面从阶段进化的标志性测度变量着眼,考察其所受的家庭化流动阶段完成带来的影响,另一方面则从流动人口家庭发展阶段进化中的特殊形态着眼,对比举家流动与分批流动两种模式下的融入促进效应,这些内容在第五章"从第一阶段向第二阶段进化的实证分析"中加以细致呈现。

第七章"结论讨论"在对理论探讨部分与实证检验部分的重点内容概括提炼之后列明主要研究结论,进而围绕人口流动相关政策应当凸显家庭视角这一核心,简要陈述本书的政策启示。此外,本书的创新之处与局限之处也会依惯例得到讨论。

# 第 二 章

# 文献回顾

流动人口家庭发展是家庭发展与家庭迁移两大理论研究领域的交叉。家庭发展理论研究过去大都仅仅关注以生命周期的阶段演替为突出特征的家庭变化以及相关问题，而对迁移流动给家庭发展带来的冲击关注明显不足；与之相对，家庭迁移理论研究长久以来甚少涉及家庭发展层面上的专门探讨，其往往单围绕着迁移流动本身的流向、流序等方面的规律展开具体分析。本书致力于构建可被实证过程来加以检验的流动人口家庭发展理论，深化对这一理论交叉领域的认识、增进对这一理论融合范畴的理解。为了充分地借鉴、有效地吸收既有家庭发展理论的成果、已有家庭迁移理论的思想，以使得理论构建过程能有章可循、有据可依，本书接下来将按照如图 2-1 所示的基本框架来进行文献回顾。对于家庭发展理论，本章着重是从生命周期、现代转变以及人类发展三种主要导向出发概述其演化图谱；对于家庭迁移理论，本章则在经济学和社会学双重视野下，基于人力资本理论、新迁移经济学以及性别角色理论、生命历程理论四大典型方向纵览其演进历程。

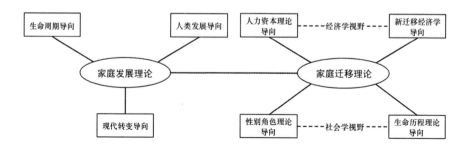

**图 2 - 1　文献回顾基本框架**

# 第一节　家庭发展理论回眸

家庭发展理论的兴起,将核心家庭及其扩展、转换、缩减等常规模式推到了学界研究的最前沿。长期以来,作为一整套可以指导研究方向的理论框架和一系列有待实证研究检验的理论命题,"家庭发展"以其独有的特色持续地引领着对家庭变化进程的描述性研究与解释性研究。伴随着家庭发展理论的不断吐故纳新、革故鼎新,其概念维度已渐趋多元化、思想内涵也日益复杂化。本书通过归纳总结与比较辨析,系统地梳理出家庭发展理论的三大主要导向(包括生命周期导向、现代转变导向以及人类发展导向)。在此基础上,本书将综合阐述家庭发展最基本的理论意涵,以期为构建流动人口家庭发展的理论框架、检验流动人口家庭发展的理论假设提供相应的参考。

## 一　生命周期导向的家庭发展理论

家庭发展的时态(family time),亦即家庭发展阶段的序列,一方面为家庭内部成员需求(例如,生理性需求、心理性需求、社会性需求等)所驱动,另一方面又受家庭外部社会氛围(例如,社会期望、经济约束等）的影响，它是家庭发展理论最为重要的聚焦点（尤其是在微观的层面上），不仅使该理论明显地区别于其他家庭分析方法，而且也建立起该理论同生命历程分析的密切联系（Mattessich & Hill，1987）。以家庭为着眼点的生命周期思想对家庭发展的时态给予了最为充分的关注。家庭生命周期阶段分类作为一个人口学自变量，易于简约而便利地解释家庭需求与家庭禀赋如何在互动中形成家庭的阶段性行为模式。其重要性在 Hill（1964）的论述中可窥一斑："任何研究（或临床工作）试图在不考虑家庭发展阶段所带来的变化的情况下来对家庭加以概述，那么它们都将无法解释这其中的诸多状况变动……"[1]　诚如图 2 - 2 描绘出的演进谱系所示，这一思想的雏形最早可以追溯到经济学者为解释贫困持续性而设计的研究模型[2]。1901 年，Rowntree 把个体年龄与"代际时间"（实际上就是在家庭生命周期中的位置）两者结合起来加以考察，强调贫困的发生在儿童早期、抚育时期以及老年后期等 3 个生命历程阶段最为突出[3]。时至 20 世纪 30 年代，家庭生命周期思想逐渐形成体系，数位农村社会学者几乎同时对此进行了较为系统的探讨。Sorokin 等人（1931）基于家庭成员序列变动，率先确立了家庭生命周期的 4 个阶段：已婚夫妇刚刚开始实现经济独立时期、夫妇育有一个或者多个年幼子女时期、夫妇与自食其力的成年子女同住时期以及夫妇步入老年时期。同期对家庭生命周期作出 4 个阶段切分的 Kirkpatrick 等人（1934）主要依据的则是家庭中的儿童所处的适龄教育时段：子女学前教

---

① Hill, R., "Methodological Issues in Family Development Research," *Family Process*, Vol. 3, No. 1, 1964.

② 当然，也有学者认为，生命周期相关概念的确切来源难以考究，只是知道这已经有很长的历史（Klein & White，1996）。亦有学者认为，生命周期思想雏形可上溯至 1777 年（Mattessich & Hill，1987）。

③ 这主要是因为收入可能并不足以支撑育有子女时的家庭整体开支以及步入老年阶段之后收入出现锐减。

育阶段、子女小学教育阶段、子女中学教育阶段以及子女成年阶段。在研究城乡家庭差异时,Loomis(1934)以家庭中的儿童年龄为标准也划定了家庭生命周期的 4 个阶段:育龄夫妇未育子女时期、最大子女年龄低于 14 岁时期、最大子女年龄在 14—36 岁时期以及老年夫妇时期。总的来说,早期家庭生命周期思想比较习惯于从家庭中的子女状况出发进行阶段分割以及分析,而对家庭中的夫妇状况甚少予以考虑以及考察。由于此时还没能针对各阶段给出较严谨的概念界定和针对全过程作出较深刻的内涵剖析,家庭生命周期思想的应用范围受到了极大的限制。

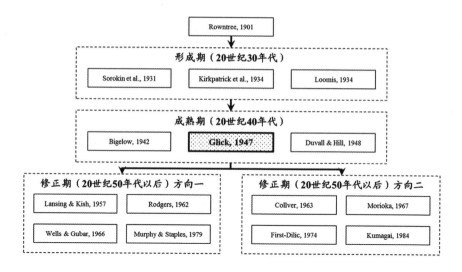

**图 2 - 2   生命周期导向的家庭发展理论演进图谱**

主要参考资料来源:Mattessich, P. and Hill, R., "Life Cycle and Family Development," in Marvin, S. and Suzanne, S., eds. *Handbook of Marriage and the Family*, Springer US, 1987; Murphy, P. and Staples, W., "A Modernized Family Life Cycle," *Journal of Consumer Research*, Vol. 6, No. 1, 1979; Young, G., "Family Development," in Young, G., ed. *Adult Development, Therapy, and Culture*, Springer US, 1997.

进入 20 世纪 40 年代,家庭生命周期思想蓬勃发展、渐趋成熟,其阶段划分也随之有所增加。在该时期的相关研究中，最为引人注目的当属 Glick 于 1947 年所发表的《家庭周期》（The Family Cycle）一文，学界普遍认为这是首次较为完整地阐述、相对清晰地呈现家庭生命周期分析框架。Glick 提出的模型包括了由夫妇结婚、子女出生、子女离巢、配偶死亡等 7 大生命事件决定的 6 个阶段：从夫妇初婚到第一个子女出生的时期（通常可称之为"形成期"）、从第一个子女出生到最后一个子女出生的时期（通常可称之为"扩展期"）、从最后一个子女出生到第一个子女结婚的时期（通常可称之为"稳定期"）、从第一个子女结婚到最后一个子女结婚的时期（通常可称之为"收缩期"）、从最后一个子女结婚到丈夫或妻子死亡的时期（通常可称之为"空巢期"）、从夫妇一方死亡到另一方死亡的时期（通常可称之为"解体期"）。Glick 在对家庭生命周期作出了经典表述的同时，还使用美国人口普查数据等探讨了不同生命周期的家庭规模、子女同住以及成年亲眷同住等家庭结构变动状况，住房租金、家庭收入、夫妇就业等居住和经济特征变化，从而验证了以生命周期相关理念来考察家庭发展过程的可行性与适用性，其模型亦得到了相对最广泛的传播。除此之外，Bigelow（1942）关于家庭金融的消费经济学研究与 Duvall 和 Hill（1948）针对家庭成员相互作用的动态研究也应用到了生命周期的思想，他们分别独立地确定了两套较有代表性的 7 个阶段的分析框架。与 Glick 的模型相比，这两套框架更加注重在子女年龄变化中揭示家庭发展过程的规律性。其中，前者包括夫妇婚姻确立时期、子女生育以及学前教育时期、子女小学教育时期、子女中学教育时期、子女大学教育时期、重回夫妇双方时期、夫妇退休在家时期，不难看出，Bigelow 主要考虑的划定因素是儿童学业；后者包括未育时期、扩展（从第一个子女出生到最后一个子女出生）时期、学龄时期、稳定（从最后一个子女出生到第一个子女离巢）时期、收缩（从第一个子女离巢到最后一个子女离巢）时期、老伴（没有子女在家）时期、丧偶时期，Duvall 和 Hill 在切分阶段时明显是纳入了多重因素，最主要的就是家庭规模变动、年龄构成变动以及抚育者的职业地位变动。总而言之，经过 Glick 等的系统梳理，家庭生命周期思想以更为成熟的姿态登上了学术舞台，其各阶段概念内涵已然变得十分明确。它既强调父母与子女双方对家庭生命周期的阶段形成共同约束，也重视从家庭的结构与功能两方面理解家庭生命周期的内涵，可使研究者们将汇总数据转化为参数来区分家庭在不同历史时期的发展阶段，由此成为能够应用于家庭研究的重要理论。

家庭生命周期思想在 20 世纪 50 年代以后得到了进一步的优化完善，研究者们尝试弥补此前分析框架中存在的一些不足之处①，积极因应家庭发展领域里出现的新现象新格局提出的新要求，着力提升该理论对世界范围内家庭发展过程更普遍的适用性。

一方面，通过在已有基础上继续细分阶段，家庭生命周期思想力图重构相关模型以便将现代家庭变化及其继发性效应（包括非传统家庭事件和家庭类型等）纳入其中加以诠释，使其更加契合家庭实际状况。Lansing 和 Kish（1957）提出了 7 个阶段的家庭生命周期模型，旨在囊括更多的家庭类型并以阶段分类作为自变量来考察家庭生命周期对住房财产、债务存量、女性就业等部分经济特征的影响②。他们发现，家庭生命周期分析框架在各个经济特征上的解释力都要明显优于简单的年龄分组，应当作为年龄的可替代变量或者并行于年龄的变量更广泛地加以应用。阶段划定尤其细致入微甚至被

---

① 例如，Trost（1974）在对几种较流行的家庭生命周期分析框架进行综述之后明确地指出其中存在的典型缺陷，主要包括未能涵盖未生育的夫妇、无法诠释单亲家庭状况、过分强调子女年龄变动以及偏重于父亲（丈夫）的角色转换而忽视了母亲（妻子）的角色转换等；Russell（1993）则认为，家庭生命周期分析框架过度聚焦于子女的成长成熟，而对夫妇婚姻的发展和代际群体的发展关注不足。

② 他们划定的 7 个阶段分别是年轻未婚单身时期、年轻已婚未育时期、年轻已婚且最小子女年龄未满 6 岁时期、年轻已婚且最小子女年龄超过 6 岁时期、年老已婚且与子女同住时期、年老已婚而无子女同住时期、年老单身寡居时期。他们在实证研究中特别指出，绝大多数家庭都会有序度过生命周期中的几个阶段，只有 3.8% 的被访家庭情况特殊而无法被划归到该研究预设的 7 个阶段之中，足见模型的有效性。

认为是史上最复杂的家庭生命周期模型当属 Rodgers 于 1962 年研制的综合考虑父母角色演进与子女身心成长的 10 大阶段的分析框架①。相比之下，Wells 和 Guber（1966）的家庭生命周期阶段划分方法则更加简单，主要依据的是父母和子女的年龄以及就业状态，这受到了消费以及市场经济学者们的青睐②。Murphy 和 Staples（1979）针对家庭组成和生活方式在现代化的进程中凸显出的多元变异状况与复杂演化态势（包括离婚比例的上升和家庭规模的下降等）构建了更接近于社会现实的家庭生命周期模型。尽管该模型只列出了 5 大阶段（年轻单身个体时期、年轻夫妇未育时期、其他年轻家庭时期以及中年家庭时期、老年家庭时期），但是通过改进各大阶段下的细分模块和丰富各大阶段间的转换路径③，该模型的效果得到了实证检验结果的肯定。此外，McGoldrick 和 Carter（1982）对该分析框架的修订使其将离婚和再婚等家庭生命周期上出现的变化纳入其中；Rodgers 和 White（1993）则将其同族谱结合起来以便对各种家庭事

① 10 大阶段依次包括家庭起始（夫妇未育子女）时期、子女幼儿（所有子女年龄均小于 36 个月）时期、子女学前时期、子女学龄时期、子女少年时期、子女成年时期、子女离巢时期、父母中年（从所有子女离巢到父母退休）时期、父母老年（从父母退休到其中一方死亡）时期、父母寡居（从父母一方死亡到残存一方死亡）时期。其中，Rodgers 在子女学前时期、子女学龄时期、子女少年时期、子女成年时期、子女离巢时期等 5 大阶段上又进行了更细致的切分，最终合计可达 24 个阶段之多。

② 他们主张将家庭生命周期划分成 9 个阶段：单身个体（单身的年轻人未在父母家中居住）时期、新婚夫妇（尚未生育子女）时期、满巢家庭一期（最小子女年龄低于 6 岁）、满巢家庭二期（最小子女年龄高于 6 岁）、满巢家庭三期（年老已婚夫妇和依靠他们的子女同住）、空巢家庭一期（子女离巢而父母仍参与劳动）、空巢家庭二期（父母退休在家）、残存家庭一期（参与劳动）、残存家庭二期（退休在家）。

③ 其中，其他年轻家庭时期包括年轻离婚未育家庭时期、年轻在婚已育家庭时期、年轻离婚已育家庭时期等 3 个模块；中年家庭时期包括中年在婚未育家庭时期、中年离婚未育家庭时期、中年在婚已育家庭时期、中年离婚已育家庭时期、中年在婚未有需养育的子女时期、中年离婚未有需养育的子女时期；老年家庭时期包括老年在婚家庭时期、老年不在婚家庭时期。不像之前的研究者那样认为家庭生命周期各阶段的转换一般是单向度的、不可逆的，Murphy 和 Staples 强调一些阶段之间是相互转换的，特别是在阶段细分之后，例如，老年在婚家庭时期和老年不在婚家庭时期等。

件作出细致刻画。以上几个较有代表性的家庭生命周期研究体系是对 Glick 等的分析思路进行的再补充、再拓展、再调整、再修订,但其并未颠覆成熟期以来发展出的家庭生命周期核心构架。依托对家庭生命周期阶段概念的重新定义和对阶段内涵的重新阐释,它们更加充分地适应了家庭发展的新趋势、更加深刻地融入了家庭过程的新特征、更加有效地满足了家庭研究的新需求,但其仍然秉持的是成熟期以来父母与子女兼顾、结构与功能并重的阶段切分基本理念。另外,基于对美国之外不同国家和地区的家庭发展经验总结,家庭生命周期思想也相应地增添了许多其他类型社会的色彩,在上述过程中,基本模型得以持续更新,具备了面向全球的更强适用性。这方面较有代表性的文献包括 Collver (1963) 针对印度的分析、Morioka (1967) 基于中国等的比较、First-Dilic (1974) 立足南斯拉夫的讨论、Rodgers 和 Witney (1981) 着眼加拿大的探究、Kumagai (1984) 关于日本的考察等。

纵览家庭生命周期思想自 20 世纪三四十年代以来逐步演进的历史可以发现,它始终都紧紧围绕着家庭发展阶段划定这个不变的议题、致力于不断改进家庭发展过程研究的相关方案。尽管在这一领域中各类分析框架可谓层出不穷,但是总体说来,家庭生命周期思想更多是在揭示家庭发展外显的阶段过程性特征,而其对内隐的机制机理性问题的探讨则相对并不充分。

## 二 现代转变导向的家庭发展理论

不同于家庭发展理论的生命周期导向更偏重于在微观层次上审视家庭演化的全过程,聚焦于家庭的现代转变理念则更注重在宏观视域下解析家庭跨时代的变革。相比之下,生命周期导向更有助于我们回答一个家庭从其产生到其消亡经历了什么样的过程(这个过程在人类历史上保持相对稳定①），而现代转变导向则会帮助我们把握家庭在人类历史上从古到今实现了什么样的跨越（这种跨越通常不会显著改变上述过程），这个角度上产生了对家庭发展的另一种理解。作为以现代化为主题的庞大理论体系中着眼于家庭这一基本范畴、围绕着家庭及其相关问题来展开研究的一大重要分支，家庭现代转变思想最早脱胎于进化理论，此后逐渐地混合了结构功能理论到其中，进而演化出了从结构维度上探讨家庭变动轨迹与从功能维度上分析家庭演变趋势两种理论维度（其演进图谱具体可参见图 2 - 3）。1877 年，Morgan 在其代表作《古代社会》（*Ancient Socie-ty*）里具体呈现了进化理论的基本观点：人类社会是按照特定的阶序、固有的范式从原始状态中走出，并不断地向前推进，而家庭也是遵从一定的规律、特有的轨迹，在向现代模式的转型中实现其有序发展。这成为了家庭现代转变思想的最重要的源流之一。借助人类学的实地考察方法，他发现，与人类社会所度过的蒙昧时代、野蛮时代和文明时代等 3 个主要时代相对应，家庭则经历了血缘和群婚（普那路亚）阶段、对偶阶段、一夫一妻阶段等几种典型阶段。家庭进化是人类社会不断演化的必然结果，这作为进化理论的一个核心观念给后代家庭研究者的相关著述打上了难以磨灭的深刻"烙印"。正是在它的指引之下，近现代才逐渐有了对家庭结构进化现象与家庭功能进化现象的深层次探究、多维度剖析。

　　沿着进化理论所开辟出的研究道路，20 世纪后半期，学界在结构维度上对家庭现代转变作出了细致的探察。Goode 的《世界革命

---

① Hareven（1974）指出，生命周期研究为我们区分两种类型的"历史时间"提供了重要的条件："家庭时间"指的是家庭生命周期中的各种变化，例如，夫妇结婚、子女出生、子女成熟以及离巢等的变化，而"社会时间"指的是更大的社会中制度状况变化，例如，职业结构、迁移流动、定居模式以及家庭行为管理政策法规等方面的变化。在他看来，"家庭时间"在某些领域里是自主自发的，尽管并非完全不受外部因素影响，但很大程度上遵从家庭传统、家庭经济以及家庭中一系列社会和心理状况主导下的内部"节奏"，因此，家庭变化往往要比其他社会制度更慢一些。

与家庭模式》(*World Revolution and Family Patterns*,1963)是这其中最具影响力的论著之一。Goode 被认为"擅长于考察家庭结构性质的变化"①,他的这部著作里曾经明确地指出,在工业化与城市化相交织的进程中,不同类型的扩大的血亲家庭制度都存在着向夫妇式核心家庭制度的某些类型转变的趋势,这种家庭模式革命是席卷全球的重大革命的一个部分。这种结构上的变革趋向具有以下几大鲜明特点:第一,由家长主导的配偶选择到自主自由的配偶选择;第二,由注重家族的绵延到注重个体的幸福;第三,由从夫(妻)居到新居制、从单系继嗣规则到双系继嗣规则。之所以会有这种结构上的变革趋向,Goode 认为,原因很大程度上就在于,扩大的血亲家庭制度具有支配个体(尤其是支配年轻群体和女性群体)的合法性;而夫妇式核心家庭制度则充分地体现了平等主义与个人主义的价值观,其一方面同社会经济进步的观念相互依存,另一方面又同历史延续的传统观念相互对立,可以依托于工业化和城市化的进程帮助人们"从家长的控制、种族的限制以及刻板阶层的钳制中获得更多自由"②。但 Berger 等人(1973)却并不认同 Goode 对现代化所持有的乐观立场。他们通过考察第三世界国家相关状况发现,现代化的过程有助于个体摆脱扩大家庭以及亲属等的约束从而赢得自由,不过,这同时也会滋生"无家"意识,使人在绝望感、挫折感和失范感中越陷越深。他们强调,相比于从扩大的血亲家庭制度向夫妇式核心家庭制度的转化,家庭生活内容以及家庭—社会关系等所发生的变化才是家庭现代转变的典型特征。1986 年,Goody 在为《家庭史》(*Histoire de la Famille*)的第二卷一书撰写的序言中对家庭结构现代转变的几个方面作出了总结,其主要包括家庭规模的缩小、

---

① [美]马克·赫特尔:《变动中的家庭——跨文化的透视》,宋践、李茹等译,浙江人民出版社 1987 年版。

② Goode,W. J.,*World Revolution and Family Patterns*,Free Press of Glencoe,1963.

子女数目的减少，婚姻关系私事化①，亲属关系的削弱，等等（比尔基埃等，1998）。此后，关于家庭结构现代转变的讨论并未偃旗息鼓，从 20 世纪的末期开始日渐分化出了以 Stacey 为首和以 Popenoe 为首的两大阵营。Goode 与 Berger 等对现代化抱持相反态度的传统似乎在这里得到了继承与发扬。相比之下，Stacey 更为积极地看待家庭结构上的变化，认为这是为了应对当代新的社会形式而作出的安排，因此，他欢迎家庭的多样性，主张重建社会环境以使多元化的家庭形式都在其中富有尊严、互相尊重地存续下去（Stacey，1993）。而 Popenoe 则表现得更为消极，他对家庭的衰退表示顾虑，尤其是对最近一个时期核心家庭的裂变显示出了强烈的担忧，因为在他看来，核心家庭乃是剥离了其他亲属的基本单元，其承担的两项基本功能（子女养育和情感慰藉）是无可替代的（Popenoe，1993）。

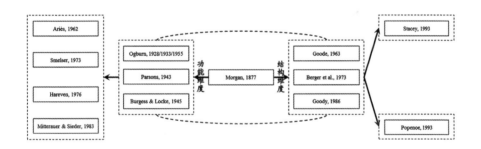

**图 2 – 3　现代转变导向的家庭发展理论演进图谱**

主要参考资料来源：［美］马克·赫特尔：《变动中的家庭——跨文化的透视》，宋践、李茹等译，浙江人民出版社 1987 年版；陈璇：《当代西方家庭模式变迁的理论探讨：世纪末美国家庭论战再思考》，《湖北社会科学》2008 年第 1 期。

———————

①　Goody 指出："这就是'个人化'，'自由选择配偶'（亦即情感基础上的协商一致），摆脱亲属束缚。"此外，他还谈道："总的来说，经过各种不同政治制度演进，为了推动夫妻家庭自主化、未婚夫妇相和谐、一夫一妻相结合、离婚过程简便化以及两性或者兄弟姐妹平等化，协商一致的原则逐渐形成。"

20 世纪以来,在功能维度上研究家庭现代转变也产生了诸多的重要文献。其中,Ogburn 等人(1928,1933,1955)对于家庭功能现代转变作出的概括是"非功能化"。他曾经指出,家庭在快速的技术变革与持续的技术变迁的影响下逐渐经历的是非功能化过程,亦即从先前承担经济、教育、娱乐、宗教以及保护等多重功能的状态逐渐演变成目前只是担负情感和生育两重功能的格局。家庭功能现代转变在结构功能主义的集大成者 Parsons 的论述里亦不鲜见,他的《当代美国亲属制度》(The Kinship System of the Contemporary United States,1943)一文谈到了家庭功能的"专门化"。在 Parsons 看来,夫妇式核心家庭正是因其具备某些专门功能(主要是夫妻间的情感慰藉功能与针对儿童的社会化功能)才使得社会对其产生了特别的依赖。而 Burgess 和 Locke(1945)尤其强调家庭功能的"外化"是家庭功能现代转变的典型特质。他们认为,家庭的一系列传统功能正交给外部机构来执行[1],目前仅剩"互爱、同情、理解及其成员间的友谊"[2],家庭在上述过程中实现了从"机构型"(完全依靠传统规则来维系)向"友伴型"(以情感为赖以存在的基础)的转变。以著名社会学家的经典论述为导引,20 世纪下半叶,家庭功能现代转变引发了在更加广阔的研究视野中、在更加充分的资料基础上的系统剖析与完整诠释,这方面较有代表性的论点甚多,但是总体说来,它们的落脚点基本都是家庭功能在现代化的过程中逐渐向外分化、明显得以简化。例如,对于西欧社会中的家庭日渐转变成为"规避外界风雨的港湾和专门的儿童养育中心"这种现象,Ariès(1962)曾经作出简要总结:"现代家庭……切断自身与世界的联

---

[1] Burgess 和 Locke 发现,家庭的经济、教育、娱乐、宗教以及保护等功能逐渐丧失(与 Ogburn 类似),而它们已由其他的机构加以替代,工业化与城市化是这种变化的主要原因。

[2] Burgess, E. W. and Locke, H. J., *The Family: From Institution to Companionship*, American Book Co. 1945.

系，使其成为与社会对立的孤立亲子群体。该群体的全部精力都投入到帮助子女在世界上独立地成长。"[①] 与此类似，Smelser（1973）也认为家庭活动已经更多地集中于"情感上的满足和对子女的社会化"，他谈道："现代化形成了一种以情感吸引和狭隘爱情为基础的家庭。除了每个家庭成员各自与外部的联系之外，家庭不再作为重要的社会领域。"[②] 又比方说，Hareven（1976）将家庭功能现代转变看作是家庭日趋"内敛"的过程：前工业化时代中的家庭承载着大量的功能，而在工业化的影响下，家庭将其焦点转向了成员关系的情感意涵，家务承担以及亲密性、隐私性成为其主要的特征。而Mitterauer 和 Sieder（1983）在对家庭各项传统功能的转变历程逐一加以介绍后则明确地指出，家庭将其功能向外转移，与社会机构发展出替代性功能相伴而行，这个长期过程不可逆转。

需要特别说明的是，尽管为了方便呈现家庭现代转变相关分析框架的演进脉络，本书在上文的综述中划分出了家庭结构与家庭功能两个维度，但这仅是出于择重点、归类别而论之的考虑，并非意在着力凸显二者的差异性。事实上，一旦谈到家庭现代转变，家庭结构和家庭功能两大方面总会在有关的论析中互有交织、互为补充，不同的研究者只是各自有所侧重，但却不会全然偏倚。例如，Goode（1963）对家庭结构现代转变的探讨建立在两种"功能适应"的理论观点之上：第一种是平等主义与个人主义的个体期望同某一类型的家庭制度之间的功能适应，而第二种则是某一类型的家庭制度同工业化与城市化的社会进程之间的功能适应。又如，Ogburn 等人（1928，1933，1955）则指出，与家庭功能现代转变相伴而生的是，两性之间和代际之间权力关系、女性承担角色、儿童养育模式等诸多方面的结构变化。再如，Parsons（1943）在论证家庭功能现代转

---

① Hareven, K., "The Last Stage: Historical Adulthood and Old Age," *Daedalus*, Vol. 105, No. 4, 1976.

② ［美］马克·赫特尔：《变动中的家庭——跨文化的透视》，宋践、李茹等译，浙江人民出版社1987年版。

变前首先详尽地解析了美国现代家庭结构特点——孤立的夫妇式核心单元和独立于家庭的亲属关系,这与普遍存在于没有文字的原始社会中的扩大的血亲家庭明显不同。总的来说,家庭现代转变思想旨在全力展现、深度剖释家庭告别传统模式、走向现代格局的发展历程。其目光主要投射到了工业化与城市化背景下的家庭身上,结构与功能则是其最基本的着眼点。几乎所有家庭现代转变研究者的结论最终都指向了一个共同的概念,亦即家庭结构与功能的分化与转化。家庭现代转变相关分析框架的核心要义正是在工业化与城市化的场域中观察和反思家庭结构与功能的分化与转化,其实质上是在集中诠释家庭发展背后的结构与功能逻辑,这无疑为我们更深入地探讨家庭发展内在动因提供了重要的思路、为我们更科学地把握家庭发展基本规律奠定了重要的基础。

### 三　人类发展导向的家庭发展理论

着眼于家庭的人类发展思想的鲜明特点是,不像家庭生命周期和家庭现代转变思想那样把过程性、阶段性、跨越性、进化性、转变性等这类反映历时性、突出序次性的词汇作为其理论的关键词[①],而更多地将"发展"所具有的良性运行、适度调节、积极互动、优化改善、协同促进之本质意涵寓于其中[②],导向性、引领性因此成为其理论的关键词。家庭人类发展相关分析框架最重要的理论贡献在于,首次面向家庭系统地提出了"发展任务(developmental tasks)"这一基础概念。发展任务一般指的是,"每一个人从其出生到其逝世

---

[①]　不过,这并非意味着家庭人类发展思想就不关注时间这一重要维度。Rodgers(1977)曾经指出,家庭人类发展思想指导下的研究者们更加重视通过分析纵向数据来探索家庭发展的相关模式,而纵向数据分析的优势就在于,能够帮助研究者们识别家庭随时间变动而呈现出的连续性与间断性,同时可在规避截面数据研究风险的前提下验证那些旨在揭示家庭变动的前因与后果的相关命题。

[②]　Thornton(2001)曾经特别指出,相较于在个人层面上的应用,发展研究相关模型应用于社会层面(包括家庭等)时,一个重要的不同之处就是只强调变动轨迹上的持续改善,而摒弃了衰退性的意涵。

所面临的成长责任，主要源于生命历程各阶段上个体的生理成熟、心理驱动以及社会的期望"①。而在人类发展领域相关专家们的眼中，人类行为不可能在抛开人类发展相关议题的情况下得到充分理解，作为群体的家庭也有其特定的发展任务，成功地完成这些任务方能够确保家庭在其生涯的各个阶段取得最佳的进展，他们所建构出的家庭的发展任务与家庭成员个体的发展任务是紧密相关的（Rodgers，1977）。图2-4中展现了家庭人类发展思想的演进谱系。

古典社会学的符号互动理论为家庭人类发展相关分析框架的形成提供了一定的支撑。这个侧重从社会心理学的角度出发分析社会现象、研究社会规律的理论流派相继地产生了 Mead（1913）、Burgess（1926）、Waller（1938）等较有代表性的论著，符号互动理论视家庭为人际互动"舞台"的观点受到了 Duvall 等家庭人类发展思想创立者的推崇。除此之外，家庭人类发展相关分析框架更多是从儿童发展以及人格形成的相关理论中寻获研究"灵感"，"发展任务"这一概念实际上就缘起于该理论②，其秉持的"人类发展是在生命历程中不断突破渐趋复杂的发展任务"的理念最终被家庭人类发展思想所充分吸收。在这方面，Erikson（1950）以其理论的简洁性而著称。他将生命周期看作是面对7大社会心理任务所组成的序列并完成该任务序列的过程，每项任务都必然会在特定生命阶段内

① Duvall, M., "Family Development's First Forty Years," *Family Relations*, Vol. 37, No. 2, 1988. 另外，Duvall 在本文中还曾指出，"发展任务"是在个体内部推动其不断缩小当前行为和原本期望之间差异的动力，这一概念可以有效取代那些把儿童和青少年看作是"各种腺体以看不见的线支配着的木偶"的学术概念（例如，"冲动"等），也比把儿童和青少年仅仅当作是需要社会加以填充的"空杯子"进而为其罗列出长长的"需求清单"的做法更好，而且它还能在整个生命历程中进行拓展。

② 发展理论发端于18世纪，研究者们那时才开始意识到儿童青少年与成年人存在着本质上的不同，此前流行的观点是，儿童青少年系微型的成年人（Ariès, 1962）。"发展任务"在20世纪30年代形成概念，其源于这一时期中蓬勃兴起的儿童以及青少年发展研究，到20世纪40年代日渐趋于成熟，20世纪50年代后开始加以应用，成为了深入研究的对象（Havighurst, 1956），家庭人类发展思想就是在"发展任务"成熟后的一大重要应用。

出现且必须要被实现，否则后续任务的达成就会遇到困难。Havi-
ghurst（1953）也指出，个体为实现最优的成长过程，在跨越到下一
个发展阶段前必然需要完成特定发展任务。另外，他（1956）还对
发展任务研究相关的3大主要问题①进行了总结，他特别地强调了发
展任务这一概念的研究价值：其有助于人们更深刻地理解行为驱动
机制，从而使相关目标的阐述可以更切合于实际、更具备可行性，
而不是停留在纯粹的社会理想层面上。

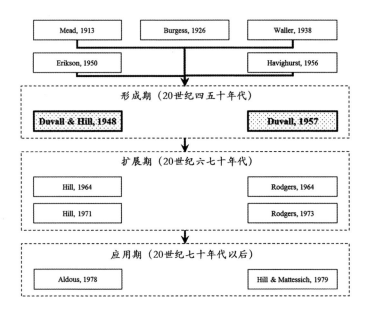

**图 2 - 4  人类发展导向的家庭发展理论演进图谱**

主要参考资料来源：Mattessich, P. and Hill, R. , "Life Cycle and Family Development," in Marvin,
S. and Suzanne, S. , eds. *Handbook of Marriage and the Family*, Springer US, 1987.

家庭人类发展相关分析框架初步形成于 20 世纪四五十年代，

————————

①  一是如何对发展任务加以定义和探究，二是如何考察发展任务随年龄以及文
化背景所发生的变动，三是如何有效度量发展任务上的表现。

Duvall 可以说是最主要的贡献者。他和 Hill 共同领衔的委员会（1948）将家庭生命周期与家庭人类发展两种思想结合起来，从而系统阐述了家庭作为"助推其成员成长、促进其成员发展的组织环境"的概念内涵，奠定了"成熟的家庭生命周期分析得以迈向新水平的基石"（Rodgers，1977）[①]。此后，在《家庭发展》（*Family Development*）一书的 3 个部分（时代变革中成长的家庭、家庭的扩展、家庭的收缩）中，Duvall（1957）描述了家庭生命周期的不同阶段，并基于此考察了各个时期家庭成员的发展任务，进而集中阐述了"家庭在可预见的发展阶段中的成长历程可以从家庭成员个体的发展与家庭作为整体的发展这两种维度上来加以理解"的核心论点。她所认定的"成功家庭"指的是，那些鼓励、支持和帮助成员完成其各自的发展任务，并在每个生命周期阶段有效地实现发展任务的家庭。这部著作后经多次再版修订，主要观点作为研究的参考而被广泛引用。总体而言，相较于家庭生命周期思想，家庭人类发展思想不再是致力于从父母角色演进、子女身心成长等方面着眼来描摹家庭变动过程，而是更加注重揭示家庭沿着生命周期阶段演化的内在动力机制以及深层发展意义。它认识到，家庭能够在生命周期阶段上不断向前跨越、持续向前推进，依托的是对各个阶段发展任务的积极应对、充分达成，反映的是对其成员个体成长目标的促成、个体发展责任的履行，这并不是自然而然就实现的。可以说，家庭人类发展思想在对"发展"本质的理解上迈出了尤为坚实的一步，其开拓的家庭发展研究导向有利于在理论建构和政策实践中把家庭各阶段与家庭全过程更好地统一起来、把个体命运与家庭生涯更好地结合起来。

20 世纪六七十年代，Hill 和 Rodgers 推动了家庭人类发展相关分析框架向着更高理论层次、更深思想内涵的扩展。Hill（1964）通过

---

[①]　因而，Duvall 等的这些论著也被看作是家庭生命周期思想进入成熟期的代表作之一，详见前文相关文献综述。

述评家庭发展研究的方法论问题,更加明确地论及家庭发展任务对家庭生命周期的重要意义(特别是对其阶段划分的重要意义),从而凸显出了以人类发展理念引领生命周期分析的重要研究价值。他指出,每一阶段都可以从 3 个反映复杂性日渐增加的维度出发进行考量:一是伴随年龄提高,子女在发展任务以及角色期望上呈现出的变化;二是作为供养家庭者、操持家务者、夫妻关系中的一方、亲子关系中的一方,父母在发展任务以及角色期望上呈现出的变化;三是家庭整体的发展任务,这源自于每个发展阶段在文化层面上的必然要求和每个成员个体的发展需求对家庭的影响。此外,Hill 始终把理论融合作为进一步地扩展家庭人类发展思想的重要手段。在从符号互动理论、儿童发展以及人格形成相关理论中吸取精华的同时,他(1971)又将 Buckley 的现代系统理论引入家庭发展研究框架,现代系统理论中所独有的一些概念,譬如,半封闭型系统、部分间相倚性、目标达成等,为更好地认识家庭、理解发展创造了便利的条件。Rodgers(1964)综述社会学领域中家庭发展研究方法时认为,家庭发展研究方法在过去的 30 余年间长期停留于描述层面上,而制约该理论进一步发展的一大基本原因就是未能形成较为具体的概念框架。因此,他着重对一系列相联系的基础概念与派生概念①作出了界定,以期构建出更加完备的概念框架,实现由单纯的描述向综合的研究(分析、验证、解释)的转变。这个框架从家庭功能性的先决条件、规范性压力的来源以及系统性变动的来源等方面着眼,在相当程度上夯实了家庭人类发展思想的社会学基石。另外,Rodgers(1973)还专门围绕着家庭互动与家庭转变探讨了家庭发展的相关方法议题,家庭人类发展理念同样在其中闪耀着独特的光芒。

经过前期扩展,家庭人类发展思想从 20 世纪 70 年代后期开始得到积极应用。这一时期较有代表性的著作包括 Aldous(1978)、

---

① 基础概念包括家庭、地位、规范、角色、角色行为等,派生概念包括角色序列、角色集群、角色复合、家庭生涯等。

Hill 和 Mattessich（1979）等，它们都分别在家庭发展的本质方面贡献了新的敏化概念、提出了一般性的命题，进一步丰富了家庭人类发展思想的框架体系。例如，Aldous（1978）结合 Magrabi 和 Marshall 的博弈树模型曾经分析指出，当要对家庭生涯中的家庭变化与家庭行为之间的关系进行概念建构时，"有限联动"可被视为一种恰当方式，它主要指的是，某一时点上的家庭行为虽然并不能完全地决定后续的行为，但却足以在一定程度上限定后续的行为，而且推动家庭选择熟悉的策略来解决问题。Hill 和 Mattessich（1979）将家庭发展模型与四个发展心理学的模型并列放在一起，进而探讨了发展动力内生还是外生、家庭变动连续还是间断、趋于简化还是不断涌现、个体与家庭的本质区别、发展普遍性还是相对性以及实足年龄的重要性等相关问题。此外，他们在梳理家庭生涯发展的既有研究成果的基础上，详细地评判了众多家庭发展理论模型当中有关家庭发展本质的、常被视为理所当然的假设，这有助于增强研究者们检验与改进理论模型的能力。对发展本质的有力揭示被认为是家庭人类发展思想的另一大理论贡献（Mattessich & Hill，1987）。

## 四　总结：基于三种理论导向认识和理解家庭发展

家庭发展理论过去数十年间从形成到深化、从革新到应用的演变历程表明，它始终都旨在全力呈现、着力刻画、努力诠释家庭动态变化、序次演化、逐步进化的总体特征、普遍规律、一般趋势。家庭都会按照相对固定的阶序、比较统一的模式来向前推进，围绕这一基本观点，众多立足于家庭发展的研究者由不同的角度出发已经构筑起了十分庞大的理论体系。他们以生命周期、现代转变、人类发展为三大主要导向，或者侧重于对家庭随子代年龄增长、亲代角色转型所经历的全部过程与各个阶段作出描绘，或者倾向于对家庭因现代化带来的结构与功能的分化与转化而发生的转变和跨越加以解析，或者致力于对家庭在特定的发展任务的引领之下以整体的发展来推动个体的发展进行探究，体现了对家庭发展各个维度差异化的认知,反映了对家庭发展不同层面区别化的理解。这是我们考察家庭发展态势、分析家庭发展问题所能依靠的基础理论资源,也是我们制定家庭发展政策、推进家庭发展实践可以参照的重要理论资料。把握三大理论导向对于我们全面研究流动人口家庭发展历程、系统研讨流动人口家庭发展机制、深入研判流动人口家庭发展症结亦有十分突出的意义。

其一,生命周期导向的家庭发展理论彰显了家庭发展的阶段过程性。世界各地的家庭可以说是千差万别,然而,越来越多的证据却表明家庭的生命周期在全球具有普遍性(Hareven,1974)。何谓"家庭生命周期"? Glick 在 1977 年发表的《家庭生命周期新论》(Updating the Life Cycle of the Family)一文的开篇即明确指出:"家庭生命周期作为一个术语,长期以来主要用于指代典型家庭在其生命历程当中所度过的关键阶段之演替。这一概念为分析夫妇式核心家庭因经历婚姻、生育子女、子女离巢、空巢以及夫妇一方死亡导致的婚姻最终解体等阶段而产生的相关数据提供了非常有意义的框架。"① 尽管围绕家庭生命周期这一研究主题目前已经形成了为数众多的分析模型,其阶段划分或粗或细,其内涵界定或繁或简,每个分析框架都有其优缺点,但是归结起来,它们无不都在全力地展现着家庭如何从某一个阶段迈向另一个阶段、如何从最初的形成走向最终的消亡。而它们背后的基本原理是,家庭内部动态变化主要是和家庭成员组成方式随时间的变化紧密相关(Rodgers,1964)。这种从阶段性、过程性出发来认识家庭发展的视角更有助于我们把握家庭发展理论所强调的时间维度,更有助于我们探析家庭发展所呈现的动态演进属性。它事实上启示我们,家庭发展是家庭从其产生到其解体所始终相伴的议题,每一个家庭发展的阶段都各有其角色构成的特殊性,同时又在发展主线的牵引之下保持着密切的关联性,

---

① Glick, C., "Updating the Life Cycle of the Family," *Journal of Marriage & the Family*, Vol. 39, No. 1, 1977.

且前一个阶段孕育着向后一个阶段进化的潜在动力，所有阶段最终共同组成家庭发展的长周期与全过程；推动家庭发展不可能是一步到位、一蹴而就、一劳永逸、一了百了的，既要着眼全过程审视家庭发展的必然趋势，又要立足各阶段探析家庭发展的特定需求，实现家庭有序的阶段演替、积极的过程推进。

其二，现代转变导向的家庭发展理论凸显了家庭发展的分化转化性。现代转变导向对家庭发展议题的探讨最终形成了它独特的聚焦点，那就是家庭结构与功能的分化与转化。作为社会学视域下一个重要的概念，结构与功能分化与转化在 Smelser（1973）看来，其基本内涵主要指的是："当一种社会角色或者组织产生分化与转化……变成两种或者更多种的社会角色或者组织时，它原有的功能在新的条件下继续存在，这些在结构上既相互区别但又相互联系的新社会单位将会代偿原社会单位的功能。"① 从中可见，结构上出现裂变与功能上相应调整是结构与功能分化与转化的典型形态。尽管汇聚了诸多社会学名家智慧源流的现代转变导向更多是在阐述现代化冲击下的家庭在其结构与功能上发生的革命性跨越、经历的历史性转型，但其无疑提供了以结构与功能分化与转化为主要切入点来审视家庭发展现象、检视家庭发展问题的经典示范。而家庭结构与功能的分化与转化并不是限定在较长时期的条件下才会出现，实际上是同家庭的生命周期紧密相伴的。Ter-kelsen（1980）对此进行了深入的探析。他指出，作为描述家庭系统发展的三大基础性概念之一，结构性要素指的是那些表现家庭日常功能特征的行为序列。分化与转化的发生被认为是由两阶段组成：先导性变化（一阶段变化）和继发性变化（二阶段变化），此即家庭系统发展另外两大基础性概念。前者指的是家庭系统内部成员个体适应性状况的改善、掌控力水平的提升；后者则指的

---

① ［美］马克·赫特尔：《变动中的家庭——跨文化的透视》，宋践、李茹等译，浙江人民出版社1987年版。

是家庭系统本身对其成员个体变化的因应,由此造成系统内部地位及其意义的转化与新结构性因素的分化。现代转变导向为我们客观地呈现了家庭发展的分化性、转化性,是我们在结构分析中考察家庭发展特征、在功能分析中研究家庭发展规律的有益参考。它启示我们,家庭总是以结构与功能分化与转化为基础来实现其发展,虽然分化与转化并不总是带来发展的新机遇,也可能会构成发展的新挑战,但无法在拒绝分化与转化的情况下去企图实现发展,推动发展必须直面分化与转化、接受分化与转化。

其三,人类发展导向的家庭发展理论体现了家庭发展的发展本位性。"发展任务"是能够代表人类发展导向核心意旨、聚合人类发展导向思想外延的一个关键主题词。按照 Duvall 等人组织的婚姻家庭研究跨学科研讨会给出的定义,家庭发展任务指的是,"如果家庭想作为一个单元而得以延续并得以成长,它必须要以满足生理需求、契合文化规则以及实现个体抱负和价值等方式来完成的东西"[①]。不难看出,家庭发展任务是由家庭的特定需求随时间变化而催生的,其之于家庭的重要意义就如同个体发展任务之于个体的关键作用那样[②],两者皆是该单元存续的根本之道与维系的必然之举。每个家庭都将会面临的最基本的发展任务通常包括照护身心、配置资源、决定成员的责任、建立互动的模式、保障成员社会化、纳入与"释放"成员、保持"士气"与动力以及联系社会等(Duvall, 1988)。尽管可以看到,家庭发展任务在不同的阶段上呈现出持续的变化、在相关的类别上折射出具体的分化,但是归根结底总的说来,家庭发展任务其实就是家庭为其成员个体成长所提供的服务,就是家庭对其成员个体发展所负有的责任。一个或者多个家庭成员出现"症状"

---

[①]　Hill, R., "Interdisciplinary Workshop on Marriage and Family Research," *Marriage & Family Living*, Vol. 13, No. 1, 1951.

[②]　Thornton (2001) 曾经特别指出,发展研究相关模型在社会层面(包括家庭等)上加以应用时习惯基于一种"生物隐喻"而将社会比作成个人,同时将社会发展看作是像个人生命历程阶段演进那样具有一致性和必然性的过程。

往往预示着恰当的家庭发展任务未能被精准把握（Nichols & Everett，1986），而当家庭作为一个整体的发展阶段以及该阶段的发展任务与家庭成员个体的发展相互冲突时，家庭也将会发生困难（Burkhead & Wilson，1995）。所以，家庭发展同其成员个体发展是高度统一的①，家庭发展是以成员个体发展为根本导向的。这种揭示家庭发展的最本质意涵、最本色定位的视角实际上启示我们，家庭作为整体的发展是家庭成员个体发展的基石，通过完成其发展任务而为家庭成员创造良好的成长环境、提供积极的发展条件；抛开家庭成员个体发展来思考家庭发展问题必然沦为空想，脱离家庭成员个体发展来讨论家庭发展政策必然陷入空谈。

家庭发展研究方法对家庭理论的独特贡献在于，它试图在将家庭作为一个小型联合团体来进行分析时集中回答其时间维度上的问题（Rodgers，1964）②。总的说来，数十年以来形成的家庭发展理论三大主要导向，在以系统性视角探究家庭团体的互动模式、按动态化思路考察家庭生涯的时间维度的过程中，既突出地表现为对家庭发展外化了的阶段演替格局的直观描摹，又充分地反映在对家庭发展内隐着的家庭结构与功能的分化与转化机制、以个体发展为取向的任务导引机制的深刻把握。家庭发展理论尽管演变出了以上三种导向，但却并未因此陷入各种导向彼此裂解分化乃至互相批判攻讦

---

① Burkhead 和 Wilson（1995）对此曾在多个生命历程阶段上进行过专门的总结。他们举例说明，在子女学前教育阶段，家庭发展任务包括适应幼儿在照料服务提供、自主能力促进等方面的关键性需求，而子女的个体发展任务是提升自助能力，父母的个体发展任务则要求其耗费精力、丧失隐私。子女小学教育、中学教育等阶段的情况也是类似。

② 此前，大量意在考察家庭随时间的变化的文献倾向于做特征方面的宏观分析，其结果是把重点放在了较宽泛的制度模式研究上，从而严重地缺失了对家庭互动动态变化的研究。另外，有关于家庭变化的微观分析往往则被相对静态的视角所限定，它们或者只是聚焦某一时点上的家庭，或者仅对两个相近时点上的家庭进行比较。

的境地,相反,这一理论本身所带有的浓厚"折中主义"(eclec-tic)① 倾向(Hill,1964)使得兼容并包始终都是其数十年的发展轨迹上一大最为鲜明的特色。实际上,这三种导向深层次的重要联系为理论融合提供了可能性。

其一,作为家庭系统存在的目的所系和家庭系统延续的意义所在,家庭发展任务是为服务家庭发展对家庭功能分化转化提出的要求、是为推动家庭发展的家庭功能分化转化应然目标。每个家庭都要承担最基本的发展任务,"其中的每一项都是家庭需为其成员个体和更大的社会承担的功能"②。只有适当恰切地完成了发展任务,家庭方可有效发挥其功能,进而实现其自身良性运行、促进其自身协调发展。Duvall(1988)强调,一旦出现关键性的功能分化转化,那就需要家庭将其关注重点转向新的发展任务,直至家庭中的角色能够适当恰切地担负起新的使命③。可见,家庭发展任务与功能分化转化两者之间是紧密相联的,人类发展导向与现代转变导向具有一定的理论互通性。其二,家庭发展任务甫一提出就表现出深刻根植于家庭生命周期的特色,它遍及家庭过程的各个阶段,必然需要经由家庭生命周期中的阶段演替来达成从旧任务向新任务的不断跨越。Mattessich 和 Hill(1987)指出,那些关乎于家庭发展任务表现的具体活动会因家庭生命周期阶段的不同而不同,另外,特定家庭发展任务的显要程度也会在家庭生命周期不同阶段中时而长时而消。所以,只有立足于生命周期的相应阶段,才能切实评判发展任务的精准意涵,只有围绕着生命周期的演替过程,才能有序推动发展任务

---

① "折中主义"亦作"折衷主义",这在学术话语体系中通常被用来指代,未形成自身独立的立场见解而把不同的理论观点拼在一起的一种思维方式。

② Mattessich, P. and Hill, R., "Life Cycle and Family Development," in Marvin, S. and Suzanne, S., eds. *Handbook of Marriage and the Family*, Springer US, 1987.

③ Duvall(1988)同时指出,鉴于关键性的功能分化转化的重要程度日益凸显,相关研究已不能单纯地局限于分析家庭过程的各个阶段何时开始,而应尤其聚焦家庭怎样跨越阶段演替的过程。

的逐步实现，离开了生命周期，既难以从理论上谈发展任务，也无法在实践中做发展任务，这是人类发展导向与生命周期导向之间十分重要的理论关联性。其三，家庭结构与功能的分化与转化在很大程度上是源自于家庭生命周期阶段的分化与进化，生命周期阶段的分化与进化是必然过程，意味着结构与功能的分化与转化也不可规避。Hill 和 Mattessich（1979）认为，家庭生命周期阶段的相关概念实际上提供了显示家庭中的角色配置状态的一大重要指标，可以作为对家庭结构与功能的分化与转化加以操作化的一种有效方法。生命周期阶段作为一种"独特的角色复合体"（Hill，1964），预示着家庭注定要在从某一个阶段到另一个阶段的结构与功能分化与转化中经历巨大变动①。因此，认识到家庭结构与功能的分化与转化寓于家庭生命周期阶段的分化与进化，也就明确了现代转变导向与生命周期导向两者彰显的理论契合性。

　　实际上，三种理论导向以不同的视角认识家庭发展所呈现的典型特征、从不同的方面理解家庭发展所包纳的主要内涵，其最核心的思想可以使用如下的"链条"来加以有机统一、实现有效整合，那就是：家庭呈现出生命周期的阶段演替，这种生命周期的阶段演替伴生着结构与功能的分化与转化，而结构与功能的分化与转化又因应着发展任务的目标与要求。显然，我们绝不应该也绝不可能把三种理论导向完全地割裂开，相反，我们应该而且可以通过理论融合来更完整地分析家庭发展的现象、更系统地诠释家庭发展的问题、更科学地制定家庭发展的政策、更深刻地推进家庭发展的实践。对于家庭发展研究中的理论融合，Hill（1955）曾经作出了很好的总结："作为一个多学科相交织的分析框架，'家庭发展'借用了农村社会学者的家庭生命周期阶段概念、儿童心理学者和人类发展领域相关专家的发展需求与任务等概念、家庭社

---

　　①　从这个意义上来说，家庭结构与功能的分化与转化也被认为是"正常的家庭发展危机"（Rapoport & Rapoport，1965）。

会学者和社会理论学者的年龄性别角色、多元化的模式、功能先决条件以及家庭作为人际互动的'舞台'等概念。所有这些概念经过深度融合而形成了一个可供研究家庭从产生到解体的内在增长与发展过程的参照系。"①

　　基于对生命周期、现代转变以及人类发展等三大主要导向的理论内核的解析和理论关联的剖析，本书提出了以极简约的表达方式来认识家庭发展的基本概念框架（如图2-5所示）：

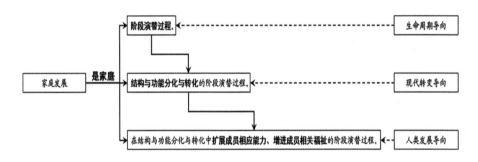

**图2-5　基于三种理论导向来认识家庭发展的概念框架**

　　首先，生命周期导向突出地呈现了家庭发展的阶段过程性，据此可用"阶段演替过程"来对"家庭发展"加以概括（亦即家庭发展是家庭阶段演替过程）；在此基础之上，考虑现代转变导向所着力强调的家庭发展的分化转化性，把结构与功能分化与转化融入家庭发展的基本概念框架之中，揭示阶段演替过程催生结构与功能分化与转化的必然性，由此可知家庭发展是家庭结构与功能分化与转化的阶段演替过程；最后，人类发展导向集中地凸显了家庭发展的发展本位性（亦即家庭发展任务的根本导向是，家庭应当从发展任务入手服务好家庭成员个体成长的需要、担负起家庭成员个体发展的责任），着眼于此，进一步地将发展的最本质意涵、最本色定位纳入

---

　　①　Hill, R., "A Critique of Contemporary Marriage and Family Research," *Social Forces*, Vol. 33, No. 3, 1955.

家庭发展基本概念框架，从而在结构与功能分化与转化中反映扩展家庭成员个体相应能力的要求、使得阶段演替过程能够充分体现增进家庭成员个体相关福祉的目标，因此，一言以蔽之，家庭发展是家庭在结构与功能分化与转化中扩展成员相应能力、增进成员相关福祉的阶段演替过程。

在提出上述基本概念框架的同时，本书还进一步地呈现了基于生命周期、现代转变以及人类发展等三大主要导向来理解家庭发展的一般分析模型（如图2-6所示）：

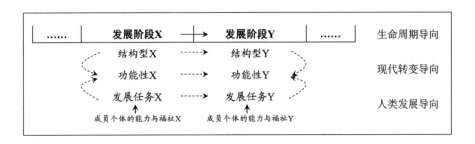

**图2-6　基于三种理论导向来理解家庭发展的分析模型**

其一，家庭发展突出的外显特征是，其会逐步地跨过某个阶段、进入下个阶段，这种从前一阶段演化到后一阶段、以新的阶段来替代旧的阶段的阶段演替特征，至少是由家庭数千年来所固然存在的、所必然经历的生命周期客观决定着的，某种意义上说，家庭发展并非一个连续不断的、连绵不绝的永恒"量变"过程①，而是以一次次"质变"为标志的阶跃式、转变式过程，家庭发展的阶段过程性为我们呈现了家庭现象在特定时间截面上的异质性，也为我们提供了应用分类方法对此进行研究的可能性；其二，在阶段演替

————————

① Hoffman（1980）亦有过类似的明确表述。他对 Terkelsen（1980）的相关思想进一步作出了丰富和延伸，强调家庭发展不是一个连续过程，而是以继发性的分化与转化以及先前完全不存在的功能组织模式的突然出现为典型特征。

过程的背后,实际上是家庭结构与功能的转化与分化这一重要机制在对家庭发展施加作用,家庭在告别前一阶段、步入新的阶段时注定将会经受结构的分化与转化,由此而伴生的则是家庭中地位的新增与消减和角色(以及角色行为模式)的整合、裂解与变异,旧的阶段的家庭结构型通过分化与转化而成为后一阶段的家庭结构型,其决定了家庭功能也必须要作出重组、调配与革新,而一旦家庭功能丧失了对家庭结构分化与转化的适应性,家庭活力就会严重衰退,家庭生命周期也会明显缩短;其三,从发展本位上来说,家庭发展不应该被当作自然而然、无为而为的过程,家庭结构与功能的分化与转化只有把家庭发展任务的方向作为约束性目标、把家庭发展任务的内涵作为潜在性要求,才不至于陷入到结构型失稳化、功能性脆弱化的境地,任何对家庭发展的干预实际上都是对家庭发展任务方向更明确的识别、是对家庭发展任务意涵更精准的把握,以期实现结构功能跨阶段的变化不会有损于家庭在生命周期上的可持续演化,而由于家庭发展任务是以成员个体的能力与福祉来定义的,这就把家庭发展最终引向了家庭成员个体成长、落脚到家庭成员个体发展。

家庭发展以阶段向阶段的演化与替代为外显的过程特征、以结构与功能的分化与转化为重要的作用机制、以指向成员个体的发展任务为本位的目标要求。这种认识和理解家庭发展的基本概念框架与一般分析模型具有极为坚实的理论根基、十分完备的理论构架、相对清晰的理论内核,依托于生命周期、现代转变以及人类发展等三大主要导向的内在理论联系,厘清了阶段跨越、结构变化、功能演进、任务调配等家庭发展的关键点之间的理论脉络,串起了从表及里、由内而外、表里一体、内外兼修地探析家庭发展问题的理论纽带,从而可以避免单就外化的现象论现象、仅就内在的原理谈原理,同时建立了家庭发展同致力于更好地形成能力、更优地运用能力的"人的发展"[①] 之间的理论纽带，提供了准确地认识家庭从最初的形成到最终的消亡这个过程真正的发展意涵的理论工具[②]，从而可以避免空对空地论家庭发展议题、虚对虚地谈家庭发展理念。基于三种理论导向来认识和理解家庭发展的概念框架与分析模型是本书后文构建理论体系并在此基础上设计实证路线的重要依托。

## 第二节　家庭迁移理论回眸

迁移流动长期以来都被包括经济学和社会学在内的各个学科奉为经典研究问题。Harris 和 Todaro（1970）曾经在一篇颇具影响力的文章中假定，发展中国家的乡城迁移流动的发生水平可被解释为个体效用最大化的策略，换言之，个体乡城迁移流动的决策独立于其他家庭成员。然而，这种观点受到以 Connell 等人（1976）为代表的质疑，他们明确指出，迁移流动决策很难是由个体独自作出，其他家庭成员几乎总要在该决策中发挥一定作用，迁移流动应当看作是家庭效用最大化的策略。大量实证研究后来为此提供了有力的支撑[③]。考虑到迁移流动同家庭整体之间存在着不可分割的内在联系，家庭迁移流动成为诸多学科中关注得多、讨论得频的议题，如

---

① 按照联合国的观点，人的发展是拓宽人们选择空间的过程，它有两大方面：一是人们自身各种能力的形成；二是人们对已掌握能力的运用。理论上说，人们的选择并非确定不变的，而是会随着时间变化的，但有三个最基本的方面如果无法得以满足，其他方面也就更加无从谈起：一是长寿并且健康的生命；二是知识以及信息的获取；三是体面生活所需资源的满足（UN Development Programme，1995）。

② 由于家庭在微观层面上注定会随其成员个体的寿命终结而走向消亡，从这个意义上说家庭过程是退行性的，是与"发展"一词所蕴含的改善优化等一类的意涵相违背的。但当我们基于发展任务相关概念而将家庭发展同成员个体发展联系起来时，上述问题自然而然就被化解掉了，事实上这才是家庭过程所体现着的真正的发展意涵。

③ 其中包括 Rempel 和 Lodbell（1978）、Stark 和 Levhari（1982）、Bhattacharyya（1985）、Low（1986）、Hoddinott（1994）等。

图2-7所示,其在经济学的视野下涌现出了人力资本理论和新迁移经济学两大最有代表性的导向,而在社会学的视野下发展出了性别角色理论和生命历程理论两大最具典型性的导向。本书将据此作出评述,并探讨最新的家庭迁移理论导向中所凸显出的家庭发展意涵。

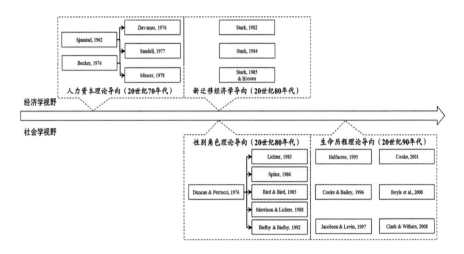

**图2-7  经济学和社会学视野下家庭迁移理论演进图谱**

## 一  经济学视野下的家庭迁移理论

经济学者最早开始针对家庭迁移流动进行系统地探讨,时值20世纪六七十年代,人力资本理论相对较为盛行,故而也被引入家庭迁移流动的探究当中作为基本的分析框架。这一研究进路的核心思想在Davanzo(1976)中得到较为充分地呈现,在他看来:"迁移流动可被视为期望的收益现值超过成本的一种'投资'形式……而家庭迁移流动通常被假设是在家庭的净收益(亦即各位家庭成员收益的总和扣除家庭的成本)为正时发生,且会选取净现值最大化的地点。"[①] Sandell(1977)和Mincer(1978)也分别在论著中发展出与

---

①  Davanzo, J. , "Why Families Move: A Model of the Geographic Mobility of Married Couples", *Population and Development Review*, Vol. 3, No. 3, 1976.

此相似相近的研究模型。需要特别加以说明的是，这里所谓的"收益"几乎完全等同于收入，而不包含其他可能的家庭福利（以及家庭风险的规避），家庭迁移流动的决策是与夫妇（也就是家庭中最主要的劳动力成员）期望的收入水平直接相关[①]。实际上，人力资本理论的分析框架就是把个体净收益最大化驱动个体性迁移流动简单地推广为家庭净收益最大化驱动家庭迁移流动。而对于净收益的范畴，该种分析框架没有作出明显的扩展，依旧停留在收入上，收入水平成为家庭迁移流动最主要的影响因素。这也使得尽管净收益已经被定义至家庭层面，但是家庭净收益仅是各个成员净收益在等位平权基础上的简单加总，特别是那些并非独立掌握的、不可进行分割的家庭福利尚未加以考虑，无疑会让迁移流动研究完全陷入"经济决定论"之中。上述问题不失为人力资本理论分析框架的一大局限性。而经济学者对家庭迁移流动决策机制的最新研究进展是根据博弈理论发展出的家庭议价模型，Lundberg 和 Pollak（2003）使用这一模型发现，由于家庭的议价地位会随迁移流动有所改变，即使迁移流动的净收益为正，夫妇仍有可能不会迁移流动，该结论无疑挑战了人力资本理论分析框架的基本立论。

人力资本理论不是纯粹的迁移流动理论，而是作为相对成熟的非迁移流动理论被引入家庭迁移流动的研究领域。在较为纯粹的迁移流动经济理论中，诸如刘易斯模型（Lewis，1954）、托达罗模型（Todaro，1969）等古典迁移经济学的分析框架都把个体作为迁移流动决策的主体，新迁移经济学的发展是纯粹的迁移流动理论对家庭迁移流动问题作出的积极回应。这一分析框架对人力资本理论有所

---

[①] 秉承人力资本理论的学者在家庭迁移流动的研究中虽然没把丈夫和妻子摆在完全相同的地位，但也并未特别关注性别上的差异，他们更加强调成员对于家庭总体收入的贡献水平，而论贡献时，从不过分偏重丈夫的价值而轻视妻子的作用，认为两者在家庭迁移流动中重要性是对等的。事实上，他们非常关注参与劳动力市场的妻子对于家庭迁移流动的重要影响，例如，Long（1974）就曾指出，妻子在工作的家庭比妻子未工作的家庭更有可能进行短距离的迁移流动而更不可能发生长距离的迁移流动。

承继，很明显的一点在于，它也主张迁移流动以家庭为决策主体，家庭收益是家庭迁移流动的主要考虑。新迁移经济学的分析框架所作的理论提升则主要体现在重新阐释家庭收益"最大化"的内涵这一方面。Stark 及其合作者（1982a、1982b、1984、1985）认为，城乡之间的家庭迁移流动是为克服流出地生存发展条件的风险性与脆弱性以及资本要素的不可及性、推动收入走向多元化进而对抗贫困化的一种家庭策略。以此为逻辑起点，新迁移经济学的分析框架主张，迁移流动过程所追求的家庭收益并不单纯是指获得流入地更高的收入水平，同时也包括分散流出地存在的经济风险。由于农村地区的资本期货市场发育受限、保险制度体系建设滞后，农户往往欠缺必要的信贷支持以助其化解经济风险、渡过生活难关，而迁移流动却能为之拓展资金来源渠道，使其保障层次更加多样。作为分散流出地经济风险的一种方式，改善流出地的农业生产状况、提高流出地的经济回报水平也被包括在迁移流动过程所追求的家庭收益中。因此，流出地生存发展条件的优化并不一定削弱迁移流动的积极性、降低迁移流动的可能性，两者并不互斥（Massey et al. ，1993）。新迁移经济学的分析框架也强调家庭迁移流动决策的异质性：由于家庭在与参照对象比较时容易产生相对剥夺感，相同的家庭收益给不同收入层次上的农户带来的效用可能并不相同。这一分析框架认为，针对流出地的劳动力市场、资本期货市场以及保险市场等施加政策影响将会改变迁移流动意愿。总的来说，这一分析框架把经济风险规避、生产潜能释放等纳入家庭收益"最大化"的考量之中，很大程度上摆脱了长期以来收益完全定位收入的固有缺陷，不再把迁移流动决策置于单一化的效用维度之上，这对家庭迁移流动的动力机制与后继模式都会产生深远影响，目前已经成为最主要的家庭迁移流动分析框架之一。

## 二 社会学视野下的家庭迁移理论

性别角色理论成为家庭迁移流动的基本分析框架，主要是因为社会学者在使用人力资本理论考察家庭迁移流动影响因素及其主要后果时认为，经济学者基于人力资本理论作出女性随迁是由家庭外部劳动力市场结构压迫所致的解释并不确切，夫妇在家庭迁移流动决策中相对对等的研究设定可能有失偏颇，而实际上，两者是"非对称性"的。性别角色理论的分析框架正是从男女不平等性来认识家庭决策的非对称性、将家庭收益最大化转变为男性成员收益最大化，由此实现对人力资本理论的发展。不少研究曾经为此提供实证论据。例如，Lichter（1983）通过估计美国已婚女性的收入决定模型中教育程度、职业地位与家庭迁移流动的交互作用发现，即便对于那些教育程度和职业地位更高的女性而言，家庭迁移流动的收入增进机制也是脆弱的，这与已婚男性显著不同，家庭迁移流动往往将有利于他们职业地位的继续提升。此外，类似的结论还可见于Spitze（1986）、Bird 和 Bird（1985）Morrison 和 Lichter（1988）等中。这些研究共同揭示的是，家庭迁移流动所寻求的净收益最大化具有性别敏感的特性，而非性别中立的问题，女性随迁更有可能是因为家庭内部性别角色观的规制和诱导。正是以此为背景，在 20 世纪八九十年代，社会学者依据性别角色理论发展出一种对家庭迁移流动动力机制与后继模式的新解释：传统的性别角色观把女性置于从属地位，从而限定了其对家庭迁移流动的影响力度，男性方面的经济驱动是家庭迁移流动的决定性条件。Bielby 和 Bielby（1992）的经验研究就曾发现，丈夫由于家庭迁移流动导致的潜在损失可能阻止妻子从流入地获取更多机会，但妻子的潜在损失却不会阻止丈夫。性别角色理论的分析框架强调家庭在多大程度上坚持传统的性别角色观会对其迁移流动产生不可低估的作用，它更加关注成员在家庭迁移流动决策中的异质性，而不是像人力资本理论的分析框架那样对其一概而论、笼统视之。不过，性别角色理论的分析框架主张成员（尤其是女性成员）首先嵌入家庭内在的规范信条中，其次才嵌入家庭外在的市场机制中，虽然从成员的角度让家庭迁移流动的探讨更趋精细化，但却并不否认迁移流动以经济目标为唯一动力的基本立论，也未改变迁移流动的效用来源是收入水平的衡量标准，如果抛开传统性别角色观的约束，它与人力资本理论的分析框架几乎没有任何区别①。因此，这一分析框架既有突破原有分析框架的发展性，也有延续原有分析框架的局限性，但它足以启示我们，家庭迁移流动由家庭决策，但决策的权利不是成员无差别地共享，部分成员更具支配性，而其他成员则更显依附性。

继性别角色理论成为家庭迁移流动的分析框架之后，生命历程理论也被引入家庭迁移流动的相关研究之中。它作为一种分析框架，在相当程度上仍在延续夫妇相对地位关系与家庭迁移流动关系这个研究议题。较之于此前的分析框架，生命历程理论的分析框架已经不太关注家庭迁移流动的决策如何作出，而是更加偏重家庭迁移流动带来怎样的影响，换言之，这一分析框架的着眼点从什么影响家庭迁移流动转变为家庭迁移流动影响什么。Halfacree（1995）认为，父权制的家庭结构与市场地位导致女性往往成为迁移流动中的随行者（却非先行者），而女性随迁又会反过来强化这种父权制的家庭结构与市场地位。可见，传统性别角色观这个性别角色理论分析框架所聚焦的因素与家庭迁移流动是互构的，它既可当作家庭迁移流动的诱因，又可视为家庭迁移流动的结果。在对家庭迁移流动的影响进行研究时，20世纪90年代以后的不少学者更倾向于把家庭迁移流动融入整个家庭生命周期，考察其与生命历程事件的互动关联，这是生命历程理论的分析框架最为典型的特征。Cooke（2001）在性别角色理论研究进路的基础上进一步指出，由于生育状况将显著改变性别角色行为，家庭迁移流动的影响会因家庭所处的生命周期阶段的不同而改变。他使用收入动态面板数据（PSID）估计迁移流动和生育对就业和收入的单一干预效应和联合干预效应，结果发现，家

① Bielby 和 Bielby（1992）的经验研究同时指出，家庭化迁移流动决策的性别角色分异在那些并不因循传统性别角色观的夫妇中更不明显，这类家庭的迁移流动动力机制与后继模式仅仅是由人力资本理论所主导。

庭迁移流动对已婚未育妇女的工作具有较小且短时的影响，而对已婚已育妇女的劳动参与影响却是较大且持续数年的。除了针对家庭迁移流动在经济方面的影响进行剖析之外，Clark 和 Withers（2008）将家庭迁移流动与生育状况一同考虑，Boyle 等人（2008）则将它与离婚风险联系起来。随着研究主题的广泛化和研究内容的深入化，跨国度的经验证据和内生性的控制方法受到学者的重视，从而让家庭迁移流动的相关结论具有更为坚实的基础（尽管生命历程理论对家庭迁移流动影响因素的相关结论几乎没有任何实质性的发展，基本不太可能以之作为这方面研究的分析框架）。这可以算是生命历程理论的分析框架的一大重要贡献，亦即它所代表的研究新趋势，让我们可以在更为宽阔的视域下认识家庭迁移流动，其与众多因素的关系恐怕不是单向度的因果机制，家庭迁移流动既是被决定的一方，又是决定性的一方，恰如 Clark 和 Withers（2009）在论文中所言："迁移流动行为要远比此前研究呈现的复杂许多。"[1]

### 三　总结：家庭迁移理论中凸显出的家庭发展取向

当前家庭迁移理论研究呈现出了以下四方面的典型特征：其一，主要概念的界定更加宽泛化，家庭迁移理论研究适应了家庭规模小型化、构成多样化的趋势，坚持家庭成员个体在迁移流动的过程中"一个都不能少"的理念，把家庭迁移流动视为与每位家庭成员个体都休戚相关的一种决策安排；其二，影响因素的研究更加精细化，家庭迁移理论研究逐渐超越了传统的单一学科分析框架，而是综合经济学、社会学以及人口学、地理学等多个学科的研究视角，更加系统全面地揭示家庭迁移流动的发生机制、驱动模式、作用效果；其三，相关问题的探索更加多元化，女性在家庭迁移流动中的从属地位长期受到家庭迁移理论研究者的持续关注，而与家庭迁移流动

---

① 　Clark，W. A. V. and Withers，S. D.，"Fertility，Mobility and Labor-Force Partici-pation：A Study of Synchronicity，" *Population*，*Space and Place*，Vol. 15，No. 4，2009.

有关的其他话题，特别是以家庭为整体单位所考察的问题，甚至包括政治视角，也得到了更多的讨论。从家庭迁移理论研究上述四方面的特征来看，同时结合新迁移经济学和生命历程理论两种相对最新的分析框架来说，家庭迁移理论导向正自觉或者不自觉地同家庭发展思想相对接、与家庭发展理念相结合，家庭迁移和家庭发展之间的紧密联系正得到更充分的揭示。据此而言，家庭迁移理论本身虽不是我们构建流动人口家庭发展理论所直接依托的理论基础、所重点依据的理论规则，但其中闪现的家庭发展取向仍给我们许多特殊的理论启示、重要的理论参考。

# 第 三 章

# 理论构建

　　理论在生成家庭知识方面发挥着描述性、敏化性、综合性、解释性以及价值性等至关重要的功能（Knapp，2009）。通过构建流动人口家庭发展理论，以期对流动人口家庭发展的规律作出更充分的揭示、对流动人口家庭发展的问题进行更深入的解答、对流动人口家庭发展的政策给予更科学的建议，是本书的两大基本研究目标之一，也是本书的主要研究意义所在。以下章节内容将以 Zetterberg（1954）提出的发展"公理化"理论（"axiomatic"theory）的一般过程为参照，着力探讨流动人口家庭发展的阶段分化与进化、全力考察流动人口家庭发展与生命周期的关系，与此同时，努力梳理流动人口家庭发展的结构与功能逻辑。这个发展理论的一般过程可以归纳为四大主要步骤：第一，列举一系列的原生术语或者说是基本概念；第二，通过组合基本概念从而界定派生概念，基本概念和派生概念组成了理论中的"名词定义"；第三，使用上述"名词定义"构建理论假设；第四，基于假设，选取并实证检验相关命题，命题的验证可推出假设的验证，最终可得理论的验证。[①] 因此，本章在接

---

　　① Zetterberg, H. L. , *On Theory and Verification in Sociology*, Almquist and Wiksell, 1954. 除此之外，Burr（1995）亦曾明确地指出，概念、假设以及解释、概述等是理论的必要组成部分。

下来首先将会对包括家庭发展、流动人口等基本概念以及流动人口家庭发展等派生概念在内的"名词定义"加以诠释，而后基于这些"名词定义"从时间和功能两大维度上凝练出反映流动人口家庭发展三个阶段特征、生命周期关系与流动人口家庭发展结构功能逻辑的理论假设，从而明确阐述本书构建的流动人口家庭发展三阶段论的主要思想内涵，最后简要介绍依托实证方法来检验理论假设的总体过程，亦即呈现后续各章安排的总目标、列示后续各章布局的总路线。

## 第一节　基本概念与派生概念界定

基本概念与派生概念都属于理论中的"名词定义"，对它们分别作出细致的界定是前文提到的 Zetterberg 发展"公理化"理论（"axiomatic"theory）的主要步骤里最为基础的环节，其在整个理论构建过程中具有先导性和全局性的统领作用。Rodgers（1964）曾经在其发表的论文中直言，一些家庭发展的研究者在阶段划定等方面显得处理方式十分武断，导致该问题的主要原因就是他们缺少一个明确的概念框架来指导理论构建，而一个可用于家庭发展调查研究的概念框架应当能够帮助人们更好地认识和理解各种家庭生命周期分析模型所描述的现象，并最终能够引领家庭发展的理论构建。因此，本书尝试从界定基本概念与派生概念入手，力图形成一个较为系统完整、相对严谨科学的概念框架，以便开展更深入的理论构建工作以及实证分析工作。Burr（1995）认为，家庭发展理论中的主要概念有家庭生命周期、阶段、转变、结构、地位以及规范、角色以及角色序列、发展任务等。本书的基本概念主要涉及（核心）家庭、家庭发展、家庭发展阶段以及生命周期、家庭结构、家庭功能、流动人口等，以之为基础组合出的派生概念则主要包括流动人口（核心）家庭、流动人口家庭发展、流动人口家庭发展阶段以及生命周期、流动人口家庭结构、流动人口家庭功能等，它们可为定义、测度以及描述较复杂的家庭发展现象提供探索工具。

## 一　家庭发展的概念界定

### （一）家庭的概念界定

"家庭"无疑是本书必须要优先予以关注的一个基本概念。一般来说，家庭指的是，由姻缘关系、血缘关系等一系列的亲缘关系所构成的人类生活的命运共同体。不过，认识家庭看似轻而易举，实则殊为不易，自人类创造文字以来的数千年历史中，认识家庭的脚步始终未停歇；理解家庭看似无关紧要，实则至关重要，在人类分布着的数万平方公里土地上，理解家庭的需求广泛地存在。这意味着，本书在触及家庭概念之时面临的是古今中外百千万的观点交融，欲集大成，恐非易事。在此种情况下，本书就更强调从认识和理解家庭发展的角度出发来对家庭作出概念上的界定。

在家庭发展理论不断演进的历史上，特别是在作为其三大主要导向之一的人类发展思想蓬勃兴起的过程中，对家庭的抽象认识和理解更多地继承了符号互动理论所秉持的基本观点：研究者们将家庭看作是"人际互动的单元"（Burgess，1926）。以此为基础，Waller 和 Hill（1951）又进一步地吸收了现代系统理论所倡导的相关观点，对家庭的概念内涵作出了部分的修订：家庭在他们看来是"人际互动的半封闭型系统"①。于此之外，Rodgers（1964）还特别地提到，家庭系统中的地位与角色是由所处社会来界定的、是彼此相互关联的、是十分独特的。这种以符号互动理论和现代系统理论作为重要思想源流来定义家庭的方式，即把家庭定义为，由所处社会界

---

① "人际互动"在 Homans（1950）的研究中指代相互作用，个体的反应会对其他个体的反应产生刺激，这从下文中提到的成员相倚性可以进一步看出。"半封闭型"是说家庭既不完全独立于社会，也不完全依赖于社会。Hill（1964）认为，家庭发展研究方法将家庭看作是内部组织复杂的小型团体系统，其包括丈夫—父亲、妻子—母亲以及子女—兄弟姐妹等成对的地位。

定的、相互关联的、独特的地位与角色共同组成的人际互动的半封闭型系统，凸显了家庭所具有的成员相倚性、边界稳定性、变化适应性以及任务导引性等四方面的特性（Mattessich & Hill，1987），有助于我们更深刻地认识家庭发展的内涵、更充分地理解家庭发展的实质，可以说是我们定义家庭发展关键的认识基础、重要的理解工具①。下文分析家庭结构等，特别是流动人口家庭结构等，也都以此作为根据。

其一，家庭作为人际互动的半封闭型系统具备成员相倚性。家庭中任何一名成员都不是在孤立地生活着，其行为将会对其他的所有成员产生显著作用。无论彼此相互竞争还是相互协作、相互喜爱还是相互厌恶②，每位成员都深刻地融入到家庭这一人际关系的大系统中，成员相倚性实际上是家庭最明显的系统性特征之一。而从系统③的内在整体性来看，家庭中的各种地位与角色通常都是"互嵌"的。也就是说，家庭任何一个部分都不会在其他部分没有发生变化时出现变化，其发生的变化也会影响到其他的部分。Aldous（1978）曾特别地指出，这种"互嵌"性不仅表现在外显的行为上，还拓展到身心等内隐的特质上。

其二，家庭作为人际互动的半封闭型系统体现边界稳定性。从系统的外在整体性来看，家庭自身及其所处的更大的社会环境促使

---

① 这里对"家庭"概念内涵的介绍更多地是基于认识和理解家庭发展的需要，而在实证分析部分如何对"家庭"进行操作化，下文将有另外说明。

② Hill（1964）曾经指出，从社会心理发展角度上来看，家庭作为人际互动的"舞台"，其中的每位成员都在努力获得自身意愿的满足，但父母经常需要在自身和子女间扮演互补性角色，故而推迟自身需求的满足，在一些家庭发展阶段上，父母和子女是协同共进的，而在另外一些阶段上，他们多样化的发展需要可能是极不相容的、互为竞争的。

③ Sprey（1999）曾经指出，系统和系统性的概念无疑是家庭研究的基础工具。家庭系统理论聚焦于家庭中的角色、结构、边界、沟通模式、权力关系等（Rothbaum et al.，2002），本书在此特别地借鉴了相关概念，强调家庭成员在作为系统的家庭中的互动。

家庭成为一个在固有的边界限定下的社会实体，并在此基础上逐渐强化家庭与其他社会团体之间的差异。家庭的这种边界并非纯粹是物质意义上的，也包括了非物质层面的因素，它仅会让家庭有选择地同外部环境进行互动。家庭正是通过物质意义上的边界①（亦即居住的相对独立性，例如，"同一个屋檐下"）和亲缘纽带及特定符号（包括特定仪式、特定词汇等，例如，只有家庭成员才会懂的"内部玩笑"）等非物质层面的边界创造和保有其独特的文化。

其三，家庭作为人际互动的半封闭型系统拥有变化适应性。从系统的动态性来看，家庭应具备适应变化进而保持均衡的能力，无论这种变化是由内部的成员触发的，还是由外部的环境引起的。一方面，家庭会时常出现结构性的变化（例如，已婚夫妇从未育到已育）；另一方面，家庭也会发生一些需求性的变化（例如，子女日渐趋于成熟），而家庭发生变化绝不只是出于维系动态平衡的考虑，它也可能会基于重新组织行为模式（包括产生新的行为、舍弃旧的行为）的需要。如果家庭欠缺了变化适应性，由于成员对无法适应变化的家庭氛围感到厌烦和焦虑，家庭的生涯将会缩短。

其四，家庭作为人际互动的半封闭型系统强调任务导引性。从系统的目的性来看，和其他的社会组织一样，家庭也必须实现特定的任务目标以确保其长期存续。其任务的达成状况不仅对家庭内部的成员具有至关重要的作用，而且对家庭外部的环境也有不容忽视的影响。这受到了研究者的高度关注，他们由此总结提炼出了人类发展思想。在家庭生涯中，贯穿于各主要部分的任务至少包括以下几个方面：一是身心层面的照护；二是家庭内外角色的社会化及角色承担的动力支撑；三是社会控制的维持；四是家庭成员在成熟后脱离家庭的有序实现等（Mattessich & Hill, 1987）。

---

① 家庭的物质边界为"家庭"与"户"结合为"家庭户"创造了重要条件："家庭"代表的是户内外的一系列亲属关系，而"户"反映的是同一居住单元内的亲属和非亲属成员共同组成的团体（Hareven, 1974）。

### (二) 核心家庭的概念界定

家庭尽管可以被统一地看作是人际互动的半封闭型系统,但它自其诞生之日就非完全同质化的组织形式,而今更是日渐多元化的社会单位,其分类体系因此也渐趋复杂化。目前,一种比较常见的分类方法是从家庭中的关系构成角度出发将家庭划分成核心家庭、主干家庭、联合家庭等几种典型的类别。但作为家庭发展的研究对象,核心家庭往往才是其中最受关注、最被重视的[①]。诚如 Rodgers (1964) 所言:"家庭发展的主要兴趣就在于尝试着分析核心家庭从其因夫妇结婚而确立到其因夫妇死亡、分居或者离婚而解体的动态变化。"[②] 通常而言,核心家庭指的是,由仅仅一组夫妻关系及其衍生出的亲子关系等构成的一种家庭类型,具体包括已婚未育夫妇所组成的家庭与已婚已育夫妇同其未婚子女所组成的家庭[③]。图 3-1 显示了这种家庭的基本形态,从中不难看出,核心家庭实际上是以单一夫妻关系为主轴来组建的[④],这也就是为什么 Goode 等人更习惯于使用"夫妇式家庭 (conjugal family)"这种表述方式的一个重要原因。

本书之所以将视域着重限定在核心家庭,在实证分析中将家庭特指为核心家庭 (这实际上也是本书对于前述家庭定义的一种操作化的处理方式),主要基于以下两方面的考虑。

---

[①]  另外,核心家庭在迁移流动相关研究中亦居于突出重要的位置,Nivalainen (2004)、Kofman (2004) 等都基于核心家庭概念进行过迁移流动研究。在一些情况 (例如,在跨国迁移流动所涉及的法律框架下) 中,所谓家庭迁移流动甚至只能指代核心家庭迁移流动。

[②]  Rodgers, R. H. , "Toward a Theory of Family Development," *Journal of Marriage & Family*, Vol. 26, No. 3, 1964.

[③]  核心家庭由谁组成并不是个体可以自行决定的,特别是在迁移流动过程当中,核心家庭通常只能包括夫妇以及有赖其抚育的子女 (Kofman, 2004)。

[④]  这事实上就是在西方学界中较常见的家庭三角模型,亦可被称为家庭的俄狄浦斯模式,指的是,丈夫—妻子—子女与外界相隔离的形态,一般认为,这是一种家长制的家庭模式。

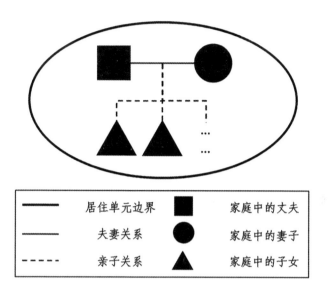

**图 3-1 核心家庭示意图**

一方面，核心家庭是最典型的现代家庭表现形态。夫妇双方以及子女被认为是"一切家庭结构的基础"（Linton，1943），而核心家庭制度就是在强调"重要的家庭关系仅仅存在于丈夫、妻子以及他们双方的子女之间"（Goode，1963）。核心家庭至多包含丈夫—父亲、妻子—母亲以及子女—兄弟姐妹这样 3 类地位关系（Lee，1987）。其相对于其他类型家庭最为突出、最为重要的特点就是并不存在扩展的亲属关系（Hareven，1987），而 Parsons（1943）则认为，核心家庭的这种"孤立"实际上是"亲属制度最独特的性质，并且成为其大部分独特的功能和问题的基础"①。可见，尽管核心家庭在结构上显得较为简单，但它已经可以实现成员相倚、足以维系边界稳定，具备了较为基础的家庭功能，足以适应相关变化、可以完成

① Parsons，T.，"The Kinship System of the Contemporary United States," *American Anthropologist*, Vol. 45, No. 1, 1943.

发展任务，这决定了它成为家庭发展研究的重心。

而另一方面，核心家庭也是最重要的家庭学术研究单位。在1845—1846 年间共同撰写《德意志意识形态》一书之时，马克思和恩格斯就曾经明确地述及他们对于家庭的基本认识:"每日都在重复生产自己生命的人们开始生产另外一些人，即繁殖。这就是夫妻之间的关系，父母和子女之间的关系，也就是家庭。"[①] Mitterauer 和 Sieder (1983) 在《欧洲家庭史》(*The European Family*) 一书中也曾经对家庭相关概念作出界定:"在我们使用'家庭'一词时，通常内含这种关系[②] (就下传或上承的世系而言)，但是在本质上，它只包括那些彼此相互有亲且同居一户之人，今天大致上总是指父母双方，或父母加上未婚或尚未独立的子女。"[③] 这些论断实际上清晰地展示了核心家庭在历史中的地位演化与在现实中的价值体现。Cornell (1990) 曾经专门指出:"现代核心家庭(包括父亲、母亲和子女的家庭) 的概念在过去四十年里甚至可能在本世纪大部分的时间里已经成为家庭社会学分析的主要内容。大部分的研究者认为，任何社会中的家庭在其发展历程中的某个时点都将采取这种形式。"[④] 作为当今社会最典型的家庭表现形态，核心家庭的研究意义正愈加凸显出来。

（三）家庭发展的概念界定

着眼流动人口家庭发展这个研究议题，最重要的自然就是搞清什么是"家庭发展"。"家庭发展"在本书的诸多基本概念以及派生概念中居于最突出的位置，理解了"家庭发展"的内涵，也就明晰

---

① 中共中央编译局:《马克思恩格斯选集》(第一卷)，人民出版社 2012 年版。

② 本书在此特别作出注释:这里是指"民法承认的仅是既作为抚养责任又作为继承权利的亲属关系"。

③ ［奥］迈克尔·米特罗尔、雷因哈德·西德尔:《欧洲家庭史》，赵世玲、赵世瑜等译，华夏出版社 1987 年版。

④ Cornell, L. L. , "Constructing a Theory of the Family: From Malinowski Through the Modern Nuclear Family to Production and Reproduction," *International Journal of Comparative Sociology*, Vol. 31, No. 1, 1990.

了本书的理论内核。毫无疑问，"家庭发展"近些年愈来愈成为高频亮眼的热点词汇，但是它却并非一个新兴词汇。最开始时，研究者们并不十分清楚家庭变化与家庭发展之间的区别，两者甚至被一些人混用，但是随着人类发展导向逐渐兴起，学者普遍地认识到，家庭发展并非就是家庭各种变化的"同义词"。Klein 和 White（1996）指出，家庭发展只是家庭可能要经历的诸多变化中的一种类型，家庭发展理论强调家庭发展是家庭变化当中最重要的一种形式。过去一个时期，"家庭发展"走下了学术圣坛，进入了政策视野、融入了百姓言谈，持续地适应着新话语体系的新要求、不断被赋予了新思考维度的新意义。本书无意把学术方向的、政策导向的以及通俗取向的等诸多的家庭发展理念汇流于一处、合成在一卷，更无意把这诸多的家庭发展观点置于"天平"两端评判孰轻孰重、摆到"舞台"上面展现孰优孰劣，而是选择让家庭发展学术认知成为倾力聚焦之核心、勠力考察之重点，兼论这种学术认知所展露的政策意蕴。有鉴于此，本书引入了 Hill 和 Mattessich（1979）对"家庭发展"所作出的概念界定。

根据 Hill 和 Mattessich 在《家庭发展理论与生命历程发展》（Family Development Theory and Life Span Development，1979）一文中所作的定义，家庭发展指的是，家庭致力于积极的角色实现和有效的角色扬弃而显示的结构分化与转化的渐进过程，其旨在满足家庭作为一个系统而不断变化的生存需求和适应其时常出现的生活压力。本书之所以采纳上述定义来作为后文考察家庭发展现象、分析家庭发展问题关键的参考资料、重要的依托素材，主要是考虑到它虽然只是寥寥数语，但实际上蕴含了三方面的基本意涵，分别地体现了生命周期、现代转变以及人类发展等三种家庭发展理论导向对家庭发展从多个维度上的认识、在不同层次上的理解，没有将对家庭发展的认识狭隘化、对家庭发展的理解粗陋化，这就为我们立足家庭发展的定义构建理论、探讨问题创造了较为完备的基础，也为我们运用家庭发展的理念制定政策、深化实践提供了较为便利的条件。

其一,上述定义显示家庭发展具有阶段过程性:家庭发展是从一个阶段变动到另一个阶段,并以共同的主线串联起各个阶段的渐进过程。Hill 和 Mattessich（1979）认为,家庭发展全过程中的每个阶段都培育着家庭最终得以向后继阶段进化的"胚芽",同时,每个阶段也设定了对后继阶段家庭行为方式的诸多限制①。由此可见,家庭在其生命周期中持续出现的各种阶段变化实际上是相互关联的、相互依托的、相互影响的。这意味着,虽然阶段的跨越使得家庭组织模式不断地发生重构,但是各个阶段却都始终高度统一于整个发展过程、始终为过程的发展主线所牵引;尽管阶段彼此的转折节点特别得清晰,但是阶段之间却并未因此而严格分割开、完全断裂开。以家庭生命周期思想观之,家庭发展外显为阶段演替的渐进过程,这是家庭发展第一个方面的意涵。

其二,上述定义表明家庭发展凸显分化转化性:家庭发展作为一种反映系统互动性的现象,结构与功能的分化与转化特征是十分明显的。家庭中的结构与功能的分化与转化是同家庭中的角色以及角色行为模式随时间的推移而逐渐地显现和不断地变动相伴而生的,其旨在满足家庭各个发展阶段上的特定需求,这是家庭最典型的系统特性之一。家庭角色从无到有、从有到无,以及家庭角色行为模式从简单到复杂、从复杂到简单,不仅是与家庭自身发展阶段的演进密不可分,而且是与家庭所处社会环境的变动息息相关。家庭现代转变思想为我们集中地呈现了在工业化与城市化的大背景下家庭结构与功能分化与转化的一般趋势。从中可以看出,家庭发展总是以家庭结构与功能分化与转化为基础、总是应家庭结构与功能分化与转化的需求而生,这是家庭发展第二个方面的意涵。

其三,上述定义强调家庭发展着眼发展本位性:家庭发展源于

---

① Aldous（1978）也陈述了各个阶段与其后继阶段之间的"有限联动"关系,详见本书第二章的相关文献综述。

不断变化的生存需求和时常出现的生活压力，这与个体发展是不可分割的。Mattessich 和 Hill（1987）指出，家庭在生命周期各个阶段中不断变动的两个主要诱因就是家庭的发展任务与发展危机。其中，家庭的发展危机将迫使家庭进行重组，但它经常是在家庭结构与功能的分化与转化中因需要完成特定的发展任务而诱发，从这层意义上来说，家庭变化是同家庭的发展任务最为相关的。而家庭发展任务在根本上指向的是，为家庭成员个体成长服务、对家庭成员个体发展负责，这构成了家庭人类发展思想的一大基本认识，充分地体现了发展向上、向善、向好的本质。家庭发展以特定发展任务为导引，同其成员个体发展相辅相成，这是家庭发展第三个方面的意涵。

可见，Hill 和 Mattessich（1979）所作出的经典定义实际上表达了与本书对既有文献成果进行总结时提出的"家庭发展是家庭在结构与功能分化与转化中扩展成员相应能力、增进成员相关福祉的阶段演替过程"观点相近相通的思想。本书尽管对此加以直接引用，但却绝不是把经典定义中的字词奉为圭臬，相反，在此必须强调，经典定义需要在本书提出的基于三种理论导向来认识家庭发展的概念框架与基于三种理论导向来理解家庭发展的分析模型中作出解读、进行诠释。没有这个概念框架和分析模型下的解读、诠释，就不能够相对更完整地认识家庭发展、相对更系统地理解家庭发展，甚至不能够相对更有效地操作化家庭发展。完整地认识到、系统地理解了家庭发展以阶段向阶段的演化与替代为外显的过程特征（阶段过程性）、以结构与功能的分化与转化为重要的作用机制（分化转化性）、以指向成员个体的发展任务为本位的目标要求（发展本位性），是本书对家庭发展概念进行界定的基本出发点，也是本书对家庭发展理论作出构建的最终落脚点。总的来说，本书虽然没有对"家庭发展"这一基本概念作出原创性的定义，但是界定"家庭发展"所依托的概念框架与分析模型均是本书创新性提出的，而且值得一提的是，本书构建的概念框架与分析模型源于对不同家庭发展理论导向的脉络梳理、对不同家庭发展理论导向的内核凝练、对不同家庭发展理论导向的关联把握，因此，没有理由认为本书还应当从更全面的角度衡量家庭发展。

　　除了家庭以及核心家庭、家庭发展之外，家庭发展阶段以及生命周期、家庭结构、家庭功能等一系列与家庭发展紧密相关的术语也是本书涉及的基本概念，后文的理论假设部分将对它们详细加以界定。

### 二　流动人口家庭发展的概念界定

　　迁移流动是在一个地区提供的发展机会与当地居民的发展需要或发展能力不相称时出现的现象，发展中国家的迁移流动亦是如此（Brown & Goetz，1987）。这方面的术语几乎每天都充斥于媒体报道，不断地见诸于政府文件，时常会潜藏于民众讨论。然而，相较之于频繁地出现、广泛地使用，迁移流动在概念界定上始终未能达成较为一致的意见、取得相对普遍的共识。笼统地说，"迁移流动"是人口从某一地理空间到另一地理空间的移动，所以在对其进行具体概念界定的时候，一般认为，跨越特定边界（例如，某一行政区划边界）且满足一定居留时长的空间变动即可视为迁移流动。

　　长期以来，迁移流动在定义上可谓莫衷一是，而作为其承载主体的流动人口在概念上同样也众说纷纭。基于对迁移流动定义所取得的部分"共识"①，并考虑中国的特色语境，本书认为，"流动人口"通常指的是，现住地与户籍地不相符（具有了超越特定边界的差别）且已经（将会）在现住地居留一定时长的人。以之作为基本概念，本书致力于探究迁移流动影响下的家庭发展路径。迁移流动跨越何种边界、流动人口居留多少时长对本书总体影响不大，只要我们抓住迁移流动的"共识"、流动人口的"共性"，概念定义无论

---

　　①　从上文中不难看出，这点"共识"就是迁移流动在概念界定时总会特别考虑时空要素：就空间要素而言，一般要求完成跨越某种特定边界的移动；就时间要素而言，一般要求移动后的居留时间达到了"阈值"。

纷繁复杂，还是简单明了，都不会显著地影响我们对流动人口家庭发展的认识和理解。

有赖于对"流动人口"这一基本概念所作界定，"流动人口家庭"指的是，流动人口核心家庭成员所组成的单位。需要特别说明的是，迁移流动极大地改变了家庭，最突出的一大方面就是家庭成员由于居住分离而使家庭系统更趋于"名义化"，这表现在，家庭的成员相倚性被极大地削弱（成员角色"互嵌"难以有效实现），边界稳定性被严重地破坏（由于成员分立于不同的"户"中，家庭物质意义上的边界名存实亡，非物质层面的边界也面临发展停滞甚至衰退的风险），由此造成变化适应性和任务导引性弱化，所以这里定义的"家庭"与前文曾出现的一般意义上的"家庭"概念明显不同，下文对此将有具体说明。

家庭发展出现问题，往往是家庭成员个体变化所导致的结果。Terkelsen（1980）曾经特别指出，家庭中的每一位成员个体以及每一个子系统发生变化，都将带来后发性的影响并造成继发性的变动，这些变动会在整个家庭系统之中不断发生，从而使每一个部分作出各式各样的重新组织、重新安排。迁移流动通常都是以家庭成员个体为单位具体发生和发展的，但是其对家庭所产生的影响往往不容小觑。对于家庭而言，迁移流动使其迎来了改善收益、规避风险等众多的发展机遇，同时也经受着突破隔阂、实现融入等诸多的发展挑战。特别是对于农村的家庭而言，迁移流动由于又与城镇化、工业化、现代化等一系列的过程相重叠、相交织，故让他们面临空前一新的发展环境，遭遇尤为深刻的发展冲击。把家庭发展的基本议题置于迁移流动的相关背景下审视流动人口家庭发展的独特性、将迁移流动的鲜明视角聚焦家庭发展的重要问题来解析流动人口家庭发展的异质性，无疑对丰富家庭发展理论研究、深化家庭发展实践进程都具有十分重要的意义。

把"家庭发展"同"流动人口"这两大基本概念相结合，在界定家庭发展的内涵时充分考虑迁移流动的影响,在分析迁移流动的效应时积极纳入家庭发展的理念,就得到了本书最为关心的派生概念,即"流动人口家庭发展"。本书认为,流动人口家庭发展指的是,在家庭成员个体迁移流动带来家庭结构与功能分化与转化的过程中,家庭需要满足由此变化了的生存需求和适应因此而出现的生活压力,以便不断扩展成员能力和继续增进成员福祉。迁移流动是在流入和流出两地间权衡利弊后作出决策的一种行为模式,因而就注定要牵涉到流入和流出两地对于家庭的交互影响、相互作用①,我们这里所讲到的流动人口家庭发展主要是以流入地为基准②。这一定义通过适应性地继承和变通式地发扬本书提出的家庭发展的相关概念内涵,特别地突出了以下三方面的思想。

其一,对流动人口家庭发展的认识和理解继续坚持了阶段过程性的观点。流动人口家庭发展之所以会经历阶段演替的过程,这一方面是由家庭迁移流动本身及其后续影响的历时性③所客观决定;另一方面也是受家庭所固有的生命周期特点的深刻影响。流动人口家庭发展是打着两重印记、含有双向目标的复合型过程,推动这一过程的有序演化、完满进化,既要遵循家庭发展普遍性的规律,也要顺应迁移流动特异性的趋势。

其二,对流动人口家庭发展的认识和理解仍然强调着分化转化性的特质。流动人口家庭发展所内生的结构分化转化是由迁移流动

---

① Baldassar 和 Baldock(2000)指出,通过迁移流动,家庭和户在时间和空间上都得以延展,因为居住分离的亲属形成了"将流入和流出两地社会连接在一起的多重社会关系"的一部分。

② 我们必须明确,绝大部分流动人口既不应该也不可能退回到流出地去长期地生活而不再在流入地实现生存发展,这既是由城镇化以及大流动的历史趋势以及政策导向所决定的,也是由流动人口自身的人力资本状况等一系列因素所决定的。

③ 为我们所熟知的流动人口家庭化、市民化等正是历时性的现实反映。

触发①。迁移流动时常会导致家庭成员居住分离，从而将造成家庭结构事实上的分化转化。即便是并未出现典型居住分离问题的家庭，迁移流动之后也在同新的社会环境互动中面临着家庭功能层面上的分化转化。流动人口家庭发展并没有摆脱分化转化性，相反，这种分化转化性因为迁移流动而更加凸显出来。

其三，对流动人口家庭发展的认识和理解始终着眼于发展本位性的要求。流动人口家庭发展就是要充分释放迁移流动为家庭带来的积极效应、突出化解迁移流动给家庭造成的消极问题，最终让每位成员都从迁移流动中增进获得感。推动流动人口家庭发展，应针对迁移流动提出的特定需求、围绕迁移流动产生的特定压力，明确家庭发展任务的新方向、理顺家庭发展任务的新内涵，从而真正让家庭成员在迁移流动中拓宽其选择空间、实现其个体发展。

总的来说，流动人口家庭发展作为一个重要概念，需要回答什么是迁移流动深刻影响下的家庭发展以及怎样在与迁移流动交融中推动家庭发展。尽管它是通过对"家庭发展"和"流动人口"两个基本概念加以直接拼接而得到的，但它却并不是简单地糅合了以上二者的概念内涵。流动人口家庭发展着力地凸显了迁移流动同家庭发展极为密切的理论内在联系、对家庭发展极其突出的现实作用机理：家庭发展的阶段过程性是与迁移流动的趋势相伴生，家庭发展的分化转化性是被迁移流动的因素所催生，家庭发展的发展本位性是应迁移流动的需要而产生。既不能把家庭发展一般理论不分青红皂白地直接在流动人口身上应用了之，也不能围绕流动人口就事论事自说自话而全然不去顾及家庭发展真正意涵，应当把认识流动人口特色属性同认识家庭发展本质属性相挂钩、把理解流动人口专门

---

① 有别于一般性的家庭发展通常是因生命周期而衍生出结构分化转化，流动人口家庭发展过程中经历的结构分化转化并不是由生命周期阶段演替而导致的，迁移流动产生结构分化转化是流动人口家庭发展的"特色"，在研究中需要深刻加以把握。当然，这并非意味着流动人口家庭发展的结构分化转化与阶段演替已不再挂钩了，相反，其仍和流动人口家庭发展特有的阶段演替过程息息相关。

规律与理解家庭发展普遍规律相统一。本书将在后文两节中通过建构三个阶段特征、生命周期关系的相关假设与结构功能逻辑的相关假设对此进行更深入的探析。

　　于此之外，流动人口家庭发展阶段以及生命周期、流动人口家庭结构、流动人口家庭功能等也是由本书的基本概念组合而成的派生概念，它们则将会在后文的理论假设部分中得到相应的阐释。

# 第二节　理论假设：流动人口家庭发展
## 的三个阶段与生命周期

　　"家庭发展"作为一整套自成一家的理论框架、一系列独树一帜的理论命题，"时间维度"可以说是其最富有实证吸引力的探究领域、最具有实践影响力的分析视角，是其理论关键性之所在、理论生命线之所系。Hill（1964）认为，家庭发展研究方法更加强调"时间"这个被其他的家庭相关概念框架所忽视的维度[1]，它聚焦于作为小型联合团体的家庭，也就是共同生活在一户之内的核心家庭，所用时间单位包括家庭生命历程，其可以用发展阶段来表达，又可以再细分为结婚年限。上节已对本书的基本概念与派生概念作出了界定，按照Zetterberg发展"公理化"理论（"axiomatic"theory）的主要步骤，接下来将使用这些"名词定义"构建理论假设。有鉴于时间维度在家庭发展理论中特殊重要的意义，本书首先将从家庭发展的阶段过程性出发，立足基本概念以及派生概念提出意在揭示流动人口家庭发展时间维度规律、旨在解答流动人口家庭发展时间维

---

　　① Hill 和 Hansen（1960）曾经专门将家庭发展研究框架同其他 4 种家庭相关研究框架的特性以及假设等进行对比，而后明确指出，其他相关研究框架较之于家庭发展研究框架的一大基本缺点就是无法系统分析时间维度，当应用过程性的概念来考察动态性变化时，它们都难以指定适合家庭的时间单位，因此在概述家庭变化方面价值极为有限，这在很大程度上是因为它们都起源于家庭社会学以外的社会科学领域。

度问题的理论假设：一方面，着眼于迁移流动引致家庭变化的非瞬间性、长时期性，本书将围绕家庭发展阶段这一基本概念，探讨流动人口在流入地家庭发展过程中所经历的阶段分化与进化；另一方面，考虑到生命周期对于家庭发展的固有影响、必然作用，本书将结合家庭生命周期这一基本概念，考察流动人口家庭在流入地发展的特定过程与其生命周期的关系。

### 一　流动人口家庭发展的阶段分化与进化

（一）家庭发展阶段的概念界定

在家庭发展研究方法中，"阶段"的思想一直都处于尤其核心的位置。家庭发展理论强调，真正重要的是家庭的阶段，而非家庭成员的生理年龄（Klein & White，1996）。在众多的相关分析框架里，无论是哪一套家庭发展的"阶段"系列，其从实质上说，都是用来刻画家庭中不断变化的相互作用模式的一种类别体系，确定各个阶段的基本方法因此就是选取能够反映家庭不同内在互动特质的变量，包括成员的规模、年龄或者性别以及上述变量的组合等（Rodgers，1964）。由此可见，构建以家庭发展阶段为标志的分类系统，可以引导我们积极探析家庭内外互动格局阶跃式的演化与进化情形，能够帮助我们深刻把握家庭结构功能属性跨越式的分化与转化特征，而对家庭发展阶段所做的定义，既不能脱离其反映家庭发展模式变革的重要特性，又必须抓住其作为一种典型分类系统的根本特质。值得一提的是，虽然Rodgers曾对家庭发展阶段的本质特点作出过有力的揭示，但是，他（1973）并不赞同我们一字不易、浑然不动地将其观点拿来就用。相反，他关于家庭发展阶段的建议则是："尽管某些研究者提出的概念框架可以被其他研究者直接地加以应用，但是开发一套能够恰当满足特定研究需求的新概念框架将会更好一些。"① 因此，本书着眼于对特

---

① Rodgers, R. H., *Family Interaction and Transaction: The Developmental Approach*, Prentice Hall, 1973.

定现象进行分析时的需要、考虑到对相关问题进行探讨时的要求而对"家庭发展阶段"实施了重新定义。

作为本书的一大基本概念,"家庭发展阶段"在被定义之时,从本书提出的基于生命周期、现代转变以及人类发展等三种理论导向来认识和理解家庭发展的概念框架与分析模型中吸纳了主要的思想成分、获得了有力的思想支撑。本书认为,"阶段"实际上是以家庭发展过程中结构与功能分化与转化的关键节点为标识的分类体系①,而由于家庭发展任务又是家庭功能的分化与转化的应然目标、家庭功能的分化与转化当以家庭发展任务为基本要求,"阶段"同时也是由面向成员个体需求的家庭发展任务的各个变化节点所构成的分类体系,流动人口家庭亦适用于该"阶段"定义。显然,上述定义是把家庭发展的分化转化性与发展本位性视为对家庭发展的阶段进行划定的重要依据、是从家庭发展的分化转化性与发展本位性出发来进一步地诠释家庭发展的阶段过程性,从而体现了本书旨在对三种理论导向作出有效整合的重要设想、意在对三种理论导向进行有机统一的基本理念。本节主要会对流动人口在流入地家庭发展阶段的分化以及进化作出相应介绍,而对流动人口在流入地家庭发展阶段深层作用机理的具体说明则将会在下节完成。

(二) 流动人口家庭发展的过程

"过程"一词主要用以表示或多或少的各种相关事件组成的特定序列,这个虚拟"链带"通常被假定为或隐或显地存在着因果关系。Miller 在其著作《生活系统》(*Living Systems*, 1978)中曾将"过程"定义为"系统中的物质能量亦或信息随时间的各种变化"。这就使现代系统理论得以进入了家庭的学术领域、成为了一种可能的解释维度 (Whitchurch & Constantine, 1993)。"家庭过程"可以指代在婚姻家庭中 (亦或在更宏观层面的婚姻家庭制度上) 已经发生、正在发

---

① 这与 Rodgers 和 White (1993) 对"阶段"的认识具有一致性,他们提出,"阶段"是指家庭生活中具有独特群体结构的定性时期。

生以及未来发生的一切，它表现为虚拟"链带"上众多可能发生或者可能不发生的事件的概率（Sprey，1999）。本书认为，从过程视角中出发来认识流动人口家庭发展问题、以过程特征为着眼来理解流动人口家庭发展现象，既是彰显家庭发展学术性的必然选择，也是因循家庭发展现实性的客观要求。流动人口家庭发展作为一个过程，其中两大方面值得特别关注：一方面是家庭迁移流动本身特有的过程性；另一方面则是家庭迁移流动继发问题的过程性。

首先，人口流动直接牵涉到家庭在流入地和流出地之间如何进行经济收益水平的预判、如何作出社会风险状况的评估、如何配置劳动力资源、如何动员亲友关系网，等等①。在这个十分复杂的决策体系作用下，整个家庭一并迁移流动到某地，亦即全部的家庭成员聚集在流入地，往往很难在短期内、在即刻间、一步到位、一蹴而就地得以实现，家庭很多时候需要各成员分批次、分阶段、分环节地来完成全部迁移流动过程，家庭在流入地将会经历一个逐步"生长"成结构稳定型的发展过程。

Kofman（2004）将欧洲的家庭迁移流动分为三类：一类是家庭成员重新团聚型（family reunification），其指的就是家庭成员随先行者迁移流动、被先行者不断带入的过程；二类是因婚姻而迁移流动型，这在统计当中常被当作家庭成员重新团聚型的一个方面；三类是整个家庭迁移流动型，它是最少见的，因为很多国家并不允许家庭成员陪同。Agesa 和 Kim（2001）曾经发现，在以肯尼亚为代表的发展中国家内部，大部分发生乡城迁移流动的家庭都采用了各成员分批次迁移流动（split family migration）的策略，受供养者数量将会

---

① 过去数十年的研究表明，个体在迁移流动中的机会选择（这包括迁移流动的决定、流入地点的选择以及流入之后成功生活的策略等）同其家庭纽带密不可分：家庭成员的需求将驱动迁移流动，家庭作出谁迁移流动的集体决策，家庭成员是迁移流动的社会性支持与工具性支持的主要来源，家庭关系因迁移流动过程而有所变化、或者趋于紧张、或者得以强化（Menjivar，2000；Settles，2001；Massey et al.，2006；Perreira et al.，2006；Treas，2008）。

显著影响家庭选择各成员分批次迁移流动的可能性。为此，他们强调，这种迁移流动进程必须要被清楚地加以认识和深刻地加以理解，唯此，方能充分地把握诸如住房、就业、交通等城市社会问题的本质成因并作出有效地解决，任何力图在上述社会问题上实现改观的政府必须要基于对"谁流入、怎样流入、为什么流入"等问题的合理认识和科学理解。一些着眼于跨国迁移流动现象开展的研究同样支持迁移流动中的家庭实现流入地的团聚有其过程性的结论。例如[①]，Orellana 等人（2001）针对家庭迁移流动中的儿童参与状况[②]进行定性分析之后指出，阶段式的或者说是"链带式的"迁移流动（"stage" or "chain" migration）是墨西哥以及中美洲家庭向美国迁移流动的常见模式：一名或者多名成年人先行迁移流动，而后逐步地召唤、接收其他的家庭成员。子女往往会是这条迁移流动"链带"中的"最后一环"，而"链带"各个"环"的间隔在很大程度上取决于家庭的经济资源状况，许多低收入的家庭可能需要花费数年时间方可实现在流入地的团聚，据此来说，家庭迁移流动的整个过程绝不是轻轻松松、敲锣打鼓就能完成的。值得注意的是，当今世界，由就业、教育等因素而激发的短期迁移流动与日俱增，这就使家庭相关的迁移流动变得更加多元化（Kofman，2004），实际上让家庭迁

---

① 这方面的研究发现又如，Ryan 等人（2009）考察了迁移流动到英国伦敦的波兰家庭并认为，迁移流动所涉及的不仅仅是家庭成员的团聚，同时也牵涉到家庭成员的留守，家庭网络在迁移流动中出现跨国分化，对很多人来说，这意味着家庭整体的裂解和部分成员的团聚。再如，Peterson（2017）使用从瑞典收集的研究资源（包括相关媒体、网站以及二手资源等）分析之后提出，难民跨边境的迁移流动通常将会经历三个阶段方可实现。

② 迁移流动影响下的儿童居住分离问题早在 20 世纪 70 年代就已经受到西方学界的关注，当时，大量来自地中海地区的劳工迁移流动至北欧国家工作而难以同其家庭团聚，结果，他们的子女就经常处于留守状态（Kofman et al.，2000）。此后，由于更加珍视家庭团聚的重要意义、不断创造家庭团聚的有利条件，家庭团聚的可能性得以提升，居住分离问题一度被认为是不存在了。然而，这一问题实际上并没有消失，而且可能因为非法的劳动力迁移流动水平增加而变得更加突出（Anderson，2000；Anthias & Lazaridis，2000）。

移流动的过程性也变得更加突出。在钟摆式的（pendulum）、回转式的（rotational）、不完整的（incomplete）迁移流动①中，部分家庭成员更有可能长期处于留守状态，由此造成家庭结构失稳（Kupiszewski et al.，2001）。在当前的中国社会，由于家庭式的人口流动仍面临着来自流入地与流出地或多或少、或隐或显的各种障碍，其过程性特征亦十分明显，实证研究对此多有支持②，本书已经在选题背景部分对此有过较具体的论析，在此不加赘言。总体而言，迁移流动现象对于个体有高度的行为附着性，但是迁移流动问题又受到家庭高度的决策干预性。两者交织则意味着，迁移流动通常是以个体为单位，往往同时又以家庭为导向。迁移流动因此就呈现出家庭中的成员一（几）个接续一（几）个抵达流入地、从部分家庭成员在流入地变为全体家庭成员在流入地、由家庭中的成员相隔于流入流出两地到团聚于流入地的典型过程。就流入地来看，在这个过程中，家庭成员一批批到来，与此相伴随的则是，家庭地位与角色一点点增补与改变、家庭结构与功能一次次分化与转化。对于迁移流动背景下的家庭，其结构与功能的分化与转化、同个体迁移流动的密切关联等过程性特点无疑触及了家庭发展的核心要义、显露了家庭发展的基本形态。流动人口家庭发展首先关注在家庭化迁移流动中再造家庭内部团聚，这构成了流动人口家庭发展过程的第一重意涵。

———————————

　　①　它们皆是用以指代目标是在流入地无定居意图的非长期迁移流动，分别在Kupiszewski 等人（2001）、Morokvasic（1996）和 Okolski（2001）等文献中曾有过提及。

　　②　例如，杜鹏和张文娟（2010）曾经提出，中国人口流动是以梯次流动为特征的渐进过程，作为最常见的一种流动形式，家庭梯次流动是其中尤为突出的一大方面，它表现为家庭在流入地团聚有一定的时滞。又如，Fan 等人（2011）明确指出，中国乡城迁移流动中的家庭居住分离实践已经存在超过 20 年了，解决家庭长期居住分离问题需要更多重视。再如，杨菊华和陈传波（2013）使用原国家人口计生委流动人口司组织实施的动态监测调查数据研究之后发现，当前中国流动人口家庭成员大都分批次抵达流入地，家庭团聚的过程带有梯次性特征。

其次,纵使一些家庭不必因为人口流动而经历相当长时间的成员居住分离、往复迁徙等,但是由于人口流动同时又让家庭在整体来到流入地之后不得不考虑如何使其经济需求与当地的市场环境相适应而得以立足、如何令其社会需求与当地的制度条件相契合而可以存续、如何让其文化需求与当地的人际氛围相匹配而足以交融、等等,迁移流动对家庭的重新塑造过程仍不可能被完全地回避、轻松地跨越。为了在迁移流动后突破隔离、跨越隔阂从而融入当地社区,家庭需要投入精力、耗费心力,他们在流入地将会经历一个逐渐"生长"成功能协调型的发展过程。

在《美国生活中的同化:种族、宗教和原国籍的作用》(*Assimilation in American Life:The Role of Race,Religion,and National Origins*)一书①的第三章"融合的本质"中,芝加哥学派的 Gordon(1964)曾将迁移流动者的融入过程划分为 7 个彼此互为关联而又共为序列的子阶段:首先是文化和行为的同化(cultural or behavioral assimilation);其次是结构的同化(structural assimilation),而后依次是婚姻的同化(marital assimilation)、认同的同化(identificational assimilation)、态度的接纳(attitude receptional)、行为的接纳(behavior receptional);最后是公民的同化(civic assimilation)②。其中,融入过程的基石并非文化和行为的同化,而是结构的同化,这一点后来在 Rebhun(2015)等为代表的实证研究中进行了检验。Alba 和

① 该书在出版后成为后续大量出现的美国迁移流动适应性研究的重要指南(Hirschman,1983),而其主要的理论贡献就在于,Gordon 提出的融入过程内在联系着的诸阶段唤起了人们对融入过程互为补充的不同维度的注意力(Rebhun,2015)。

② 文化和行为的同化主要是指,迁移流动者融入当地"核心"社会的语言、价值、着装、音乐、礼仪等;结构的同化主要是指,迁移流动者进入当地"核心"社会的经济阶层、社会网络以及相应机构等;婚姻的同化主要是指,迁移流动者实现与当地"核心"社会群体间的通婚;认同的同化主要是指,迁移流动者的当地"核心"社会民族意识发展;态度的接纳主要是指,法律、政治、文化等领域的障碍消失,偏见不复存在;行为的接纳主要是指,歧视不复存在;公民的同化主要是指,价值和权力冲突不复存在。

Lee 的《重塑美国主流：同化与当代移民》（*Remaking the American Mainstream：Assimilation and Contemporary Immigration*，2003）一书继而以大量富有支撑力的事实证据揭示了融入仍是当今迁移流动的核心进程和主要模式这一重要观点。他们结合新制度主义理论对 Gordon 的同化理论进行了更新再造，将宏微观行动结构相联系提出了 4 种因果机制（包括环境约束个人行动、社会网络中的交换、各种形式的资本和制度激励的结构等）来对迁移流动者的融入过程加以解析，并阐释了在融入过程中跨越（crossing）、模糊（blurring）与转变（shifting）社会边界的 3 个阶段。着眼中国，杨菊华（2016）基于经济、社会、文化、心理四个维度确定了迁移流动者融入所要经历的 5 个阶段：隔离、结构性融入、较深层次的结构性融入和初步的社会参与式融入、深层次的文化交融、融入最高境界。总而言之，无论是对迁移流动者的融入过程作出多少个的阶段划定、进行什么样的机制探析，上述理论体现了一个恒久不变、历久弥新的认知，那就是，迁移流动后的融入作为"历时长久、道路曲折、复杂多变甚至痛苦的过程"[1]，不可能是轻而易举地在弹指一瞬、旦夕之间就能够搞得定、完得成的。融入是迁移流动本身必然会继发的社会过程、是迁移流动总体过程性的重要组成部分，它是由迁移流动者注定要经历的市场环境更易、制度条件转换、人际氛围变动等因素所客观决定的，是无可规避的、难以逾越的。个体迁移流动引致的融入过程尚且要颇费一番周折，而作为个体联合的家庭一方面包纳了成员个体相对独立的特定需求（例如，儿童的教育需求等）；另一方面又放大了成员个体彼此交互的共同需求（例如，家庭的住房需求等），其在整体迁移流动后的融入势必将会更为艰难。家庭融入过程直接考验着家庭功能的协调性，深刻影响着家庭结构的稳定性，最终关系着家庭成员新发展选择的拓展、新发展能力的塑造，只有通过有效融入当地社区，功能已经大量外部化了的、结构已经相对简

---

[1] 杨菊华：《论社会融合》，《江苏行政学院学报》2016 年第 6 期。

单化了的现代核心家庭才能通过迁移流动继续增进成员个体的福祉。流动人口家庭发展必须着眼通过家庭式融入重构家庭在迁移流动后的外部支持，这是流动人口家庭发展过程的第二重意涵。

综上所述，与家庭相关的迁移流动是过程的。这一方面是由于家庭成员分批次、分阶段的迁移流动使其本身带有极明显的过程性特点；另一方面是由于迁移流动之后分维度、分阶段地融入说明其继发的问题亦展露出过程性；而以上两个方面又构成了前后相依的序列：三者充分体现了过程的概念内涵。对于作为过程的迁移流动加以认识和理解，一个很好的例子就是：我们总习惯于在流动人口的相关概念之后加上一个"化"字，构成诸如流动人口家庭化、流动人口市民化（以及农村户籍流动人口城镇化、流动人口公共服务均等化等）等众多的词汇，恰恰正是这种过程性的真实反映、生动体现（例如，"流动人口家庭化"反映了迁移流动本身的过程性，"流动人口市民化"体现了迁移流动后的融入过程，等等）。"化"字就意味着：这是一个过程，需要一定时长，构成一定序列，应当因"时"利导，注意循"序"渐进。亦有大量相关文献对此加以论析①。与家庭相关的迁移流动的这种过程性就决定了流动人口家庭发展是过程的，这首先是与家庭化的流动相对应的家庭内部团聚再造过程；其次是同家庭式的融入相对应的家庭外部支持重构过程。

**（三）流动人口家庭发展的阶段**

"过程"和"阶段"都是具有时间维度意义的概念。过程就其本质而言是指序列，而阶段从本质上来说则是其中的类别，二者不可分割。因此，从对阶段的分析中认识过程、在对阶段的考察中理

---

① 例如，杨菊华和陈传波（2013）提出，家庭化的概念涉及流动模式（非家庭式、半家庭式、完整家庭式）、流动进程（一次性、渐进性）、流动批次（先行者、追随者），三者都有动态过程特征。又如，王谦（2014）认为，市民化是一个过程，需要大致经历转移就业、均享服务、取得户籍资格、文化心理完全融入等几方面，因此，应当在相关工作中明确优先顺序、重点任务。再如，苏丽锋（2017）指出，国际经验显示，城镇化的过程包括人口迁移流动与人口的市民化两个阶段。

解过程，无疑是过程研究所要跨越的必由之路、所要采取的必然之举，与之相反，脱离阶段来分析过程则难有充分的认识，抛开阶段来考察过程则无法清晰地理解。考虑到作为总过程的流动人口家庭发展是由作为子过程（其可视为总过程的阶段）的家庭整体迁移流动和同样作为子过程（亦可视为总过程的阶段）的家庭融入当地社区两大主要方面按照前后时序共同构成，而阶段又是家庭发展理论推演共用的理念、核心之思想以及家庭发展研究方法强大的工具、有效之法宝，家庭发展阶段为研究家庭在其各个发展时点上的特性提供了便利之处（Hill & Rodgers，1964），而且在前文对流动人口家庭发展过程的探讨中，我们已然可以发现阶段有先有后、从前到后的明显分化与进化特征，本书遂以阶段为根本的着眼点、关键的发力点，来尝试对流动人口家庭发展的过程作出集中地刻画、深度地解析。在 Zetterberg 发展"公理化"理论（"axiomatic"theory）的既定框架下，本书将"阶段"这一基本概念同作为派生概念的"流动人口家庭发展"相结合，通过构建理论假设来诠释流动人口家庭发展三阶段基础理论模型，揭示其阶段分化与进化特征。在此，本书首先提出，

　　理论假设 1：流动人口在流入地家庭发展过程具有明显的阶段性。

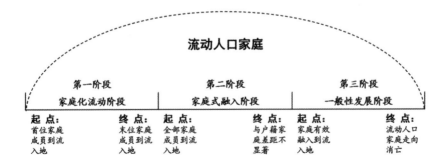

**图 3-2　流动人口家庭发展阶段分化与进化示意图**

　　图3-2展现了流动人口家庭发展三阶段基础理论模型的示意图。如其所示,流动人口家庭发展首先经历一个家庭成员不断地加入到迁移流动的行列中、逐渐地抵达了流入地而实现团聚的阶段,这是流动人口家庭发展过程中的第一阶段,可称之为"家庭化流动阶段"①。

　　"家庭化流动阶段"在流动人口家庭发展过程中是具有基础性地位、发挥先导性作用、体现全局性意义的。就家庭系统的整体性而言,此阶段通过家庭成员的后继性流入,将会改变地理空间上流动人口家庭成员在流入流出两地"天各一方"的状况,回归父母子女处于"同一个屋檐下"的状态,这最终让在迁移流动中"破碎"了的家庭重新"粘合"起来。就家庭系统中的组成部分而言,该阶段通过家庭成员的持续性流出,将会改变组织方式上流动人口家庭成员在流入流出两地"各自为政"的状况,回归父母子女"一体两分,同气异息"的状态,这最终让家庭成员(特别是家庭中的儿童)从弱势相倚的留守家户当中"解放"出来。流动人口家庭发展第一阶段所发生的实际上更多是家庭系统内部的"革命",是一场较为"有形"的"革命",由于这个阶段的家庭结构功能变化是清清楚楚"看得见的",其可以说是一种近似于外延式的、机械性的家庭发展突破。在这场"革命"中,从流入地不完整的流动人口家庭变成了流入地完整型的流动人口家庭,从流动人口名义上的同一个家庭变成了流动人口实体上的同一个家庭,流动人口家庭由此摆脱了结构功能极为脆弱的形态,又可以维持有力的成员相倚性、实现有效的边界稳定性,进而又可以满足变化适应性的需求、服务任务导引性的需要。"家庭化流动阶段"是对家庭迁移流动本身特有的过程性的因应,其核心的主题词是"团聚",正是"团聚"完成了流动

---

　　① Combrinck-Graham(1985)曾对一些家庭发展模型的阶段命名方式提出批评,认为这些模型的阶段命名方式往往倾向于将其描述和观察局限在家庭系统的一个部分,只把关注点放在丈夫与妻子上或者父母与一个子女上,而不去考虑作为家庭的整体性。本书在此竭力避免了上述问题的产生。

人口家庭发展第一阶段的使命，从而奠定了流动人口家庭进一步朝前发展的基石、促成了流动人口家庭向着新发展阶段的跨越。当然，这是我们秉承发展视角而对第一阶段给予的认识和理解，而如果把第一阶段切割成截面来看待的话，流动人口家庭则长期处于一种成员居住分离的状态，从这个角度上来说，迁移流动带给家庭发展的代价也是巨大的。

在第一阶段（家庭化流动阶段）完成的基础上（亦即当家庭整体流入某地时），再以个体视角看待融入问题显然已不合适，这时候就要秉持家庭观，从家庭发展的需求出发来认识和理解融入过程。流动人口家庭发展在实现成员团聚目标后，继续经历一个家庭在流入地逐渐地消弭其与所处城市社区的隔阂、不断地缩小其与当地户籍家庭的差距，从而使其成员通过在流入地充分拓宽个体选择空间、有效提升个体发展能力而更具获得感的阶段，此即流动人口家庭发展过程中的第二阶段，可称其为"家庭式融入阶段"。

家庭式融入不仅仅是流动人口家庭发展的理论过程继家庭化流动之后迎来的新阶段需要回答的新问题，同时也是中国流动人口家庭发展因家庭化流动蓬勃兴起而进入的新时代将要面临的新情况。对家庭系统的整体性来说，在经过现代转变后，家庭历史上曾保有的大量功能已外部化、社会化，家庭的良性运行绝离不开社会的积极支持。通过突破本地户与外地户之间的壁垒、缩减城市户与农村户之间的差异，此阶段可以助力流动人口家庭在由流出地来到流入地后重新获得与其发展需求相适应、同其发展压力相对应的外部支持，从而为家庭在结构与功能的分化与转化中顺利完成其发展任务作出有益的补充，这是家庭式融入有别于个体性融入的一大重要方面。对家庭系统中的组成部分来说，迁移流动是致力于提升个体发展选择与发展需要的契合性、个体发展机会与发展能力的匹配度而采取的行动策略。通过化解本地人与外地人之间的障碍、填补城市人与农村人之间的裂隙，此阶段能够让家庭为个体创造更无后顾之忧的发展氛围、提供更具坚实后盾的发展环境，从而保障家庭中的成员在流入地更积极地进行经济社会各层面的互动、更有效地实现经济社会各层面的参与，共同地享受人生出彩机会、平等地满足个体发展需要。由于这个阶段的家庭结构功能变动在经济、社会等维度上是细水长流的，而在文化等维度上更表现为潜移默化的，"家庭式融入阶段"代表的是一场相对"无声"的"革命"，偏近于内涵式、动力性的家庭发展突破：从与流入地半隔绝乃至隔绝的流动人口家庭变成了与流入地相适应的流动人口家庭，从在流入地不稳定型的流动人口家庭变成了在流入地有序成长发展的流动人口家庭。流动人口家庭发展第二阶段是对家庭迁移流动继发问题的过程性的应对，其以"融入"为显著特色，最终指向的是"支持"：家庭在整体融入中更充分地获得外部社会对家庭功能的支持、更可靠地给予内部成员个体发展上的支持，"支持"是在家庭层面上论"融入"、从家庭角度来谈"融入"所应秉持的根本、所要坚守的主旨。可以说，依靠整体性融入来改善支持的状况，流动人口家庭由此摆脱了结构功能低稳定、弱协调的状态，其发展又回到了普遍遵行的、正常演进的轨道。同样，如果不以发展视角审视而从截面维度观测第二阶段的话，我们将会发现，完成了整体流动、实现了成员团聚的家庭很多时候仍无法达成同所处城市社区较协调地互动、仍难以实现与当地户籍居民无差别地发展，这种状态也是迁移流动引致的家庭发展代价的体现。另外不可否认的是，"家庭化流动阶段"已经在个体层面上实现了一定程度上的融入，但个体层面上的融入并不等同于家庭意义上的融入，至少最后抵达流入地的家庭成员还几乎完全处于相对"隔绝"状态，家庭整体融入是后家庭化流动时代迫切需要完成的发展任务。

第二阶段（家庭式融入阶段）完成之后，由于同流入地的固有家庭已经不再存有显著的经济差异、严重的社会差别以及巨大的文化差距等，流动人口家庭因此不再作为独特的家庭类型故而面临着有别于当地户籍家庭的发展问题、不再具有特定的家庭形态故而显现出有异于传统核心家庭的发展轨迹，迁移流动对于家庭来说仅仅只是"标签"抑或者说"符号"，而不再体现出实质影响。流动人口家庭发展所要继续经历的是一般意义上的家庭结构与功能分化与转化推动的阶段演替过程、一般意义上的以成员个体发展为导向的家庭发展任务达成过程。这是流动人口家庭发展过程中的第三阶段，可称之为"一般性发展阶段"①，它是对家庭发展本身体现的过程性的回应。考虑到该阶段流动人口的特殊性基本消退、家庭发展的普遍性大为显现，其将不被列为本书的研究重点②。

　　在整个家庭发展过程中，阶段本身所受到的研究重视程度通常不及两阶段间的分化节点（亦是上一阶段向下一阶段的进化节点）。对于流动人口家庭发展过程，从图3－2中可以清楚看到，第一阶段（家庭化流动阶段）与第二阶段（家庭式融入阶段）的分化节点（同时也是第一阶段向第二阶段的进化节点）是最后一位家庭成员到流入地即全部家庭成员到流入地这一迁移流动过程本身所包含的关键性事件，而第二阶段（家庭式融入阶段）与第三阶段（一般性发展阶段）的分化节点（同样也是第二阶段向第三阶段的进化节点）则是流动人口家庭与户籍家庭差距不再显著即流动人口家庭有效融入到流入地这一迁移流动后继过程所包含的关键性事件。这些事件缘何成为了流动人口家庭发展三阶段基础理论模型中的阶段分化（以及进化）的节点？其所体现的标志性意义可从Nock（1979）对家庭生命周期阶段转折重要节点的相关阐述中得到认识和理解。Nock指出，诸如第一名子女的出生、最后一名子女的离巢等一系列

―――――――――

　　①　本书用"一般性发展阶段"这种提法来概述流动人口家庭发展的第三阶段，"一般性"作为其中的关键词，仅仅是为了强调该阶段几乎不具有家庭发展的特殊性、基本只反映家庭发展的普遍性，在意思上是中性的，而不是贬义的。流动人口家庭在该阶段回归了以生命周期阶段演替为突出外显特征的常规发展轨道，但这并不等同于流动人口家庭重返了原始发展状态。由于迁移流动往往是以增进收益、分散风险为目标的，所以到第三阶段时，家庭通过迁移流动已实现了某种程度上的"质"的跨越。

　　②　本书通过系统梳理家庭发展理论的三大主要导向，提出了基于三种理论导向来认识家庭发展的概念框架与基于三种理论导向来理解家庭发展的分析模型，这对于研究一般性的家庭发展具有重要的价值。

的生命事件之所以会成为家庭生命周期中的阶段转折重要节点，那是由于它们被认为明显地改变了家庭成员之间的地位与角色关系，人们因此可以着眼于各个阶段来认识和理解家庭，家庭所特有的问题以及议题通常被描述成是它们生命周期特定阶段的结果，"家庭生命周期中代表重要节点的事件必须要被证明或被假定是会对研究者所考察的问题产生实际影响的"①。同理，流动人口家庭发展过程中的这些分化（以及进化）的节点也预示着，相关事件使得家庭内部的结构与功能发生"质变"且随之确立了新的家庭发展任务，由此显著影响家庭发展过程中的阶段演替并进一步地作用于其他家庭议题。事实上，恰如本书对"家庭发展阶段"这一基本概念所作定义中突出强调的，阶段正是由特定意义的节点标记出的类别②。从理论的层面上说，节点的存在就意味着，流动人口家庭发展的各个阶段不是内涵重叠的、界限模糊的，而是彼此之间内涵独立的、相互之间界限明晰的。这给实证环节带来的启示则是：流动人口家庭发展的各个阶段并非完全抽象的、而是十分现实的，它们都是可被操作化处理的，只要引入相应变量，就能对其进行有效测度。

与此同时，在发展相关研究范式中，变化通常会被描绘成具有某种特定的指向，彰显出必然性与一致性（Thornton，2001）。在流动人口家庭发展过程所呈现的序列中，阶段分布同样展示出固定的进化方向，这是不可撼动、无法更易的，也是"千篇一律""千人一面"的。从家庭化流动到家庭式融入，再到一般性发展，是流动人口家庭发展三阶段的基本顺序。显然，家庭化流动完成之后才有了流动人口在流入地的家庭实体，家庭式融入才具备了物质基础与现实条件，我们不可能在个体性流动的语境下去讨论家庭融入的相关问题；家庭式融入实现之后才使流动人口家庭回归一般家庭行列，

---

①　Nock, S. L., "The Family Life Cycle: Empirical or Conceptual Tool?" *Journal of Marriage and the Family*, Vol. 41, No. 1, 1979.

②　同时，过程则是被特定意义的节点分割后的序列。

常规的家庭发展问题才展露出探析的价值，我们不应该在忽略流动人口特殊性的情况下去空谈其家庭发展。综上，节点与顺序两方面可以说是认识与理解阶段分化的关键，本书在阶段性的总体假设的基础上分而提出，

理论假设 1.1：各阶段以明确的节点、按先后的顺序存续（可简记为"分化假设"）。

前一阶段与后一阶段、新的阶段和旧的阶段之间存在何种相互联系、构成何种因果作用，是揭示过程进化内在动力机制、明确过程进化充分必要条件的关键命题。Aldous（1978）、Hill 和 Mattessich（1979）等对此皆有过深入而细致的探析[1]，它们强调，后一阶段总是要植根于前一阶段，旧的阶段既孕育了新的阶段得以生成的重要基础，又框定了新的阶段继续演变的总体路径，尽管后一阶段并不完全由前一阶段所决定，但是以上这种"有限联动"（Aldous，1978）关系却足以将两者紧密地绑定在一起，完成旧的阶段，方可实现新的阶段。Klein 和 White（1996）亦曾指出，家庭发展理论认为，从某一家庭阶段向另一家庭阶段的转变是可以基于当前阶段以及在该阶段所花费的时长来进行预测的[2]。流动人口家庭发展三阶段同样存有以上规律性的进化影响、体现这种一般性的进化范式：旧的阶段是朝新的阶段跨越的必然依托，向后一阶段的转折有赖于前一阶段。因此，本书在阶段性的总体假设的基础上继而提出，

理论假设 1.2：前一阶段的完成能够推动后一阶段的实现（可简记为"进化假设"）。

## 二 楔入生命周期中的流动人口家庭发展

（一）家庭生命周期的概念界定

"家庭生命周期"无疑是本书的又一大重要"名词定义"。其作

---

① 具体可参见本书第二章的相关文献回顾。
② 这实际上是对 Featherman（1985）和 White（1991）相关论点的综合。

为概念一直都居于婚姻家庭关系研究领域的中心，同时也引起了人类发展领域的高度关注（Spanier et al.，1979）。这个旨在描绘婚姻家庭关系从形成、维系到变动、解体的全过程的基础模型极可能是家庭发展理论中最负盛名的一大部分（Rodgers & White，1993），可以极大地增进我们对家庭变动过程同其他社会变动过程之间关系的理解（Hareven，1974）。由一系列可预测的阶段构成，家庭生命周期追踪家庭在其整个生命历程上的成长与发展（Ballard，2012）。它不仅对于预测家庭的困难乃至家庭的危机何时更有可能出现（通常是在阶段之间进行跨越时）有积极的意义，而且对于测度家庭在发展阶段的演化方面是否顺利推进也有重要的价值（Wynne，1984），同时也提供了理解家庭功能的重要语境。家庭生命周期研究方法之所以能够成为用来分析家庭生活各个方面的有效框架，一个关键原因就是它不似通常那样只注重对截面的描述，而更聚焦于过程以及变化（Nock，1979）。可见，从生命周期的视角着眼来探寻家庭发展基本规律、探讨家庭发展主要特征、探析家庭发展重点问题、乃至探究家庭发展政策实践可以说是家庭发展研究最佳的策略选择、最优的处理方式。

讲到"家庭生命周期"这一基本概念，我们通常在指什么？本书再度引用 Glick 在《家庭生命周期新论》（Updating the Life Cycle of the Family，1977）一文中的定义来为此作出注解："家庭生命周期作为一个术语，长期以来主要用于指代典型家庭在其生命历程当中所度过的关键阶段之演替。"[1] 家庭生命周期实际上是对家庭自然的阶段分化与定向的阶段进化的高度概括。在以之为特色的理论框架中，家庭被看作是一个随时间变化的过程，而非某个特定时点上的静止单元，家庭生命周期研究框架假定的是个体在其生命历程的不同阶段将会经历一系列的家庭结构模式，家庭则会在不同类型的结构关

---

[1]　Glick, C. , "Updating the Life Cycle of the Family," *Journal of Marriage & the Family*, Vol. 39, No. 1, 1977.

系中逐步地向前演进（Hareven，1974）。图3-3所显示的正是家庭
生命周期这种结构分化与转化的主要形态。基于此，本书亦强调，家
庭生命周期以阶段性的演进为其外显的变动特质，而以结构性的演化
为其内隐的驱动特性。从图中可看到，后一阶段相对于前一阶段发生
的显著改变就是，其间出现了新的地位，同时在地位所对应的角色集
群里增添了新的角色，当然，随着家庭生涯继续演进，地位以及角色
也会在阶段转折中趋于消减。总的来说，阶段与阶段之间这种地位与
角色的差异反映了结构分化与转化这一生命周期深层次的机制。

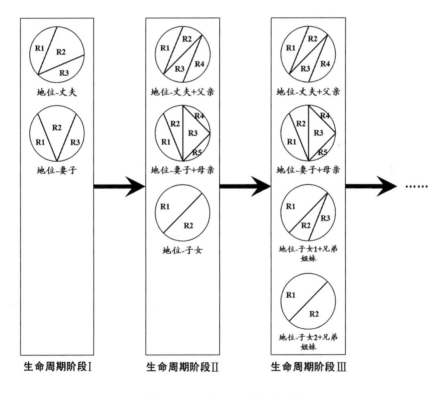

**图3-3　家庭生命周期示意图①**

注：R表示角色。

———————

① 对于本图当中"地位"与"角色"等家庭结构概念如何认识和理解，可以参
见下一节的"家庭结构的概念界定"部分。

本书所引入的家庭生命周期分析模型是在诸多文献中频繁使用的、被众多研究所广泛证实的经典框架亦是标准框架：按照 Glick 在《家庭周期》（The Family Cycle，1947）一文所作出的划分，家庭生命周期共计包括了形成期、扩展期、稳定期、收缩期、空巢期、解体期等 6 个典型阶段，这些阶段主要是由结婚、生育（立足父母和子女的不同角度，亦可说是出生）以及死亡等重大生命事件来圈定①。而生命事件实质上表明了与家庭结构相对应的地位内涵随时间推移的变动（Hill，1964）。

首先，家庭在父母一代的结婚中得以形成，又在子女一辈的结婚中走向收缩乃至空巢。父母一代结婚使夫妇二人不得不为由此新产生的家庭系统承担相应的义务，子女一辈结婚则让夫妇双方不得不去接受大量的成员退出家庭系统的事实，这些情感过程的关键性转变中，父母一代结婚涉及婚姻体制的建立、与扩展家庭中成员关系的重新调整等家庭状态的次生性变化，有待通过家庭发展来加以应对，子女一代结婚则涉及婚姻体制又转变为二人之后的重新"协商"、同已经长大的子女之间的关系（成人与成人的关系而非成人与儿童的关系）发展、同媳婿以及孙子女之间的关系调整、对其长辈失能以及死亡的因应等家庭状态的次生性变化，有待通过家庭发展来加以应对（Carter & McGoldrick，1989）。其次，家庭在夫妇两性的生育中实现了拓展并趋于稳定。夫妇二人为此需要经历家庭系统纳入新的成员这一情感过程的关键性转变，生育也随之带来了调整婚姻体制以便为子女留出空间、增添和抚育子女相关的财务以及家务等方面的任务、调整与扩展家庭中成员的关系以适应育儿的要求（Carter & McGoldrick，1989）。恰如 Hill（1964）所言："（家庭）这

---

① Glick 所提出的这一分析框架被公认是从人口学的视角出发为家庭生命周期的概念模型提供了特别的认识和独到的理解，其突出的优势在于阶段划定十分清晰，节点容易量化，但又不会损害内涵的完整性，详情可见于本书第二章的相关文献介绍。

个亲密的小团体有其可预见的、自然性的、由各阶段标记出的历史，从简单的丈夫—妻子的配对开始，随着成员加入而变得越来越复杂，当最后一名子女出生时，人际关系规模达到顶峰，在稳定一段时期后，随着成年子女的离巢工作和结婚而变得越来越简单，最后，这个团体又收缩到丈夫—妻子配对的双向互动。"[1] 此外，家庭生命周期中为首的阶段是以夫妇结婚作为典型标志，而与之相对应，婚姻解体则锚定了家庭生命周期中最后的阶段（Nock, 1979）。

考虑到中国家庭目前整体处于相对较低的生育水平，本书对上述家庭生命周期分析模型作了适当调整，将因生育多个子女而延展的稳定期与收缩期分别合并到前面和后面的两个阶段，由此构造了形成期、扩展稳定期、收缩空巢期以及解体期等 4 大阶段所组成的分析框架。这实际上不仅是对"家庭生命周期"这一基本概念作出了具体的界定，同时也为我们呈现了一般性的家庭发展所经历的外化的阶段演替过程是怎样的。另外，有鉴于婚姻生涯是从进入婚姻合法状态开始界定，以持续时长为特征，最终由分居、离婚或者丧偶来宣告终结，而在多数婚姻生涯分类方案中通常都未包括不在婚姻状态的人，即便他们仍有可能再与其他配偶一道回归婚姻（Feldman & Feldman, 1975），本书将个体经历离婚或者丧偶后视为其所在的家庭进入了解体期。

（二）流动人口家庭发展阶段与生命周期

本书通过构建上文已有阐释的三阶段基础理论模型集中地揭示了流动人口家庭发展的一般规律、着力地呈现了流动人口家庭发展的典型特征，行文至此，或许你会疑问，为何又要把生命周期分析框架纳入考察的范畴呢？这一方面是因为生命周期代表了传统家庭发展一种必然的轨迹，流动人口家庭亦无法摆脱这种规则的支配；另一方面也是因为迁移流动本身带有生命周期所打下的深刻印记，

---

[1] Hill, R., " Methodological Issues in Family Development Research," *Family Process*, Vol. 3, No. 1, 1964.

不能把它和家庭生命周期完全地割裂开来。实际上，这个问题直接地牵涉到如何在迁移流动限定性的语境下与家庭发展常规性的范式下审视流动人口家庭发展作为一种家庭发展类型所反映出的普遍性和由于受到迁移流动影响而彰显着的特殊性。构建流动人口家庭发展理论，必须得要回答流动人口家庭发展所特有的阶段过程性与家庭生命周期所固有的阶段过程性相互之间是什么关系、必须得要厘清流动人口的家庭发展在时间维度上独有的分化进化性同通常意义的家庭发展在时间维度上本有的分化进化性彼此如何发生联系。离开生命周期研究流动人口家庭发展，既难以从家庭发展中的阶段演替法则出发对迁移流动的影响作出充分认知，也会丧失对迁移流动发生发展和生命周期阶段演替的天然关联的科学把握，更有可能只是看到了迁移流动带来的特定作用而含糊了家庭发展的特殊性与普遍性。

其一，生命周期几乎是主导各个时代各个地域各个群体家庭发展的统一定律，认识这个定律对于理解家庭发展具有不可或缺的意义。一方面，Goody（1986）曾经指出，人类学家对于历史上家庭生命周期复杂性增减的研究结果恰恰证实了家庭发展的普遍性（比尔基埃等，1998）。可见，生命周期在家庭发展的时代长河中展现了相对持久的解释力。另一方面，尽管每一地区家庭生命周期各个阶段发生的时点与持续的时长存在着巨大的差异，但是 Hill（1986）在回顾众多跨国家、跨文化的研究成果[①]之后总结提出，人们从中可以明显地感觉到不同类型社会之间家庭生命周期阶段的相似性超过相异性。这也说明，生命周期对家庭发展的解释力并不因地域差别、群体差异而受到巨大的损失。总体而言，生命周期是家庭发展规律的使然、是家庭发展特征的应然，讲生命周期在某种意义上就是讲

---

① 这方面的研究已在第二章的文献回顾当中作过罗列，除此之外还包括有 Smart 和 Smart（1975）关于新西兰的研究、Dyer（1971）着眼美国土著民族等的分析、Glick（1977）针对比利时和加拿大等多国的考察等。

家庭发展，无论研究哪个群体的家庭发展、分析哪个地域的家庭发展、考察哪个时代的家庭发展，都不应该回避生命周期框架、也不可能抛弃生命周期模型。Hill（1964）曾一针见血地指出，家庭生命周期概念框架"直接的副作用"就是对于那些以家庭为研究单元的学者产生了敏感性的影响：任何试图对家庭进行概述却不考虑样本中呈现的家庭发展阶段可能带来变化的研究都会有巨大的变异性无法得到诠释，正如忽视社会阶层差别的研究亦有大量问题难以解析。

其二，由家庭生命周期变化而导致的迁移流动是地理空间移动的重要组成部分（Rossi，1955），迁移流动的相关模式往往同生命周期是不可分割的。Nauck 和 Settles（2001）曾经指出，迁移流动几乎很少是个体决策的产物，其时机与家庭生命周期以及一代和二代迁移流动者生命历程中的重大事件联系尤为密切，将其作为劳动力市场机会的直接反应并不一定能够得到恰当理解。迁移流动水平随年龄增长而变动的分布模式则反映了家庭生命周期以及个体职业生涯的双重影响（Carter & Glick，1976；Sandefur & Scott，1981）。Owen 和 Green（1992）曾经明确指出，较年轻的成年人出现的迁移流动高峰是跟就业状况有关，这种迁移流动常发生在家庭生命周期中的较早阶段。在家庭生命周期的阶段演替中不断变动着的住房需求也是迁移流动的一大重要影响因素，Rossi（1955）对于家庭生命周期、住房偏好以及迁移流动三者关系的研究成果曾被广泛引述，Abu-Lughod 等人（1960）详细列举了未育子女、抚育子女、子女离巢以及老年空巢等各个生命周期阶段不同的住房期望，Speare（1970）则在研究中展示了成年阶段早期的住房获取对迁移流动驱动的重要性。把生命周期作为分析迁移流动的重要工具正体现了迁移流动以家庭为决策之基、行动之依这一理论与实证的共识。

生命周期是一般性的家庭发展注定将要经历的过程，但是处在迁移流动干预下的家庭又呈现出特异性的发展路径。这就意味着，流动人口家庭发展不仅受到家庭发展普遍性的制约，须通过生命周期从形成到扩展稳定、到收缩空巢、再到解体的多阶段继替来实现结构与功能有序的分化与转化,同时又凸显家庭发展特殊性的要求,需依托从家庭化流动到家庭式融入、再到一般性发展的三阶段跨越来完成特定的发展任务、重返常规的发展过程。可以说,流动人口家庭发展是一种较独特而又"不独特"的家庭发展、有区别而又"无区别"的家庭发展。其独特的区别就在于,在迁移流动本身及其继发问题的过程性的影响之下,流动人口家庭发展适应性地经受一个再造内部团聚(家庭化流动)的阶段和一个重构外部支持(家庭式融入)的阶段,只有这样,才能再次回到、重新归入普通家庭发展行列,显然在此之前,家庭化流动和家庭式融入两阶段中所展现的正是流动人口家庭发展独具一格、别具特色之处。不过,即便如此,流动人口家庭发展仍是从属于、受限于外显为生命周期阶段演替的传统家庭发展模式,生命周期既是家庭化流动和家庭式融入两阶段产生的根本,也是这两阶段回归的源流,并不存在与生命周期相剥离的、同生命周期无关联的流动人口家庭发展,我们只能在生命周期分析框架中科学严谨地认识和系统完整地理解流动人口家庭发展,否则,流动人口家庭发展研究将会陷入形同无源之水、无本之木的境地之中。

本书将流动人口家庭发展所特有的阶段过程性与家庭生命周期所固有的阶段过程性之间的这种关系形象地概述为前者对后者的"楔入"。"楔入"意在说明的是,家庭因迁移流动而在以生命周期阶段继替为外在特征的一般发展路径之外另辟一条特异性的发展轨迹,其包括了家庭化流动、家庭式融入、一般性发展的三阶段。流动人口家庭发展的各阶段从生命周期中来,最后到生命周期中去:"来"是由迁移流动所触发,"去"是在一般性发展中而实现。由于流动人口家庭发展各阶段的演进是和生命周期各阶段的变动相并行的,流动人口家庭发展的独特轨迹既可能限定在生命周期单个阶段内,又可能跨生命周期多个阶段,但是无论如何,流动人口家庭发展的各阶段就像楔子一般插进、嵌在生命周期所代表的家庭发展常规性路径中,家庭发展在迁移流动发生后会分化出、拐入到这条支线，而在流动人口家庭实现一般性发展后又把这条支线融合到、从这条支线并轨回主线。本书尽管更强调流动人口家庭发展的特殊性，但并不会漠视生命周期所显现的家庭发展普遍性以及流动人口家庭发展各特定阶段与生命周期的关系，这实际上也是对马克思主义唯物辩证法（矛盾分析法）的坚决贯彻。相反，本书重视从楔入关系着眼更深入地探讨流动人口家庭发展理论议题。图3-4呈现了流动人口家庭发展各阶段楔入生命周期的示意图，本书将"生命周期"这一基本概念同作为派生概念的"流动人口家庭发展"相结合，通过构建理论假设来揭示流动人口家庭发展三阶段与生命周期的关系，在此提出，

　　理论假设2：流动人口家庭发展的各阶段楔入家庭生命周期之中。

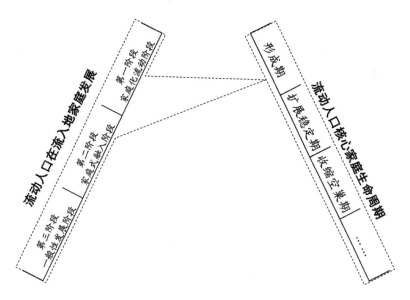

**图3-4　楔入生命周期中的流动人口家庭发展示意图**

　　由于流动人口的家庭发展过程是楔入其生命周期阶段演替过程的，流动人口家庭发展各特定的阶段，包括家庭迁移流动的本身以

及继发的融入问题,总是不可避免地打上了生命周期的阶段性印记、展现出生命周期的阶段性特色。对"楔入"关系的深刻把握,可从流动人口家庭发展所特有的阶段过程在不同生命周期阶段上的表现切入来加以探讨。

一般而言,在家庭生命周期常被划定出的几个阶段中,家庭迁移流动出现在形成期的可能性要比出现在扩展稳定期的可能性明显更高一些。Mincer(1978)曾经率先地提出了"捆绑式移动"(tied-move)假说,他认为,夫妇双收入式家庭较之于单一化收入型个体更不可能发生迁移流动,因为夫妇都在劳动力市场上的家庭需要关注两者的收入。后来这一假说拓展到不仅仅包括对妻子收入的考虑,同时也将她的家务劳动对家庭迁移流动决策的影响纳入考量范畴之中(Shields & Shields,1989)。可见,妻子虽然很多时候在家庭迁移流动决策中居于依从性的地位、属于依附性的角色,但是却并非无关紧要的、无足轻重的。其背后实际上表明了,家庭关系构成了迁移流动决策的重要基础,因为迁移流动时不会把家庭成员割裂开来考虑,而是将他们捆绑在一起加以考量。在生育了子女、告别形成期后,家庭就不得不将子女捆绑到夫妇两人身上进行迁移流动决策,这会极大束缚家庭迁移流动步伐,不似夫妇式的家庭那样自由。

其次,家庭迁移流动出现在扩展稳定期前段的可能性要比出现在扩展稳定期后段的可能性相对更高一些。许多相关研究发现,家庭生命周期最初阶段迁移流动概率偏高是跟婚姻的开始和子女的到来有关,经过一个相对稳定的短暂时期后,迁移流动将会重新活跃起来,而此时子女仍处于学前教育的适龄期。当子女入学接受基础教育后而父母也会考虑巩固自身事业时,家庭的稳定性将会趋于增强(Sandell,1977;Mincer,1978)。着眼于芬兰的长短距离两类迁移流动,Nivalainen(2004)曾在实证分析之后明确提出,家庭的生命周期与迁移流动之间具有显著的负相关关系:未育的夫妇(形成期)和只是育有学前教育适龄子女的夫妇(扩展稳定期前段)最有迁移流动热情,而一旦子女达到基础教育相对应的年龄段,母亲将有可能回归工作，家庭与当地社区的联系由此变得更强，发生迁移流动的概率会弱化。总的说来，伴随着家庭生命周期阶段从形成期向扩展稳定期的纵深发展，家庭可以说越来越不具备迁移流动的有利条件。

另外，家庭迁移流动出现在收缩空巢期以及之后的可能性要比出现在扩展稳定期的可能性也要明显更高一些。子女离巢使家庭只需要更少的生活空间，此时，迁移流动概率将会再度增加（Cadwallader，1992）。由此基本可以认为，家庭迁移流动概率在家庭发展的全过程上存在一种近似于 U 形的变动趋势。

上述这些看似浅显易懂的道理实际上正反映了处于生命周期影响下的家庭迁移流动在阶段间呈现出巨大的模式差异、在阶段内亦显示一定的模式差别。之所以会导致此类现象、产生该类特征，主要是因为生命周期各个阶段变化着的家庭关系显著地作用于迁移流动决策，从而使迁移流动行为随生命周期演进经历各种变动，其实质是家庭结构在阶段演替中的分化与转化不断地改变着迁移流动的决策基础和行为根据。Ryan 等人（2009）研究之后认为，不同家庭关系在家庭生命周期不同阶段各自有其重要性：对于年轻单身的人们，亲兄弟姐妹与堂（表）兄弟姐妹可能就会在其迁移流动决策中发挥特定的影响力；而对于上了年纪的人们，老年父母以及对孙子女的情感依恋等问题则会成为更重要的考量因素；有年幼子女的父母在迁移流动时不得不去思考子女的照料与教育；而成年子女既可能会促进其父母的迁移流动，也可能使之更趋复杂化。

除了透过家庭关系，生命周期在时间维度上对家庭迁移流动的塑造还可能源自于迁移流动随生命周期演进而发生的效用变化。不同于众多的研究认为职业因素可能在家庭生命周期最初阶段的迁移流动决策中地位更加突出（Lansing & Mueller，1967；Geist，1968），Goetzke 和 Rave（2013）针对德国研究发现，人们在其生命周期中出于改善生活品质、提升工资水平等的考虑会迁移流动到更加理想的地带，这种行为在各阶段上存在巨大差异：年轻群体更倾向于为生活品质而迁移流动, 所以他们被观察到时常流向工资低、地价贵、甚至失业水平较高的区域; 与之相对, 中年群体则更有可能因工作需要而迁移流动, 故此往往流向失业水平较低的区域。可以说, 年轻群体所在家庭为了生活品质甚至去接受相对不利于其的流入地点, 而中年群体所在家庭则有更多的顾虑, 不太可能像青年群体所在家庭那样"自由"地选择流入地点。

综上, 学界过往基于家庭生命周期框架分析家庭迁移流动问题, 已经提出许多富有创造性的观点, 集中地呈现了迁移流动在生命周期各阶段上的不同表现以及其可能的原因。尽管几乎鲜有研究触及家庭化流动与生命周期关系这个特定话题, 然而如同 Nivalainen (2004) 说的那样, 家庭迁移流动行为似乎在全世界都极为得相像, 这里考虑到迁移流动本身所具有的共通性以及迁移流动对生命周期的粘附性, 本书遂认为, 作为流动人口家庭发展第一阶段的家庭化流动也会因生命周期阶段演替而显示不同的形态, 以决定家庭化流动的随迁模式为典型差别, 故此在生命周期总体假设的基础上分而提出,

理论假设 2.1: 不同生命周期阶段家庭在"家庭化流动阶段"呈现差别化的随迁模式 (可简记为"第一阶段生命周期假设")。

家庭发展作为一种跨学科的分析框架, 特别强调其自定义的转化、过程以及节点等具体概念, 它可以很好地与各种不同的文化环境以及社会元素相融合、和快速变化的生活阶段期望以及经历相结合。其对"关联生活"(linked lives) 的关注使之能够与家庭迁移流动的动机和目标紧密联系起来 (Elder, 1974; Mason, 2004), 而对"变化时代"(changing times) 的关注则让研究人员可以把贫困性、排斥性、脆弱性等主观生活体验连同更广泛的社会文化因素融合其中 (Elder, 2002)。总的来说, 生命周期以及生命历程方法能结合到不同居住地点上、不同时代背景下的生活形态分析中, 长期以来已经被广泛地用于迁移流动研究, 特别是有关于社会融入、文化认同的研究 (Bauer & Thompson, 2004)。可见, 在家庭发展分析框架中

扮演突出角色的生命周期模型对迁移流动后的融入问题相关研究掌握着特殊重要的"话语权"，特别是当我们把研究的视角聚焦家庭式融入时，生命周期所能够揭示的问题就更具有深刻的理论意义和卓越的实践价值。

家庭迁移流动模式随生命周期演进发生显著变化的同时，实际上，家庭消费模式、家庭储蓄模式以及数以百计无法预估的其他家庭行为等被认为也都会在生命周期各个阶段中呈现巨大差异（Hill，1964）。确有不少相关研究表明，家庭生命周期可以作为各种家庭生命事件的重要预测性指标。例如，Rodgers（1973）曾经将家庭生命周期的每个环节与家庭生活的诸多重要维度联系起来，这些具体维度一般可被纳入两大主要方面，即价值性资源与工具性资源，前者包括满意度、疏离感等，后者则包括收入变化、工作调动以及妻子从业等。这些与生命周期阶段演替相伴生、随生命周期阶段演替而变异的生命事件，无论属于价值性的，亦或属于工具性的，很多恰恰是融入的依托点、融入的关切点，对于迁移流动之后能否以家庭为单位顺利融入当地社区并以家庭为基础促进成员个体融入有着重要影响。据此而言，家庭式融入也会在生命周期阶段间甚至在生命周期阶段内出现差别。这种差别通常来源于生命周期中既有需求与新增需求两方面的变化所带来的迁移流动后的融入压力。

一方面，家庭既有需求会随生命周期演进过程发生显著变动，致使家庭在不同阶段需给予差别化的应对，迁移流动之后，由于不同生命周期阶段家庭要应对的压力存在高低之别，融入水平自然就会有异。Rossi（1955）和众多其他的相关研究[①]曾经指出，空间不足是由生命周期变化所导致的最突出的居住问题之一，在扩展稳定期，家庭更可能表现出对更大面积住房的渴求，而收缩空巢期的那

---

① 这方面的研究包括但不限于 Abu-Lughod 等人（1960）、Leslie 和 Richardson（1961）、Chevan（1971）、Pickvance（1973）、Morris 等人（1976）等。

种老年型家庭则可能感觉住房过剩,在 Abu-Lughod 等人(1960)看来,后者这种生命周期最后阶段不太拥挤的状况可能未必成为家庭的主要关切①,而前者这种生育子女后过度拥挤的状态对于家庭而言则是相当严峻的形势。

另一方面,家庭也会在生命周期演进过程中逐渐新增需求,不同阶段家庭面临需求有与无截然相反的发展境地,迁移流动之后,承载着特定生命周期阶段下新增需求压力的家庭往往就要解决更多的家庭融入的问题、克服更大的家庭融入的挑战,融入困难情况相对更为突出。Pickvance(1973)强调,需抚育子女的扩展稳定期是家庭可能更加重视诸如诊所、公园等公共基础设施的发展阶段。同时,由于居住地带很大程度上会决定子女将拥有的同伴类型和进入的学校情况,邻里环境和学校质量在抚育子女时期也就成为影响更显要的居住特征(Chevan,1971)。

以上两个方面可以使用 Wilensky(1963)所提出的"生命周期挤压"(life cycle squeeze)思想加以概括总结。"生命周期挤压"一词被用来指代一个人(尤指家庭中的丈夫)所提供的资源不足以满足由其子女数量以及年龄等变动所带来的需求的情况,Oppenheimer(1974)的研究进一步认定这是妻子进入劳动力市场以便为家庭收入增长贡献自身力量的结构性压力来源。显然,触发"生命周期挤压"的主要因素是家庭中的子女数量以及年龄,本质上也就是家庭结构的分化与转化。迁移流动之后,扩展稳定期家庭相对于形成期家庭、收缩空巢期家庭等无疑需要承受更突出的"生命周期挤压",并因此而遭遇更不利的融入境况。

实际上,大量有关于家庭迁移流动的研究已经为我们呈现了家庭,尤其是扩展稳定期家庭,在融入当地社区时所面临的障碍、所

---

① 在众多的年龄组别和婚姻类别中,65 岁及以上和丧偶是唯一的不足半数的受访者将单个的家庭户选为首位或者次位财产偏好的组别(类别),这也表明,对住房财产以及居住空间的偏好在家庭生命周期最后阶段可能已不十分强烈。

遭受的困难：高度贫困、医疗保健资源有限、语言壁垒已经被证实是美国迁移流动者抚育子女时面临的主要障碍（Hernández, 2004；Crosnoe, 2007），即便是在同样社会经济地位的家庭中，墨西哥移民的子女进入正规托儿机构的可能性也要更小（Brandon, 2002；Magnuson et al., 2006），父母由于同社会化机构（例如，学校）存在语言或者文化上的隔阂，因而还遭受着子女教育卷入上的重重困难（Carreon, et al., 2005；Earner, 2007）。

除此之外，亦有研究强调，处在生命周期不同阶段的迁移流动将会形成流入地归属感的不同模式，年轻群体的身份认同往往更多是建立在对朋友及家庭的归属感和情感上的自我归因的基础上，而年老群体的身份认同则建立在住所以及过往经验的基础上，因此必须要着眼于生命周期的变化过程来理解认同问题（Cuba & Hummon, 1993）。流入地归属感上的差异也许会成为影响不同生命周期阶段下的家庭式融入水平的一种社会心理学机制。总体而言，流动人口家庭发展过程中的第二阶段"家庭式融入"可能因为"生命周期挤压"等的作用出现不同阶段不同水平的状况。因此，本书在生命周期总体假设的基础上继而提出，

理论假设 2.2：不同生命周期阶段家庭在"家庭式融入阶段"具有差别化的融入水平（可简记为"第二阶段生命周期假设"）。

## 第三节　理论假设：从再造家庭内部 团聚到重构家庭外部支持

在对家庭进行认识和理解时，发展过程被认为是无法回避的、极为重要的。Klein 和 White（1996）为此特别指出，家庭中的成员个体、成员间的人际互动、家庭各部分的结构以及包含家庭角色预期的规范等都会随着家庭发展过程而变动。在家庭阶段的渐变与跨越中，成员个体在老化，互动关系有其存续的时长，家庭结构在变

化。而尤其是家庭角色及其预期在不同家庭阶段上的分化与转化更被视为认识和理解家庭不可或缺的要素。这一"点睛之笔"实际上为我们指引了考察分析家庭发展必须进一步聚焦的方向,那就是从家庭结构的分化与转化着眼更细致地探究、更深刻地把握家庭发展的阶段过程性。同时也必须注意到,家庭发展理论所提供的观点具有两个明显有别于过往理论的特点:其一,它假定家庭及其成员个体的发展模式遵从某种特定序次,其二,它相信家庭及其成员个体通过健康的成长可以得到发展(Burr, 1995)。这就启示我们,任何有关家庭发展的研究都不应该丧失对家庭成员个体优质成长、良性发展的特殊关注。上节已对流动人口家庭发展过程以及阶段作过详细描摹,但是单纯呈现其外显的特征必然是不够的,唯有更进一步地揭示其内隐的机制方可达到理论构建的根本目标。本书在此借鉴传统的分析策略,从家庭发展理论的分化转化性与发展本位性出发,以家庭功能为发力点①,把家庭结构与家庭发展任务分别作为其现实基础和应然目标融合到一条逻辑主线中,以此诠释潜藏在家庭发展外显的阶段过程背后的内隐的作用机制。本节依旧参照 Zetterberg 发展"公理化"理论("axiomatic"theory)的主要步骤,通过使用相关"名词定义"构建相应理论假设,尝试对流动人口家庭发展三阶段基础理论模型中的结构功能问题作出解答。

## 一 家庭发展所要遵循的结构与功能逻辑

### (一) 家庭结构的概念界定

本书的基本概念之———"家庭结构",在一种结构功能主义的理论视角看来,通常是指,家庭系统中发挥不同作用的各组成部分的联系。认识和理解家庭结构的关键认识和理解是家庭系统中的地

---

① 之所以把家庭功能作为突出的关注点,一个重要原因就是,对家庭行为(亦即家庭成员的实际行为)的功能分析可以说是位居家庭环境相关语境下的成员个体研究的中心(Mead, 1995)。

位与角色①。

"地位"（position）按照 Gross 等人（1958）所作定义，其指的是，"行动者或者行动者隶属的阶层在社会关系系统中的位置"②。而对于"角色"（role），Bates（1956）所给出的定义则是，"某种社会地位的一部分，其包括一系列整合的或者相关的社会规范，这些规范有别于形成相同地位的其他规范"③，其中，"规范"所代表的就是对角色行为的一种模式化的或者普遍性的期望④。任何文化背景下的家庭系统都只涉及为数不多的几种地位，核心家庭中的地位数量则是更加有限（见图 3 – 1 以及对"核心家庭"的概念界定）。但是，每种家庭地位都会涉及大量由其社会规范所广泛定义的或隐或显的家庭角色（见图 3 – 5）。就比方说，妻子—母亲在其家庭中只是占据了一种家庭地位，但却可能要承担陪伴丈夫、照护子女、操持家务、交往邻里等多种家庭角色。另外，一种家庭地位下的家庭角色总是要与另一种家庭地位下相对应的家庭角色成对存在，也就是说，家庭系统中的各种地位与角色都是"互嵌"在一起的，这也就决定了家庭系统的成员相倚性。总体而言，地位和角色这两大概念都反映了家庭系统的结构性问题，系统结构就是基于相关联的地位以及角色加以定义。

由于家庭系统中存在的地位数量总是相对固定而且较为有限，家庭结构分化与转化更多时候指代的是家庭系统中的角色所出现的

① 在结构功能主义的集大成者 Parsons（1951）看来，地位和角色是社会体系当中最重要的互动过程所包含的个体间的关系结构，也是最重要的社会体系单位。

② Gross, N., et al., *Explorations in Role Analysis*, John Wiley, 1958.

③ Bates, F. L., "Position, Role, and Status: A Reformulation of Concepts," *Social Forces*, Vol. 34, No. 4, 1956.

④ 由于个体行为很难完全满足组织期望，Gross 等人（1958）还提出了"角色行为"的概念，用以评测个体行为满足组织期望的方式，其指的就是"某一地位占有者的实际表现"。"角色"是包含了行为预期的结构性概念，"角色行为"则是与之相对应的行为性概念，角色行为模式上的变化也可被认定为家庭结构分化与转化的一种形式，详见本书下文对 Cowan（1991）所作介绍。

变化。Parsons（1964）曾经提出了两主轴、四角色的典型范式，以此来认识和理解核心家庭中的角色的分化与转化：一是从分层的角度分化与转化出了引领性角色与追随性角色，在核心家庭中，亲子代际关系充当的就是这种引领性—追随性的角色分化与转化的主轴；二是从定性的角度分化与转化出了工具性角色与价值性角色，在核心家庭中，夫妻两性关系充当的是这种工具性—价值性的角色分化与转化的主轴①。前者体现的是一种相对的权力关系，子女在未成年时自身无助而对父母依赖可以说是该角色分化与转化的重要基础；后者则更反映一种功能类型的视角，妻子—母亲由于承担更多照料工作而在角色上表现得比丈夫—父亲更具价值性。不过，Slater（1964）认为，沿着工具性—价值性主轴进行角色的分化与转化是核心家庭的一大普遍特征，在很多文化环境中，妻子—母亲既是相对更有价值性的，也是相对更有工具性的。

**图 3 - 5　家庭系统中的地位与角色示意图**

本书虽然强调在家庭结构与功能的统一中探寻家庭发展的内在

---

① 其中，丈夫往往承担的是工具性的角色，例如，提供各类资源、作出理性决策等；妻子通常扮演价值性的角色，例如，支持和养育其他的家庭成员等。

驱动模式，但是对家庭结构以及家庭角色分化与转化的定义却并未刻意地突出工具性—价值性这条彰显功能性视角的主轴，仅在家庭生命周期分析框架下简单地作出界定。这既不致使问题过于复杂化而难以进行相应操作化，又可以避免陷入前述争论之中而偏离本书的主线。Deutsche（1959）认为，随家庭生命周期演进的个体会被要求在各个阶段上扮演一系列不同的角色，这有别于其在某个阶段上同时要扮演的多种角色，比方说，居于形成期的年轻未育夫妇并不需要像进入扩展稳定期的已育夫妇那样承担照料子女等角色，而处在收缩空巢乃至解体期的年老夫妇所面临的角色期望也明显地与先前阶段不同。Cowan（1991）则提出了角色分化与转化的 3 种方式：其一，角色可以增加或者减少、可以进入家庭或者退出家庭，例如，子女入学成为学生、夫妇一方死亡而使另外一方鳏寡；其二，决定角色如何被扮演的一系列期望与行为可以重新被定义或重新概念化，例如，子女离开幼儿园进入一年级而面临"更正式的功课"，作为家庭主妇的妻子就业之后使丈夫角色所发生的变化；其三，业已存在的角色出现的显著性的、标志性的转变，例如，成人不再"游戏式"的生活而开始更认真地对待某一关系，男性在扮演父亲角色时随子女成长而变得更加注重心理上的投入。总的来说，家庭生命周期阶段演替不仅伴生着或增或减的家庭地位变化，更重要、更关键的是伴生着内含于家庭地位的家庭角色的变化，图 3－6 展现了其大体过程。实际上，只要代表着角色期望的"规范"产生内容上的变动，我们就可以认定为出现了新的家庭角色分化与转化（Rodgers，1964），而"规范"在家庭生涯中不断地发生着改变①，家庭角色分化与转化因此也就成为家庭发展的一种"常态"。基于上述概念界定，本书把家庭结构分化与转化的概念推广到家庭迁移流动研

---

① 例如，对父亲相关角色加以界定的规范在子女的幼儿期、学前教育适龄期、基础教育适龄期等明显都不同，虽然父亲都处在一种地位上，没有发生改变，但是家庭对其角色预期却在逐渐变化，开始可能更多的是照护性的工作，而后越来越多的是教育卷入任务。

究当中,认为在家庭化流动和家庭式融入的过程中,流动人口家庭中的角色乃至地位经历着分化与转化,这成为流动人口家庭发展的重要动态机制。

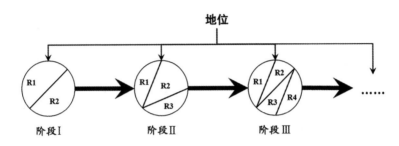

**图3-6 家庭系统中的角色分化与转化示意图**

注:R表示角色。

在家庭这一整体动态均衡的系统当中,丈夫—父亲、妻子—母亲、子女—兄弟姐妹这些地位关系是在相倚的基础上结合,各组成部分都对其发挥结构性的作用,这种作用典型地反映在家庭的功能上。家庭功能实际上是家庭系统存续的重要根据,是家庭结构变化的必然依据,家庭结构最终表现为、突出表征为家庭功能。一方面,家庭功能对家庭结构产生深刻影响。家庭功能如果不能顺应家庭系统内部互动时所生成的需求、不能适应家庭系统同外部互动所提出的要求,家庭结构也就难以实现积极而有序的分化与转化①,相反,家庭将陷入加速衰退直至解体的境地,前文有关于家庭系统的任务导引性以及家庭发展的发展本位性即家庭任务的介绍对此已有具体说明。另一方面,家庭功能靠家庭结构才能得以实现。在 Parsons(1964)看来,核心家庭在总体上具备与其他小型团体相同的特定属性,家庭功能表现的效果依赖于它所拥有的这些属性:第一,家庭是个小型团体,给定分年龄的死亡率与出生率时,可以大体推知核

---

① 本书将家庭结构这种积极而有序的分化与转化笼统地称之为稳定的变化。

心家庭平均成员数量几乎不太可能超过 7 个；第二，作为小型团体的家庭在结构上最主要的分化与转化应当是沿着引领性—追随性与工具性—价值性这两大主轴来进行；第三，处于工具性—价值性主轴上的两者（通常都是夫妇二人）在引领性—追随性主轴上居于引领性地位，且他们之间应当具有极强的"联合"。

（二）家庭功能的概念界定

对于本书的另一基本概念"家庭功能"，研究者们多习惯从两大角度出发作出定义（方晓义等，2004）：一方面是结合家庭结构关系来界定家庭功能，这方面如，Beaver 和 Hampson（2000）主张使用家庭成员的反应灵活性、交往亲密度、变化适应性等结构维度上的指标来表示家庭功能，Olson（2000）认为家庭功能反映在家庭成员的情感联系、规则把控、内部沟通、外部应对等系统性特征上；另一方面则基于家庭发展任务界定家庭功能，这方面如，Miller 等人（2000）所使用的 McMaster 模型和 Skinner 等人（2000）所应用的家庭功能过程模型都强调顺利完成各种基本发展任务是家庭至高无上的目标，通过达成这些任务，家庭才能促进所有家庭成员持续发展，提供合理保障，实现充分凝聚，最终发挥其作为社会组成部分的功能。

两大角度实际分别关涉家庭功能与家庭结构、家庭功能与家庭发展任务这两组重要的关系，前者已经在本节的家庭结构概念界定部分作出具体说明，后者则在本书第二章的家庭发展理论回眸部分进行过详细阐述，两者内在地统一于本书提出的基于三种理论导向来理解家庭发展的分析模型（可见图 2 - 6），亦即家庭在其发展阶段上所表现的功能性既受限于其分化与转化的结构型，又受命于其内含的发展任务的指引，家庭功能既是家庭结构的最终表现与突出表征，又是家庭发展任务的客观要求与应然目标。因此，无论是着眼于哪个角度来对家庭功能这一基本概念加以界定，只要认识清了、把握准了家庭功能同家庭结构、家庭发展任务的关系，就不会造成明显的错判、构成严重的误读，家庭功能的定义也就具有了家庭发展性的灵魂、体现了家庭发展观的精神。

　　通过对现代转变导向的家庭发展理论进行回顾,我们不难发现,在现代化的过程中,家庭功能经历剧烈变动,其原有的经济功能、宗教功能等丧失殆尽,保护性功能、社会化功能以及文化功能等也被明显削弱。这些功能并未凭空消失不见,而是由家庭系统自愿或不自愿地交出,被其他的社会系统(例如,担负经济功能的市场、具有保护性功能的医院、体现社会化功能的学校等)"接棒"。正如Smelser(1973)所概述的那样,"现代化形成了一种以情感吸引和狭隘爱情为基础的家庭"[1],这种家庭已经是大量传统功能外化了的小型团体,不像历史上那样子几乎包办一切、总揽诸事。尽管Bennett和Tumin(1948)曾经提出任何社会系统若想延续自身应当具备六大必要的功能性先决条件(一是维持系统内各成员的生物性功能,二是系统内新成员的再生产,三是系统内新成员的社会化,四是物质和服务生产和分配,五是内部和外部秩序的维护,六是系统活动相关意义与动机的保持),但这些功能仅仅是指家庭作为系统得以延续的条件,并不一定是特定社会为了其整体的存续而分配给家庭系统的功能(Rodgers,1964)。现代社会似乎已经让家庭系统从功能性束缚中基本"解放"出来,一系列其他社会系统的兴起实际上是社会这个大的系统对影响其运行的相关功能进行再布局、再配置的必然结果。我们说核心家庭是个"小"家庭,这不仅是结构层面上的,而且也是功能意义上的。

　　作为自然属性与社会属性的统一,现代家庭仍然保有生育功能以及相当程度上的保护性功能(更多地体现在精神慰藉等方面)、社会化功能(更多地反映在儿童的人际行为社会化和内在行为社会化等方面)等。单单就其社会性的功能而言,Parsons(1964)曾明确地指出,家庭最基本的功能就是"维持家庭中包括成人在内的所有

---

　　[1]　[美]马克·赫特尔:《变动中的家庭——跨文化的透视》,宋践、李茹等译,浙江人民出版社1987年版。

成员情感平衡以及作为儿童社会化机构的主要角色"①。Smelser
（1973）也曾为此直言："家庭活动更多地集中于情感上的满足和对
子女的社会化。"② 据此，本书将主要从以精神慰藉为突出特点的保
护性功能和以人际行为、内在行为③为基本着眼的社会化功能两大方
面出发来认识和理解现代家庭的基本功能。当然，这并不是对家庭
其他功能的否定，家庭功能由其所处社会界定，必然呈现出多样化
态势，但基于一般性的观察，以上两者殊为重要。

　　一方面，被称为"避风港""避难所"的家庭系统发挥着保护
性的功能，是个体精神慰藉最主要的源泉。

　　当今社会，婚姻不再是为经济效益、社会收益乃至政治利益所
作出的安排，子女也不再被期望为家庭的收入作出贡献，人们在很
大程度上都是基于爱情选择配偶，爱情在婚姻家庭中的角色日渐吃
重也表明家庭正朝着有利于内部情感满足与关系维护的方向进行社
会转变（Coontz，2005）。Zinn 和 Eitzen（2002）强调，家庭实际上
是"亲密、爱恋与信任的场所，在其中的个体可以摆脱现代社会去

---

　　①　Parsons, T., "The Incest Taboo in Relation to Social Structure," in Coser, R. L., ed., The Family: Its Structure and Functions, St Martin's Press, 1964. 另外，赫特尔曾经在《变动中的家庭——跨文化的透视》一书当中指出，不同于 Ogburn、Wirth 等人强调工业化和城市化对家庭产生解体、失范、疏离等方面的消极影响，Parsons 则认为，家庭作为更专业化的群体，它的功能就应该以儿童的社会化和成员的情感依托为主。

　　②　［美］马克·赫特尔：《变动中的家庭——跨文化的透视》，宋践、李茹等译，浙江人民出版社 1987 年版。

　　③　本书这里借鉴了 Oswald 等人（2004）曾提出的分析框架，该分析框架强调从智力行为、人际行为和内在行为等三大方面着眼认识和理解儿童的个体表现。考虑到儿童智力行为的社会化已经基本都转交给学校来承担，针对家庭功能所作研究遂只选取人际行为和内在行为这两者。其中，按照 Oswald 等人的阐述，人际行为是指在人群中显示开放和接纳的姿态，实现良好的沟通与互动，并积极融入所在社区（包括学校和邻里等），为其承担应尽之责、贡献力之所及；内在行为是指养成健康的行为方式，树立正确的价值观念，培育高尚的道德情操，并因此而规范和约束自己来克服困难、达成目标。

人性化力量支配的竞争"①，特别是在以工业化为代表的现代化进程中，家庭作为"温暖与亲切的储藏库（主要由母亲来体现），站在了竞争与激进的商业世界（主要由父亲来体现）的对立面，家庭的任务就是保护（各个成员）以此来应对外部世界"。相对于其他的社会组织形式，家庭可以更有效地化解成员个体之间的分歧、更有助于促成在协商基础上的妥协，这是因为家庭里的成员个体能够相互认知、彼此照应、相互作出长期承诺、彼此分享对其自身义务的理解以及一系列的价值观念（Seltzer et al. , 2005）。

另一方面，被称为"人生第一学校"的家庭系统承担着社会化的功能，是儿童人际行为和内在行为形成的基石。

作为社会化过程的关键、社会互动中的核心，人际行为的根本目标是促成个体在社会关系中的良性融入，进而实现个体对于社会环境的积极适应。儿童在家庭系统外如何发展其人际行为呢？据依恋理论来看，这主要取决于儿童在家庭系统内与父母之间维持着何种亲子关系。该理论首倡者Bowlby（1969）认为，儿童和父母交往过程中所建立起的关系将随着儿童认知等的发展而逐渐内化为他们对自我和对他人的心理表征，其会在儿童产生人际行为时无意识地运行，且有较强的稳定性。基于亲子关系质量建构出的以上这种"内部工作模式"实际上正是儿童进行自我评价并同他人培育关系的重要基础，它将引导儿童思考自己应获得什么样的关注和对待、该给予他人什么样的信任与支持。可以说，儿童往往凭借着与父母互动的"经验"去认识社会环境、理解社会关系，父母在家庭系统内所塑造的亲子状态如同确立了一个参照系，它会投射到儿童在家庭系统外所形成的各种社会网络上，对儿童人际行为的影响尤为深刻。诚如Steinberg（2007）所言："没有任何一个家庭中的其他因素对儿

---

① Zinn, M. B. and Eitzen, D. S. , *Diversity in Families*. Allyn and Bacon, 2002. 另外, Lasch（1977）曾将这种图景中的家庭称作是"无情世界里的避风港"，并形容为在公共世界里经受剥夺而在私人生活中所需要的一种荣耀。

童融入性与适应性发展的重要程度可以高过亲子关系质量。"①

　　内在行为是人格特性的外化、自我意识的彰显，其折射的是个体所秉承的价值取向、所遵从的道德标准。它直观地表现为个体在受风险因素的影响时按照社会所期望的健康行为方式、所推崇的一般行动规范来约束自身，使之能抑制不良冲动、避免越轨行径，Gottfredson 和 Hirschi（1990）的相关理论认为自我控制对此具有较好的预测力。他们强调，自我控制在生活的早期阶段中逐渐得以确立，并在整个的生命历程中基本保持稳定，家庭系统内父母的监管、接纳与惩戒被认为是决定儿童自我控制水平三大最重要的因素，父母如果实施合理监管、增进彼此接纳，识别儿童的内在行为偏差并加以惩戒，就能提升儿童自我控制水平，而儿童低自我控制力则源于"缺乏教养、惩戒与训导"。他们还指出，家庭系统中的父母"数量"将起关键性的作用，因为父母"数量"越少，可供儿童社会化的资源（父母的时间和精力）就越不足，进而降低儿童实现较好自我控制的可能性。Hope 等人（2003）研究也发现，父母在儿童自我控制发展中扮演特殊角色，家庭背景的变量亦需借此来施加影响。儿童若因亲子分离而被忽视则会对其人格形成产生显著负面效应（Gagnon，1993）。

　　（三）家庭发展的结构功能逻辑

　　界定理论中蕴含的概念旨在更精准地阐释理论中包含的命题，对家庭结构与家庭功能的定义意在对家庭发展的结构与功能逻辑作出更充分的认知。把家庭功能作为一个重要的理论支点，从家庭结构的分化与转化中认识和理解家庭功能经历的现代性变化，是现代转变导向家庭发展理论的基本思路，而在家庭发展任务的框架内认识和理解家庭功能之于个体发展的意义，则是人类发展导向家庭发展理论的重要观点。本书通过对家庭功能与家庭结构、家庭功能与家庭发展任务两组关系的考察和对现代转变导向的分

---

① Steinberg L., *Adolescence*, McGraw – Hill, 2007.

化转化性、人类发展导向的发展本位性两种意涵的探析，推出如图 3-7 所示的家庭发展的结构与功能逻辑，尝试从以下三点来进行具体说明。

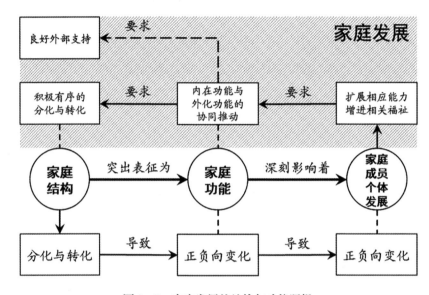

图 3-7　家庭发展的结构与功能逻辑

第一，家庭结构突出表征为家庭功能，家庭功能深刻影响着家庭成员个体发展，这是家庭发展结构与功能逻辑的主轴。

家庭发展结构与功能逻辑的主轴概括起来就是，家庭结构通过家庭功能深刻影响成员个体。这在现代系统理论的基本假设当中即已有过清晰地呈现：家庭系统中的结构、组织以及交互作用模式是强烈影响乃至决定家庭成员行为的重要因素（Miller et al.，2000）。

一方面，家庭结构实际上是家庭系统中具有不同功能的各组成部分的联系，必定要以家庭功能作为其最显要的外在表现形态、最典型的内在作用中介，此系从家庭结构的角度上来认识和理解家庭功能所秉持的核心立场，上文对此已有述及。在分化与转化的过程中，诸如角色、关系等的再组织化并非总是同步发生，家庭及其成员个体更有可能会经历一个"非组织化"的时段，其间，几乎所有事情都是不同步的，角色变动往往最先出现，之后则是自尊感降低、抑郁感提升、认为婚姻不幸以及偏信政府无能，变动期内缺乏同步性是分化与转化的一大本质特征，正是由于这种不同步代表着不均衡，所以其才蕴含着推动家庭发展亦或致使功能紊乱的潜力（Cowan，1991）。

而另一方面，在家庭发展任务的视域下认识和理解家庭功能，最关键的一点就是把握家庭发展任务与家庭功能本质上的统一性（上文对此亦有论析，这里还要进一步地强调），并在此基础上明确，重视成员个体成长需要、关注成员个体发展责任的家庭发展任务根本导向就是家庭功能在家庭发展中所要实现的目标、所应达成的使命，家庭功能在家庭发展中注定成为家庭系统服务成员个体成长需要、担负成员个体发展责任的重要根基。Chase-Lansdale（2004）曾经指出，家庭与其成员个体发展通过 3 个问题联系在一起：个体如何成长到有能力推动或者限制健康关系形成的成年期？家庭关系在成年人的社会心理发展中扮演何种角色？什么样的机制将会改变成年期的社会心理功能？由此可见，现代家庭以精神慰藉为突出特点的保护性功能（第 2 个问题和第 3 个问题）和以人际行为、内在行为为基本着眼的社会化功能（第 1 个问题）是成员个体成长和发展中极富影响力、极具作用力的环节。

第二，家庭结构的分化与转化导致家庭功能的正负向变化，进而导致家庭成员个体发展的正负向变化，这是家庭发展结构与功能逻辑的支轴一。

家庭发展结构与功能逻辑的支轴一实际上只是对主轴所作出的动态诠释。家庭结构的分化与转化是客观发展规律的使然、是一般发展过程的必然。无论是由自然变动而产生的"规定动作"，还是因人为驱动而出现的"自选动作"，家庭结构的分化与转化都将不可避免地带来家庭功能上的一些新变化，而变化的性质是正是负、是好是坏，则取决于其对成员个体的成长与发展是利是弊、是益是害。家庭功能优化更有助于成员个体积极成长，家庭功能退化更有碍于成员个体健康发展,两者其实都缘起于家庭结构,特别是家庭中的角色以及其行为模式所出现的整合、裂解与变异。家庭发展的每一个阶段都有其"节点事件",包括迁移流动、成员增减等等,它们随时都有可能发生,并给家庭带来压力性的转变、导致成员产生负面性的反应。来自这些事件的压力被概念化为家庭系统在发展阶段间跨越时所处的"极点"(Carter & McGoldrick,1989)。压力是否将会造成家庭整体或者成员个体的身心健康受损则取决于家庭的变化适应能力如何,以及家庭和其成员能否得到社会的支持来度过这些事件(Berger et al.,2011)。而这正是家庭发展结构与功能逻辑的支轴二所要说明的道理。

第三,扩展成员个体相应能力、增进成员个体相关福祉需要家庭内在功能与外化功能的协同推动,要求家庭结构积极有序的分化与转化且家庭能得到良好外部支持,这是家庭发展结构与功能逻辑的支轴二。

家庭发展结构与功能逻辑的支轴二则是基于主轴原理而提出的推动家庭发展的必然价值取向、关键路径选择。若想通过家庭发展来服务成员个体成长的需要、担负成员个体发展的责任,显然就必须"打通"家庭功能这条"任督二脉",最终则要落实到家庭结构这个"源头"。尽管家庭结构会对家庭功能产生根本性的影响,但这并不意味着,只要家庭结构是无碍的,家庭功能就是无忧的,因为现代家庭已将相当一部分的原始功能剥离开来,让渡给了社会,缺乏足够社会支持的家庭纵使其结构完备,也会由于功能性的负担沉重而在其发展之路上显得步履蹒跚。所以,诚如人类发展导向家庭发展理论基本假设(Hill & Hansen,1960)所呈现的那样,人类行为可被视为先前以及当前的社会环境与个体条件的"函数"①,个体和团体发展既依赖于社会环境的驱动,也离不开自身的固有能力,成员个体的优质成长与良性发展既要依靠家庭结构积极有序的分化与

---

① 也就是说,人类行为可由先前以及当前的社会环境与个体条件来解释。

转化来切实予以保障，也离不开家庭所处的社会大系统来提供必要的功能性支持。

一方面，家庭系统内部的结构型对功能性产生影响，不可能在家庭结构失稳的状态下达到家庭功能的协调、实现成员个体的发展，规避妨害家庭功能协调、阻滞成员个体发展的结构风险，是推动家庭发展的第一要义。Skinner 等人（2000）强调，顺利完成家庭发展任务会牵涉各种家庭角色的分化与转化及其最终表现，而后者通常建立在三种不同的行为模式之上：一是每位家庭成员都将分配到指定的活动；二是家庭成员对承担规定角色有共识或有意愿；三是家庭成员对特定行为作出实际的执行，而对行为模式产生至关重要影响的是沟通过程。

而另一方面，家庭系统外部的支持力同样也会影响到功能性，外化了的功能并不会因为社会支持欠缺而消失，只会重新压到家庭身上，"自力更生"的家庭事实上压力更大、困难更多，成员个体的成长空间可能受此侵犯、发展选择可能为此剥夺，理顺家庭自身可以承担的功能与需要社会支持的功能之间的深刻关系、依托家庭结构的内在驱动与社会支持的外在协动来助力成员个体发展，是推动家庭发展的重要环节。家庭研究一直以来都在试图认识和理解家庭行为同家庭所处社区乃至所居国家之间的动态变化（Goode, 1993；Thornton, 2001；Lesthaeghe & Neidert, 2006）。Duvall（1988）认为，只要家庭功能运作良好，家庭成员就可以自由地生活，而当家庭的基本发展任务无法充分完成时，社会就要介入，福利、卫生、消防、公安等部门都可以通过施加干预来对那些必须要完成进而才能保护其成员的家庭发展任务作出相应的补充、修正甚至进行接管。另外值得一提的是，上文所提到的家庭压力呼唤社会支持仅是社会支持思想体系所囊括的一种导向，亦即社会支持总是与处置特定压力事件相关联的（Cohen & Wills, 1985），而另一种导向则认为，社会支持可被视为人格与社会发展的贡献者（Rollins & Thomas, 1979）。

## 二　流动人口家庭发展的结构与功能逻辑

### (一)　流动人口家庭结构的概念界定

一旦界定好了本书的基本概念"家庭结构","流动人口家庭结构"作为其派生概念就不难加以诠释,但这并非最重要的,真正地认识清、理解透流动人口家庭结构的独特属性才更加有助于考察流动人口家庭发展的内隐机理。在当今的中国社会,流动人口的家庭与一般意义的家庭所呈现出的最大不同就在于,迁移流动极其深刻地影响了家庭成员居住方式,从而在实质上改变了家庭成员联系形式、互动模式,流动人口家庭结构因此发生了独立于生命周期阶段演替所带来的分化与转化之外的分化与转化,这就使其家庭发展具有了不同于普遍意义上的家庭的特定过程与特殊阶段。

Parsons (1943) 曾经指出,核心家庭本身更有利于满足迁移流动的需要,因为他们不易受到扩大亲属关系的强制性约束,能够更便捷地搬迁到工作场所的附近、更充分地利用搜寻到的工作机会,从这个意义上来说,核心家庭是与工业化和城市化的进程相适应的。显然,如果家庭能始终作为一个整体单元同迁移流动发生联系的话,上述论析是成立的。然而,我们已经发现,迁移流动影响下的家庭并非"铁板一块",相反,它是被"打碎了的""打散了的",处于特定地位、具有特定角色的部分家庭成员一般都会率先外出迁移流动,成员居住分离的家庭因此就构成了两个"户"(亦即居住单元)意义上的"实体",而考虑到核心家庭已剥离了扩大亲属关系、已"孤立"于扩大家庭制度,这将使其显得尤其脆弱,据此而言,核心家庭也有同工业化和城市化不相适应的一面。我们必须看到,部分家庭成员迁移流动之后,无论是对于因此而生成的流入地户"实体",亦或是对于由此分割出的户籍地户"实体",特定的地位与角色都在"瞬间"① 出现实质性的缺失②，流动人口家庭缘起性的结构分化与转化即产生于此。

流动人口家庭因成员居住分离而出现户"实体"内角色与地位的缺失，这造成的最突出问题是，原生家庭系统内的人际互动在空间范围上的隔离和在时间频度上的减弱。从流动人口家庭的成员相倚性、边界稳定性以及变化适应性、任务导引性等四方面的特性上具体来说，首先，流动人口家庭成员难以通过密切的联系、频繁的互动来达到地位与角色上的"互嵌"，外显的行为自是如此，内隐的特质更不例外，成员相倚性因居住分离而遭到了极大的削弱；其次，流动人口原生家庭的物质边界实际上丧失了意义（转而构筑起新的户"实体"物质边界），其亲缘纽带也相对地发生了扭曲，边界稳定性因居住分离而受到了严重的破坏；另外，受到成员相倚性和边界稳定性两方面的消极影响，流动人口家庭的变化适应性也会更难发挥作用、任务导引性则会更难达成效果，这意味着，家庭将会更有可能丧失其赖以保持均衡、维系发展的重要基石，家庭进程滞退、家庭生涯缩短的风险都会大大增加。综合以上几点概而言之，家庭结构随迁移流动而发生的分化与转化的结果是原生家庭系统更明显

---

① 这里所强调的"瞬间"，指的是流动人口家庭发展过程中结构分化与转化独有的"突发性"。对于一般家庭所经历的生命周期阶段演替，虽然引致结构分化与转化的生命事件本身并不会历时很长，但是在先期阶段中家庭都会为相应的结构性变动作充分的酝酿、积极的准备，结构分化与转化就成为了家庭按部就班发展、最终水到渠成的结果。相比之下，迁移流动带来的结构分化与转化有着更浓厚的被动性的色彩，家庭很多时候无力为此作出适当的安排、形成可靠的预案，因而更"直接"地暴露在迁移流动的影响之下。可以说，前者表现为"柔化"，后者表现为"锐化"。

② 这里所提到的"实质性的缺失"，指的是流动人口家庭结构中名义上存在着某些地位与角色，但实际上这些地位与角色并不能切实发挥其应然的作用、达到其应然的要求（这在下文有关于"名义化"的介绍中将有更具体的呈现）。生命周期不同阶段之间存在着地位与角色上的差异，一些阶段较之另外一些阶段会缺失某些地位与角色，这是一种"真"性缺失，是家庭发展过程当中一种自然而然的表现，并不影响家庭功能效果。对于迁移流动引致的结构分化与转化，地位与角色的缺失是一种由地域分割而造成的"假"性缺失，其对家庭功能的影响是破坏性的。

趋向于"名义化"。所谓"名义化",主要指的是,流动人口依亲缘
关系而构成的家庭由于特定角色与地位的缺失,人际互动的实质性
意义弱化,系统的内外整体性都已不再具备条件,仅残存了亲缘关
系的象征性意涵。可以说,看似存在着家庭,实则并不存在着家庭,
因为家庭成员所分属的作为"实体"的户都不是真正的家庭。家庭
在迁移流动中出现了一种可被称之为"名存实亡"的结构性变动,
这种以"名义化"为突出特征的结构分化与转化不以地位和角色绝
对意义上的增加或者减少为根据,而以地位和角色相对意义上的在
场与不在场为基础。由于前者是自然的、也几乎是应然的,后者则
是不自然的、也是反应然的,流动人口家庭因此处在了更不利的家
庭发展结构性状态之上。

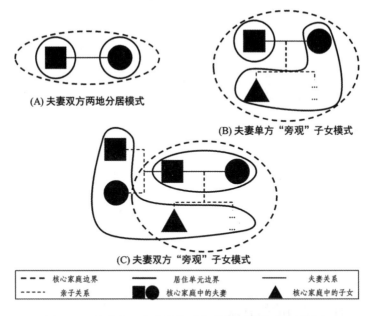

**图 3 - 8   流动人口家庭结构"名义化"的典型表现形态**

注:这里的■和●并不像图 3 - 1 中那样强调一为丈夫、一为妻子,它们仅仅笼统表示核心家
庭里处在夫妻—父母这类地位关系上的人,因此,模式(B)既可反映丈夫先行,也可代表妻子
先行,当然,前者可能相对更常见些。

　　本书进一步总结归纳了流动人口家庭"名义化"所最终表现的几种典型形态，具体提出了如图 3 - 8 所示的面向于中国人口流动的理论模型。模式（A）为夫妻双方两地分居模式，其发生在流动人口家庭生命周期的前端与末端，亦即形成期与收缩空巢期（部分多子女家庭为收缩空巢期后段），而另外两种模式不仅包含了夫妻，还涉及到子女，则出现在流动人口家庭生命周期的中端，亦即扩展稳定期及部分多子女家庭的收缩空巢期前段。模式（A）中，丈夫先行、妻子留守或者妻子先行、丈夫留守，由此产生出两个单人户"实体"，原生家庭基本丧失了成员相倚性，原生家庭的角色也基本不复存在，直接地干扰家庭以精神慰藉为突出特点的保护性功能的有效发挥。组织中结构分化与转化的水平是与其自身规模高度相关的（Parsons，1964），模式（B）与模式（C）代表了同一生命周期阶段上两类不同的"名义化"表现形态：前者是夫妻（同时亦是父母）单方先行、另外一方连同子女留守（可视为子女"半留守"状态），它在流入地形成了一个单人户"实体"，而在户籍地则维系了部分成员相倚性、保留了原生家庭的边界、残存了原生家庭的角色，因此可以在一定程度上实现家庭功能，特别是其社会化功能，但是处于单人户"实体"中的成员难以被家庭相应的保护性功能所惠及；后者是夫妻（同时亦是父母）双方先行、仅有子女留守（可视为子女"全留守"状态），它在流入地构造的户"实体"等同于使本隶属扩展稳定期的家庭进入虚假的收缩空巢期，而在户籍地则重新设定新的边界，因为原生家庭中的子女一旦完全处于留守状态通常将与扩大亲属（主要是其祖父母）建构相倚关系（生成隔代家庭等），该模式显然有助于在流入地促成家庭保护性功能的部分实现，但不利于家庭社会化功能的有效发挥。

　　至少是从农村留守儿童以及留守妇女状况（详见第一章表 1 - 1）来说，模式（C）目前在中国应该是最典型的流动人口家庭结构分化与转化的表现形态。就其而言，扩大亲属实际上为核心家庭中的成员提供了重要的支持。这在一些文献当中早有论及，

Sussman（1959）以及 Sussman 和 Burchinal（1962）等都强调，尽管家庭历经现代转变之后已趋于核心化，夫妇式核心家庭占据主体地位，但扩大亲属关系并非因此而失去活力，相反，它们构成了家庭最重要的社会联系，是互惠互利型交换系统赖以存在的基石，而儿童照顾就是互惠互利的主要形式之一。抛开仅涉及夫妻的模式（A）来说，模式（B）和模式（C）两类子女留守模式又体现了一定的统一性：无论单方还是双方，处于夫妻—父母这类地位关系上的家庭成员外出流动，都会使之成为其子女个体发展过程中的"旁观"者，这其实就表明，子女在流动人口所属家庭里并未展露出足够强的支配力、掌握有足够大的主导权。Gans（1962）对居住在美国工人社区中的意大利移民家庭所作的研究提供了类似的结论。他曾发现，此类家庭里，孩子们形成了与其父母相对隔离的小天地，其父母几乎不参与其间，究其缘由，主要还是因为"工人家庭是一种成人取向的家庭，孩子不像在中产阶级和中上层阶级的家庭中那样具有中心地位"[①]。流动人口家庭"名义化"的三种典型表现形态可从配偶随迁和子女随迁两大方面加以操作化处理、进行实证的分析。家庭发展需在以"名义化"为突出特征的结构分化与转化基础上展开其过程、构造其阶段。

（二）流动人口家庭功能的概念界定

迁移流动对家庭结构带来的冲击极为突出。考虑到依托家庭结构关系来界定家庭功能是一种基本的方式，从家庭功能是家庭结构的最终表现与突出表征这个角度上来看，流动人口家庭结构"名义化"伴生了流动人口家庭功能虚弱化：无论是在夫妻双方两地分居模式下，还是在夫妻单方或双方"旁观"子女模式下，家庭结构因迁移流动而发生的分化与转化，将会造成现代家庭内在功能（包括以精神慰藉为突出特点的保护性功能和以人际行为、内在行为为

---

① ［美］马克·赫特尔:《变动中的家庭——跨文化的透视》，宋践、李茹等译，浙江人民出版社 1987 年版。

基本着眼的社会化功能等）的实现基础明显退化、达成难度相对增大。

从保护性功能来看，迁移流动本身会给受其影响的家庭成员带来心理上的压迫，这就对以精神慰藉为突出特点的家庭保护性功能提出了更高的要求。Tallman（1969）的研究曾揭示了迁移流动在夫妻心理层面上所产生的负面效应、强调了迁移流动后实现相应角色分化与转化的必要性，在他看来："朋友和亲属关系的阻断不仅可能使家庭成员产生个人失落感，而且也需要在家庭内的角色分配上作重大调整……这样的改组可以使核心家庭内部的张力骤增，出现一系列社会—心理危机的征象。在这种关键时刻，需要新的角色和角色期待以适应变化着的情境。"① 显然，这就表明，流动人口家庭成员具有精神慰藉上更为突出的现实需要，家庭在发展中应当着眼于此，推动更有助于发挥其保护性功能的结构分化与转化，但事实上发生的"名义化"非但不能顺应需求促进保护性功能的有效实现，反而极大地削弱了家庭的该功能。

就社会化功能而言，迁移流动事实上产生出许多的"单亲家庭"和"隔代家庭"，父母缺位会使未成年子女的人际行为和内在行为社会化面临更大挑战。一方面，迁移流动令父母和子女的亲子交往趋向于非当面化、低频率化，使之更具有长时期的间断性、远距离的间隔性，这些特点明显地削弱了未成年子女的家庭亲密度、限制了情感表达性，同时增大了关系矛盾性，如此一来，他们的人际行为可能会镌刻上父母流动的深刻"烙印"，受到其相对消极的影响。另一方面，未成年子女在没有父母有效监管、充分接纳以及必要惩戒的环境中成长，难以避免地更易遭受风险因素侵蚀、发生自我控制失能，父母迁移流动将会导致未成年子女社会化的主体相对缺损，这可能使他们内在行为偏差无法及时纠正而朝更消极方向发展。总

---

① Tallman, I., "Working – Class Wives in Suburbia: Fulfillment or Crisis," *Journal of Marriage and Pamily*, Vol. 31, No. 1, 1969.

之，流动人口家庭结构"名义化"极大地改变了社会化功能赖以实现的条件，使其朝着更不利于发挥应有作用的方向而变动。

同时还应看到的是，现代家庭内在功能远远不能满足成员个体优质成长与良性发展的要求，对于流动人口家庭而言，许多已经外化了的家庭功能（例如，经济功能，包括部分保护性功能、部分社会化功能等在内的社会功能，文化功能等）则需在流入地重新加以建构，而较为稳定且可靠的家庭外部支持是建立在家庭整体融入当地社区基础之上的，这也是流动人口家庭所面临的有别于常规家庭的一大重要发展问题，那就是，其家庭功能面临着更为巨大的外部压力、其家庭系统内外功能性的矛盾更加突出。

（三）流动人口家庭发展的结构功能逻辑

本书此前提出了家庭发展的结构与功能逻辑，其主轴是，家庭结构突出表征为家庭功能，家庭功能深刻影响着家庭成员个体发展。将其作为根据，本书进一步以"名义化"这一流动人口家庭结构分化与转化的典型特征为出发点，具体阐述流动人口家庭发展的结构与功能逻辑两大支轴（见图3-9），从而为后文分析流动人口家庭发展三阶段基础理论模型深层次的机理、关键性的动因提供必要支撑（流动人口家庭发展的结构与功能逻辑实际上也构成流动人口家庭发展三阶段基础理论模型的重要理论内核）。

在流动人口家庭发展结构与功能逻辑的支轴一上，以结构的"名义化"为逻辑起点观察流动人口家庭，我们将会发现其家庭内在功能趋于虚弱化，加之已外化的功能有待在整体融入中加以重新建构，由此造成家庭成员个体发展遭遇不利的境况。作为重要支点的家庭功能一方面与家庭结构相联结，另一方面又同指向成员个体的发展任务相挂钩，既包含着对家庭系统内部特性的因应，又牵涉到对家庭系统外部要求的适应。其内在功能虚弱化源自于结构上的"名义化"，外化功能待重建则受制于融入的可实现度，都关系到家庭成员个体相应能力可否得以提升、相关福祉能否得到改善，而这方面出现的负向变化实际上规定了流动人口家庭所要完成的特殊发

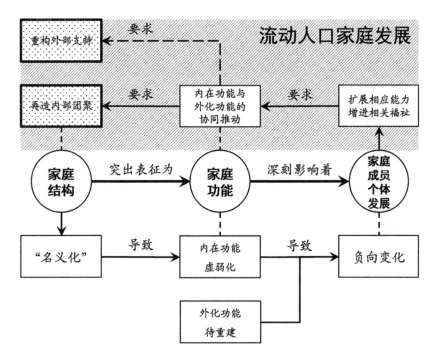

**图3-9 流动人口家庭发展的结构与功能逻辑**

展任务。

在流动人口家庭发展结构与功能逻辑的支轴二上，面向流动人口家庭成员，以扩展其相应能力、增进其相关福祉为逻辑起点，我们可以看到流动人口家庭在发展中若要协同推动内在功能与外化功能，应当针对性地再造家庭内部团聚、重构家庭外部支持。家庭发展过程的基本触发机制是家庭结构的分化与转化以及在此基础上的家庭功能的分化与转化，根本价值取向是家庭成员个体的优质成长与良性发展，这个过程同时又在家庭系统内外形成互动模式、确立协同关系。家庭成员要想通过迁移流动更好地满足个体成长的需要，必须使其家庭发展建立在两方面基础之上：既要切实扭转流动人口家庭结构"名义化"的现实状况，也就是要再造家庭内部团聚；同时又要着力改变流动人口家庭社区融入难的不利局面，也就是要重构家庭外部支持。

### 三 流动人口家庭发展的阶段与结构功能

界定家庭结构与家庭功能的基本概念,并阐释家庭发展遵循的结构与功能逻辑,是本书深化对家庭发展的认识、增进对家庭发展的理解的一大关键性环节。图3-9除了可以为我们提供一种以家庭结构为基本的出发点、以家庭功能为关键的支撑点、以家庭成员个体发展为最终的落脚点来认识和理解流动人口家庭发展内在动力机制的路径之外,同时也可以让我们明晰为实现流动人口家庭结构积极有序的分化与转化、流动人口家庭功能内在与外化的协调联动而需要完成再造内部团聚与重构外部支持①的特定发展任务。从对流动人口家庭结构"名义化"与家庭功能内在虚弱化的深切探讨入手,结合流动人口家庭发展的结构与功能逻辑,确定流动人口家庭发展的第一阶段(家庭化流动阶段)与第二阶段(家庭式融入阶段)划定的结构功能性依据,将有助于本书把作为基本概念的"阶段"同"流动人口家庭结构""流动人口家庭功能""流动人口家庭发展"等派生概念相结合以构建出最后一组理论假设,揭示本书提出的流动人口家庭发展从"家庭化流动阶段"到"家庭式融入阶段"再到"一般性发展阶段"的基础理论模型所蕴含的深层次结构功能意涵。可以说,本书对流动人口家庭发展的阶段划定既不是肆意乱为而毫无标准的,也不是强加拼凑而标准不一的,实际上,尽管过程之上可能经历着深刻的变动、阶段之间可能存在着显著的差别,但是流动人口家庭发展所特有的阶段过程始终地根植于、完全地统一于流动人口家庭发展的结构与功能逻辑主线,接下来,本部分将会对这条逻辑主线在"家庭化流动阶段"与"家庭式融入阶段"的具体表现分别地作出阐释。

---

① 所谓"再造""重构",两者都是用以指代流动人口家庭再度、重新回归到"原始"家庭发展的状态、"正常"家庭发展的行列,这种"原始"的状态、"正常"的行列是内部可团聚的、外部有支持的。

　　再造内部团聚与重构外部支持是流动人口家庭发展的基本着眼点，但不同的阶段有着差别化的结构功能发展特征，故而也就有着基于流动人口家庭发展结构与功能逻辑的侧重点各异的特定发展任务，图3-10为本书提出的适用于流动人口家庭发展三阶段基础理论模型的阶段结构功能特征及对应发展任务分析示意图。从中我们可以清晰地认识、明确地理解：

　　其一，流动人口家庭步入其特有的发展轨道之初，源于迁移流动所造成的结构与功能分化与转化（其在结构上典型地表现为"名义化"，在功能上突出地显现为内在虚弱化），家庭呈现出一种结构失稳、功能失调①的不良发展状态。

　　其二，在以家庭化流动为基本发展任务的第一阶段，家庭成员不断加入外出的行列、逐渐抵达流入地社区，到第一阶段与第二阶段的分化节点（亦即第一阶段向第二阶段的进化节点）出现时，全部成员到流入地，家庭内部团聚得以再造，这首先使家庭结构回归了相对稳定的状态②，而作为家庭结构最终表现、突出表征的家庭功能受此影响也将会相对地摆脱失调的境地，可以说，"家庭化流动阶段"中的典型特征就是再造家庭内部团聚，这场"有形"的内在"革命"使家庭结构趋于稳定，结构趋于稳定带动了功能趋向协调。但在这一阶段，由于没能建构起较为可靠的家庭系统外部支持，亦即流动人口家

---

　　①　所谓"结构失稳""功能失调"，两者可以基于家庭所具有的成员相倚性、边界稳定性、变化适应性以及任务导引性等四方面的特性加以认识和理解。诚如前文已有过的相关论述所言，流动人口家庭的成员相倚性因居住分离而遭到了极大的削弱、边界稳定性因居住分离也受到了严重的破坏，这可以被认为是结构失稳的突出表现，受此影响，流动人口家庭的变化适应性也更难发挥其作用、任务导引性则更难达成其效果，这可以被看作是功能失调的典型特征。

　　②　本书这里讲家庭结构趋于稳定，并不是意味着家庭结构不再经历变化，相反，家庭结构始终都要处于不断的分化与转化当中，以顺应家庭发展的方向、适应家庭发展的要求，"稳定"之后的家庭结构在分化与转化上应当是面向成员个体成长发展需要的、积极有序的分化与转化，而不是此前的整体上较为消极的分化与转化，所以"稳定"实际上有一种指代稳妥性的意涵。

庭无法达成同所处城市社区较充分地互动而尚存一定的互动隔阂、流动人口家庭成员难以实现与当地户籍居民无差别地发展而仍有相当的发展距离，流动人口家庭在功能上还没达到真正的内外协调的地步，结构稳定化所引致的功能协调化是一种"弱"协调化而非"强"协调化。反过来，因为家庭功能尚未最终完成协调化的任务，流动人口家庭在结构上则是"低"稳定的而非"高"稳定的。

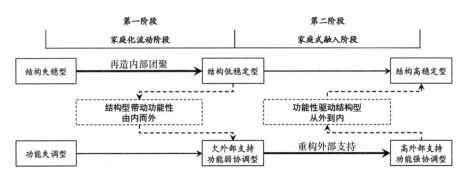

图3-10    流动人口家庭发展的阶段与结构功能

其三，在以家庭式融入为基本发展任务的第二阶段，家庭逐渐地整体缩小与当地户籍家庭的发展距离、不断地整体消弭与所处城市社区的互动隔阂，当第二阶段与第三阶段的分化节点（亦即第二阶段向第三阶段的进化节点）显现时，流动人口家庭有效融入到流入地，家庭外部支持得以重构，这将让家庭功能重新达到较为协调的状态，而考虑到家庭功能对家庭结构产生的深刻影响，家庭结构也会步入更加稳定的状态，可以说，"家庭式融入阶段"中的突出表征就是重构家庭外部支持，这场"无声"的外在"革命"使家庭功能趋于协调，功能性趋于更加协调带动了结构性趋向更加稳定。而到这一阶段结束，我们能够看到的是，流动人口家庭在功能上较好地实现了内外协调，这可被看作是一种"强"协调，而功能"强"协调化引致的结构稳定化则是一种"高"稳定化，流动人口家庭依托良好功能支撑在结构上则达到了长久稳定。

总的来说，流动人口家庭发展第一阶段旨在完成家庭化流动再造家庭内部团聚的"任务"，其以内部的结构性演进为主，第二阶段力在实现家庭式融入重构家庭外部支持的"任务"，其以外部的功能性演进为主。上述分析过程可以说是对 Giddens（1984）结构化的理论视角不折不扣的贯彻，其指的是，家庭结构既是家庭生产与再生产的中介，又是家庭生产与再生产的结果。同时也印证了 Parkes（1971）的一系列论断，亦即分化与转化的过程通常包含一种"法定"序列：其往往先是从早期的冲突、损害以及不确定性，进入到中期的测试新选择，推进到后期的回归旧的均衡状态或者确立新的均衡状态。在此，本书利用"阶段"等基本概念和"流动人口家庭结构""流动人口家庭功能""流动人口家庭发展"等派生概念构造出包含两个分假设的结构功能总体假设：

理论假设3：流动人口家庭发展是从再造内部团聚走向重构外部支持。

理论假设3.1：第一阶段家庭化流动的实现（结构性演进为主）有助于改善家庭功能状况（可简记为"第一阶段结构功能假设"）。

理论假设3.2：第二阶段家庭式融入的达成（功能性演进为主）有助于稳定家庭结构状态（可简记为"第二阶段结构功能假设"）。

流动人口家庭发展两个阶段实际上被一条共同的"线"所牵引着：在结构与功能相交织地分化与转化中，家庭发展所完成的每项"任务"总是利于流动人口家庭成员个体优质成长、总能助推流动人口家庭成员个体良性发展。从某种意义上来说，这正切中家庭发展的本位性，因为家庭发展理论所秉持的观点是相对更显乐观性的、更具希望感的，尽管这一观点也承认生命周期包含了成员个体的老化与死亡、家庭最后阶段的收缩与空巢，但是其仍充分体现着向上、向好的思想，它有一种暗示性的预期，亦即"生活可以改善""事情能够变好""人们可以得到成长与发展"，故而让我们倾向于"寻求实现人类状况的最优"和"发掘怎样做能使事情改观"（Burr，1995）。

# 第四节　理论假设的实证检验过程

发展模型在各个领域中的应用已经日趋普遍，因为它"有能力"在多种学科和方法间充当起共同的参照点（Burkhead & Wilson，1995）。家庭发展理论几乎是所有的理论当中唯一一种严格地将兴趣点聚焦在家庭进而逐渐地成长起来的理论，其他各种理论则在别的社会组织与社会结构上具有更广泛的应用空间，不独局限在家庭上（Klein & White，1996）。值得一提的是，本书主要借鉴了传统家庭发展理论的相关概念框架与研究思路，同时也在界定"名词定义"和构建理论假设时吸收了包括家庭系统理论等在内的其他理论的精华，这两者间并不矛盾，因为家庭发展理论同基于生态论的或者基于系统论的家庭分析方法具有一致性（Davies & Gentile，2012）。着眼于家庭发展问题中流动人口家庭这一特定对象，完成理论假设的构建，并不是 Zetterberg 发展"公理化"理论（"axiomatic" theory）的主要步骤中的最后一个环节，对其作出的实证检验亦是不可或缺的。本节将依据前两节构建的分化进化、生命周期以及结构功能等三组基础的假设，制定下文诸章实证检验的"总路线图"。对实证检验过程的章节设计加以呈现之前，考虑到本书此前以大量篇幅来论证理论假设，使其在行文中相对较为分散，此处先对理论假设以及相关命题进行概述，以期实证检验章节设计能够更清晰地与之对应。

## 一　理论假设及相关命题概述

Klein 和 White（1996）曾经明确指出，作为理论，"家庭发展"拥有两个独具特色的维度，这可凸显其聚焦点：一个是家庭发展理论将时间考虑进来构成其主要部分，虽然其他理论也可能在测度变化时纳入时间变量，但是它们却都没有研讨时间的概念化与操作化在理论上的细微差别，而家庭发展理论的研究者则深入探讨过以日常时刻、社会进程、事件历史等对时间进行测度的可能性；一个是家庭发展理论相对更关注家庭变化的各种形态，"家庭发展"意在诠释家庭中的角色分化与转化的内涵，以及家庭成员结构上的宏观变化过程。总的来说，在所有关于家庭的理论当中，家庭发展理论的"特色"就"特"在强调时间维度与着眼于结构的变化维度。

本书在前文提出了流动人口家庭发展三阶段基础理论模型以及分化进化、生命周期、结构功能等三组基础假设，实际上也是把讨论的重点集中在两个与此相近的维度上，与家庭发展理论的传统一脉相承、将家庭发展理论的内核一以贯之：一个是在时间维度上的，体现了家庭发展的阶段过程性，无论是对于流动人口家庭发展所特有的阶段过程而言，抑或是就特有阶段过程从属的生命周期普遍规律来说，这个维度上的特征无疑是较为外显的，流动人口家庭发展以其明确的节点分化出各个阶段、在生命周期阶段上表现出差异性等，都是显而易见的、一目了然的；一个是在功能维度上的，反映了家庭发展的分化转化性与发展本位性，与前面的时间维度相对，这个维度上的状况是较为内隐的，我们更多时候需要通过观测家庭外显的发展状态来对其作出推断，功能维度一方面在现代转变导向的理论框架下以家庭发展的分化转化性而连接起家庭结构这个分化转化的源流之所在，另一方面在人类发展导向的理论框架下因家庭发展的发展本位性而牵动着最终指向了成员个体的家庭发展任务，它是认识和理解家庭变化的关键支点，Klein 和 White（1996）曾经就此作过专门论述。从以上的两个维度来看，本书的理论假设以及相关命题是遵照家庭发展理论传统密切联系在一起的、紧扣家庭发展理论内核依次地铺展开来的。

总的来看，本书的理论假设以及相关命题着力地回答了三个问题：其一，流动人口家庭特殊的发展路径有什么外在的表征？这已由理论假设 1（分化进化假设）诠释；其二，流动人口家庭发展是否遵从生命周期的普遍规律？这已由理论假设 2（生命周期假设）阐明；其三，流动人口家庭发展内在的结构功能机理是怎样的？这已由理论假设 3（结构功能假设）论证。三个问题可以说既概括出了理论部分的要义，又凝练出了实证环节的根据，稍后的实证检验将会为其提供更有现实性、更具说服力的答案。

### 二 实证检验过程的章节设计①

本章为我们在理论层面上系统回答了本书的所有核心研究问题，包括介绍了流动人口家庭发展最基本的内涵，给"当谈流动人口家庭发展时，我们在谈什么？"这个核心研究问题提供了一种参考答案；诠释了流动人口家庭发展三阶段的特征，为"流动人口家庭发展将经历怎样的一般过程？"这个核心研究问题贡献了一种解析思路，同时也为"家庭化流动对于家庭发展有何特定的意义？"和"如何基于家庭发展实现流动人口社会融入？"两个核心研究问题提供了一种认知角度；阐述了流动人口家庭发展所特有的阶段过程楔入生命周期之中的思想，给"流动人口家庭发展与生命周期有什么关系？"这个核心研究问题贡献了一种探讨进路；明确了流动人口家庭从再造内部团聚到重构外部支持的阶段发展任务，为"流动人口家庭发展的结构功能逻辑是什么？"这个核心研究问题提供了一种考察方向。但这还仅仅停留在纯粹的理论层面上，缺乏支撑回答各核心研究问题的经验证据，走完 Zetterberg 发展"公理化"理论（"axiomatic" theory）的一般过程还需再以实证手段检验分化进化、生命周期、结构功能三组基础假设中的总假设以及分假设。

基于流动人口家庭发展三阶段论，遵从阶段分解研究思路，接

---

① 为了能够贯彻 Zetterberg 发展"公理化"理论（"axiomatic" theory）的一般过程，本书在此设置了"实证检验过程的章节设计"这一部分，虽然该部分的内容可能已超出理论构建的范畴。

下来的三章当中将会依次回应本书的理论假设以及相关命题（见图3－11）。

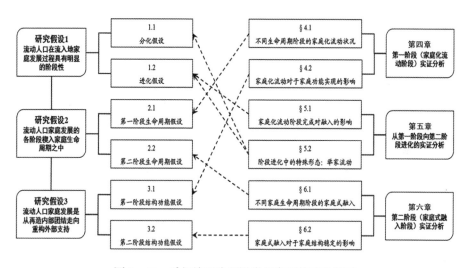

**图3－11 对相关理论假设进行实证检验的图示**

注：各个理论假设的分假设可在本章的第二节和第三节当中看到具体表述。

第四章"第一阶段（家庭化流动阶段）实证分析"旨在检验流动人口家庭发展第一阶段（家庭化流动阶段）所涉及的生命周期假设与结构功能假设。其中的第一节将在描摹当今中国社会的家庭化流动图景的基础上深入解析家庭化流动的决策发生机制，以便探察不同生命周期阶段家庭是否在"家庭化流动阶段"上显示出差别化的随迁模式。这一节里并不计划引入较复杂的定量分析方法，仅以生命周期阶段和夫妇结婚年限两大家庭发展研究常使用的时间单位为依托，来呈现家庭化流动以及配偶随迁与子女随迁两大随迁决策类型的分布状况，并据此判定理论假设2.1（第一阶段生命周期假设）成立与否。本章的第二节按照构造基准估计模型、引入内生控制模型、设定稳健检验模型三结合的实证分析路线，着眼于家庭化流动对家庭功能协调性的影响，探讨流动人口家庭发展第一阶段的实现是否将有助于改善家庭的整体功能状况。这里特别选取家庭在经历现代转变后所保留的两大典型功能（保护性功能与社会化功能），分别对其实施较有效的变量测度，从而使得理论假设 3.1（第一阶段结构功能假设）可以在操作化的层面上加以证明。

第五章"从第一阶段向第二阶段进化的实证分析"着力聚焦流动人口家庭发展过程分化假设与进化假设（前者不便进行具体检验，故以考察后者作为重点）。其中的第一节将会基于调查所涉及的融入状况心理量表，结合 Gordon（1964）所提出的迁移流动后的融入过程理论，通过因子分析，构造主客观融入性指标，用以探析"家庭化流动阶段"完成所产生的融入效应，这无疑能够为理论假设 1.2（进化假设）的评判贡献充实的证据，同时也可以对理论假设 1.1（分化假设）作出一定程度上的检验。考虑到该研究命题深受内生性的干扰，除使用最小二乘（OLS）法估计流动人口主客观融入性影响因素回归模型之外，本书还借助工具变量（IV-2SLS）法来着力消减内生性、依托倾向值匹配（PSM）来实施稳健性评估，以期获得更精准可靠的结果。本章的第二节将从流动人口家庭发展阶段进化中的特殊形态切入，检视本书提出的"家庭化流动阶段"与"家庭式融入阶段"分化、向"家庭式融入阶段"进化的理论架构是否具有普遍的适用性。这里特别对举家流动与分批流动的分布特征和融入效应加以比较，从而揭示流动人口家庭发展第一阶段的完成对第二阶段的实现有何特定意涵，由此可为理论假设 1.2（进化假设）以及理论假设 1.1（分化假设）的验证从侧面提供许多重要信息。

第六章"第二阶段（家庭式融入阶段）实证分析"旨在检验流动人口家庭发展第二阶段（家庭式融入阶段）所对应的生命周期假设和结构功能假设。其中的第一节首先将创新性地提出测量家庭式融入的一整套分析框架，并进一步明确基于调查对家庭式融入的定义进行操作化处理的流程，在此基础上绘制出当今中国社会的家庭式融入图景，着重探讨不同生命周期阶段家庭在"家庭式融入阶段"上是否具有差别化的融入水平。这一节同样主要采取描述统计手段来呈现不同生命周期阶段上和不同夫妇结婚年限下的家庭式融入完成状况，以此作为判别理论假设2.2（第二阶段生命周期假设）能否成立的一大直接的根据。本章的第二节侧重探析"家庭式融入阶段"在流动人口家庭发展的结构与功能逻辑主线上发挥何种作用、扮演何种角色。按照理论假设3.2（第二阶段结构功能假设），本书选取了长期居留与就地养老两种意愿作为对家庭结构型发展预期的基本度量指标，考察家庭式融入对家庭结构稳定性的影响，基准回归模型、内生控制模型以及稳健检验模型相结合的实证策略能够切实保证估计质量，使假设的检验过程具有更坚实的基础。

总体而言，通过定量分析来对核心研究问题加以进一步的回答、对主要理论假设作出深层次的检验，是本书的基本定位之一。本书接下来将充分发挥定量分析的优势，综合运用描述统计方法与计量模型方法，分家庭发展阶段依次回应各核心研究问题、验证各主要理论假设。为了能够以描述方法来呈现整体态势和分类特征、借计量模型来考察干预效应和作用机制，本书纳入了国家部委组织实施的权威流动人口专题调查数据。

本书所用的数据主要来自原国家卫生计生委全国流动人口卫生计生动态监测调查①，主要源于其在2014年所实施的现场入户调查，在未有特殊说明时，实证检验过程中报告的各项结果均系基于该数据的研究。该年度流入地综合调查采用的是分层、三阶段、与流动人口规模成比例（PPS）方法进行抽样，样本范围覆盖全国32个省级行政单位［包括31个省（自治区、直辖市）以及新疆生产建设兵团］中的1456个县级单位下的共计8955个居委会（村

---

① 由于这一调查已被广泛应用在实证分析中，本书遂未对其加以详细的说明。作者感谢原国家卫生计生委流动人口司给予本书的相关数据支持。

委会),个人问卷涉及基本情况、就业与收入支出、基本公共卫生和医疗服务、婚育情况与计划生育服务等多维度上的内容。这一调查依靠国家的行政资源与财政力量实现了相对较高的数据质量,最终得到被访流动人口的有效样本量为200937,通过设置家庭成员(在本地、老家或其他地方的配偶和子女以及在本地同住的其他成员)基本情况表而包含流动人口的家庭成员信息共计575288条。除此之外,该年度还针对部分城市①开展了社会融合与心理健康专题调查。当然,考虑到检验相关理论假设时数据的可得性,本书还额外地引入了其他来源数据作为支撑,实证部分各章节中所用数据情况可见于表3-1。

---

① 这些城市当时正在开展社会融合示范试点工作,包括北京市朝阳区、山东省青岛市、福建省厦门市、浙江省嘉兴市、广东省深圳市、广东省中山市、河南省郑州市、四川省成都市等8个城市。

表3－1　各章节的实证检验所用数据情况

| 章序号 | 章标题 | 节标题 | 数据名称 | 调查范围 | 样本总量 |
|---|---|---|---|---|---|
| 四 | 第一阶段（家庭化流动阶段）实证分析 | 第一节　不同生命周期阶段的家庭流动状况 | 2014年全国流动人口卫生计生动态监测调查 | 全国32个省级行政单位 | 200937 |
| | | 第二节　家庭化流动对于家庭功能实现的影响 | 2014年全国流动人口卫生计生动态监测调查社会融合与心理健康专题调查 | 全国8个城市 | 15999 |
| | | | 2013—2014学年中国教育追踪调查（CEPS） | 全国31个省级行政单位 | 19487 |
| 五 | 从第一阶段向第二阶段进化中的实证分析 | 第一节　家庭化流动阶段完成对融人的影响 | 2014年全国流动人口卫生计生动态监测调查社会融合与心理健康专题调查 | 全国8个城市 | 15999 |
| | | 第二节　阶段进化中的特殊形态：举家流动 | 2014年全国流动人口卫生计生动态监测调查 | 全国32个省级行政单位 | 200937 |
| | | | 2014年全国流动人口卫生计生动态监测调查社会融合与心理健康专题调查 | 全国8个城市 | 15999 |
| 六 | 第二阶段（家庭式融人阶段）实证分析 | 第一节　不同家庭生命周期阶段的家庭式融人 | 2013年全国流动人口动态监测调查社会融合专题调查 | 全国8个城市 | 16878 |
| | | 第二节　家庭式融人对于家庭结构稳定性的影响 | | | |

注：2013年全国流动人口动态监测调查（含社会融合专题调查）和2014年全国流动人口卫生计生动态监测调查（含社会融合与心理健康专题调查）的具体情况可以分别参见原国家卫生计生委流动人口司主编的《中国流动人口发展报告（2014）》和《中国流动人口发展报告（2015）》；2013—2014学年中国教育追踪调查（CEPS）的具体情况可以参见其官方网站http://ceps.ruc.edu.cn/。

# 第 四 章

# 第一阶段（家庭化流动阶段）实证分析

## 第一节 不同生命周期阶段的家庭化流动状况

### 一 当今中国社会家庭化流动图景

（一）流动人口家庭的生命周期特征

迁移流动过程以家庭为其决策之基础、其行动之根据、其发展之方向、其演进之归宿，这是 20 个世纪以来关涉迁移流动的多种经济学理论、多种社会学理论所共同坚持的主张、所普遍因循的观点。当从家庭着眼来考察迁移流动相关现象、探讨迁移流动基本特征时，生命周期显然就成了绕不开的分析模型、避不掉的研究框架。特别是在家庭发展的特定语境下，生命周期更成为了相关分析必不可少的工具、相关研究极为有力的武器，而迁移流动恰恰又与生命周期有着千丝万缕的联系。

家庭生命周期思想的兴起，被 Klein 和 White 在《家庭理论概论》（*Family Theories：An Introduction*，1996）一书中看作是家庭发展理论逐步走向成熟的过程中所经历的第一阶段的重要标志。这种家庭发展思想认为，家庭如同生物组织一般，也会逐步度过由"出生"、成长、稳定、衰退乃至"死亡"等各个阶段构成的生命历程。在 Glick（1947）的努力之下，它的相关概念得以作为一种描述性的手法从农村经济学等初始领域引入到了社会人口学的范畴。本书正是继承了这一传统方案。

　　本书的实证环节首先旨在客观呈现当代中国流动人口家庭发展三阶段分化的总体格局与基本态势，以便检验相应理论假设。考虑到流动人口家庭发展所特有的阶段性特征是楔入其生命周期之中的，作为流动人口家庭发展第一阶段的家庭化流动亦在很大程度上植根于、依附于、从属于、受限于生命周期模式，因此就有必要先对家庭生命周期的定义进行操作化处理，而后以此为基础来对"家庭化流动"（以及之后的章节所要涉及的"家庭式融入"）加以具体界定①。

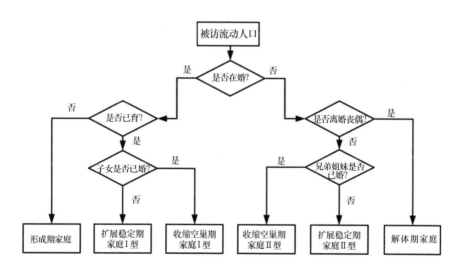

**图 4 - 1　基于调查对家庭生命周期的定义进行操作化处理的流程**

---

　　①　生命周期可以说是我们认识和理解家庭发展的一大基准，离开生命周期，将会难以充分明确家庭关系，进而难以具体圈定家庭成员，也就无法有效界定家庭化流动以及确定家庭式融入。

前文已有述及，本书从中国家庭的现实性着眼，来审视理论模型的适配性，对目前中国家庭的生命周期作出了形成期、扩展稳定期、收缩空巢期以及解体期的四阶段划分。在此，本书又进一步地考察调查数据的可行性，基于 2014 年全国流动人口卫生计生动态监测调查数据（原始样本量为 200937），按照图 4 - 1 所示的流程来逐一确定被访流动人口所处家庭当时属于何种生命周期阶段①：形成期家庭是指，本人已婚未育的被访流动人口所在的家庭；扩展稳定期家庭Ⅰ型是指，本人已婚已育而其子女未婚的被访流动人口所居的家庭，扩展稳定期家庭Ⅱ型是指，本人以及其兄弟姐妹均未婚的被访流动人口所属的家庭；收缩空巢期家庭Ⅰ型是指，本人已婚已育且其子女已婚的被访流动人口所在的家庭，收缩空巢期家庭Ⅱ型是指，本人未婚但是其兄弟姐妹中有已婚者的被访流动人口所居的家庭；解体期家庭是指，本人离婚或丧偶的被访流动人口所属的家庭。需要特别加以说明的是，本书聚焦于核心家庭②，形成期家庭故而只有夫妇共 2 人，扩展稳定期家庭故而仅有夫妇和子女共 3 人及以上（其中，Ⅰ型是从家庭中处在夫妇—父母这类地位关系上的被访流动人口角度出发进行操作化的界定，Ⅱ型则是从家庭中处于子女这类地位关系上的被访流动人口视野出发作出操作性的界定），收缩空巢期家庭故而只有夫妇以及可能的未婚子女共 2 人及以上（同理，Ⅰ型立足夫妇—父母这类地位关系，Ⅱ型基于子女这类地位关系），解体期家庭故而仅有单个个体共 1 人。另外不难看出，决定流动人口家庭生命周期阶段分化的生命事件节点（亦即图 4 - 1 中的菱形框）是结婚（包括本人、子女以及兄弟姐妹结婚）、生育以及死亡等，这

---

① 这个过程主要依赖对动态监测调查所涉及的流动人口婚姻状况以及所处家庭成员关系（与被访者关系）两大变量进行样本识别来完成。

② 本书在此特别地加以再次强调，以核心家庭为单位进行家庭发展相关研究是学界一贯秉持的传统策略，而当聚焦于家庭化流动之时，其更能反映底线型要求，倘若核心家庭层面上的家庭化流动尚且不足以成规模地实现，把家庭范畴延展到非核心家庭成员就显得意义不是很大。

与先前所作理论探讨保持了高度的一致性。本书最终得到的形成期家庭、扩展稳定期家庭（含Ⅰ型和Ⅱ型）、收缩空巢期家庭（含Ⅰ型和Ⅱ型）、解体期家庭分别有 14503 个、173793 个、8036 个和 4604 个[1]。

　　当今中国，流动人口以中青年居多，流动人口家庭则是以生命周期的前段为主。从加权后的结果（见图 4-2，以下未有特别说明时均报告加权后的结果）来看，在被访流动人口所属家庭中，形成期和扩展稳定期分别约占 6.29% 和 87.26%，仅有 4.54% 和 1.92% 分别处在收缩空巢期和解体期。显然，受流动人口年龄结构的影响，流动人口家庭生命周期阶段分化凸显"诸家并存"而"一家独大"的特征：绝大部分家庭隶属扩展稳定期，形成期是生命周期的发端，相应家庭所占比例居于次席，而收缩空巢期以及解体期是生命周期的末端，相应家庭虽有一定比例，但是整体数量极为有限。

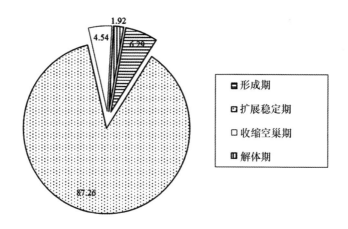

**图 4-2　流动人口家庭的生命周期阶段的基本分布状况**

---

　　[1]　1 名被访流动人口因其婚姻状况信息缺失而无法准确地识别他所处的家庭生命周期阶段，有鉴于剔除该个案不会对本书的结果产生系统性的影响，本书决定不将其纳入有效样本范围，这一节的有效样本量为 200936。

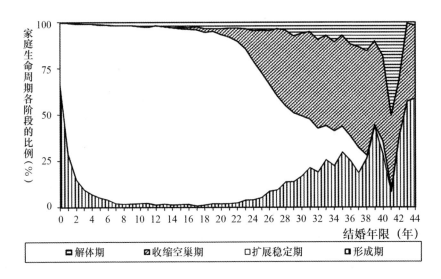

**图4-3　流动人口家庭的生命周期阶段在结婚年限上的分布状况**

　　家庭发展研究方法除了选取生命周期阶段作为分析用的时间单位之外,同时也会使用更加细分后的夫妇结婚年限(Hill,1964)。图4-3展示了不同流动人口家庭生命周期阶段在家庭中的夫妇结婚年限上的具体分布①。它告诉我们,流动人口基本是在结婚后2年内跨过家庭的形成期、迈入家庭的扩展稳定期(结婚当年,形成期家庭的比例可达七成,而结婚2年时,形成期家庭的比例大幅降至两成以下),家庭的扩展稳定期一般可持续长达20年左右(此间,扩展稳定期家庭的比例基本都维持在九成以上,最高甚至达到96.8%,约结婚22年时,扩展稳定期家庭的比例出现"拐点"从而步入下行轨道),之后,流动人口家庭开始逐步地过渡至收缩空巢期、解体期〔随着扩展稳定期家庭占比急剧下降至消失,收缩空巢期及解体期家

────────────

　　① 需要着重加以说明的是,囿于问卷设计,本书无法获知未婚流动人口的父母结婚年限,因此他们所处家庭被排除在该部分的分析之外,实际上也就是扩展稳定期和收缩空巢期的所有Ⅱ型家庭未被包含进去。

庭迎来占比明显上升时段，形成期家庭（亦即终身未育的"丁克"家庭）的相对比例这时也会有所增长］。应当加以补充说明的是，受限于流动人口特有的年龄结构，当超过一定结婚年限时，我们将难以"捕捉"到足够多的调查对象，动态监测原始调查直接汇总后的结果由此变得波动异常剧烈，相对比例变化并不完全可信，但对趋势把握仍然具有一定参考价值。

（二）家庭化流动阶段的完成状况

结合调查数据对家庭生命周期定义作出操作化的处理并不是本书的根本目的，其只是意在能更好地实施家庭化流动（以及家庭式融入）的定义操作化。基于上文已完成的流动人口家庭生命周期定义操作框架，遵照图4-4的流程演示，本书对形成期、扩展稳定期（含I型和II型）、收缩空巢期（含I型和II型）以及解体期的家庭化流动分别进行界定。只有全部的家庭成员抵达流入地，流动人口家庭重新实现团聚，家庭化流动才宣告完成。具体来说，处在形成期的家庭需要夫妇双方均流动到同一地①方可视为家庭化流动；属于扩展稳定期的家庭则要求夫妇双方及其子女（对于II型而言，子女及其父母双方）团聚在流入地②才可看作家庭化流动；处于收缩空巢期的家庭需要夫妇双方及其未婚子女（对于II型而言，未婚子女及其父母双方）均流动到同一地③方可视为家庭化流动；隶属解体期的家庭则自动默认为家庭化流动。为了能够在相关分析环节中得以简化，本书在此着重关注的是作为流动人口家庭发展第一阶段与第二阶段的分化节点（同时也是第一阶段向第二阶段的进化节点）的"全部家庭成员到流入地"这一关键性事件，相对更偏重于呈现家庭化流动的结果，而没有特别地

---

① 亦即对于被访流动人口，其配偶需随迁。

② 亦即对于夫妇—父母这类地位关系上的被访流动人口，其配偶和所有子女应随迁；对于子女这类地位关系上的被访流动人口，其父母和所有兄弟姐妹应随迁。

③ 亦即对于夫妇—父母这类地位关系上的被访流动人口，其配偶和未婚子女应随迁；对于子女这类地位关系上的被访流动人口，其父母和未婚兄弟姐妹应随迁。

强调家庭化流动阶段作为子过程所显现的历时性①，接下来对家庭化流动决策发生机制的分解研究将有助于增进关于过程性的认知。

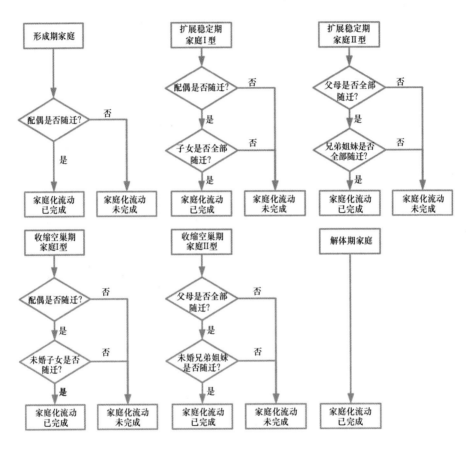

**图4-4 基于调查对家庭化流动的定义进行操作化处理的流程**

中国目前的流动人口家庭发展过程中，完成家庭化流动、进入新发展阶段已经是相对普遍、日趋常见的现象，这在不同生命周期阶段上几乎有着共性的表达。本书囊括的 200936 名流动人口中，117548 名流动人口所在的家庭已完成家庭化流动，其比例占

---

① 关于"家庭化流动"概念界定方式的探讨可以参见李龙、宋月萍（2016）。

58.5%，而未完成家庭化流动的则有 83388 名，其比例达 41.5%。经过加权调整发现，过半数的流动人口家庭已步入了后家庭化流动阶段，不过，处在家庭化流动阶段内的流动人口家庭亦有相当的数量。表 4-1 给出了按照生命周期来分类的家庭化流动的完成状况，从中可以看到，尽管各个生命周期阶段上已完成家庭化流动的比例都趋于一致性地不在少数，但相互间的差异也是较为突出的：完成比例最高的当属形成期家庭，其可达 88.9%，只有一成尚处夫妇两地居住分离状态；扩展稳定期家庭的完成比例则明显偏低，仅为大约半数，这比形成期家庭要低了 40.7 个百分点；完成比例相对较高的还有收缩空巢期家庭，无法家庭团聚的流动人口同样不超过两成。当把上述差异置于家庭生命周期演进逻辑下进行审视时，我们就会发现，家庭化流动完成度呈现出的是先降低、后升高的总体变化趋势，扩展稳定期可以说是家庭化流动完成度所陷入的"低谷期"，而考虑到流动人口家庭绝大部分都处于扩展稳定期，这就使得当前人口流动家庭化的比例整体停留在较低水平上。

**表 4-1　　　　家庭化流动在不同生命周期阶段上的完成状况**

| 生命周期阶段 | 已完成家庭化流动 | | | 未完成家庭化流动 | | |
|---|---|---|---|---|---|---|
| | 样本量 | 比例 | 加权比例 | 样本量 | 比例 | 加权比例 |
| | （个） | （%） | （%） | （个） | （%） | （%） |
| 形成期 | 12648 | 87.21 | 88.89 | 1855 | 12.79 | 11.11 |
| 扩展稳定期 | 93576 | 53.84 | 48.16 | 80217 | 46.16 | 51.84 |
| 收缩空巢期 | 6720 | 83.62 | 84.71 | 1316 | 16.38 | 15.29 |
| 解体期 | 4604 | 100.00 | 100.00 | 0 | 0.00 | 0.00 |
| 全体合计 | 117548 | 58.50 | 53.37 | 83388 | 41.50 | 46.63 |

事实上，家庭化流动不仅是在不同生命周期阶段之间呈现差别化的完成状况，而且还在各个生命周期阶段之内显示随时间而变、因时间而异的完成态势。这里继续引入夫妇结婚年限这一家庭发

展研究常使用的时间单位来对家庭化流动的完成比例进行考察,由此得到了图4-5所示的结果。家庭化流动完成度在夫妇结婚年限上展现出的"V"形变动趋势①可以说是一目了然:从结婚当年最高可达83.9%,到结婚20余年之时最低只有43.5%,再到结婚30多年之后重新超过四分之三。这意味着,婚姻生涯前期,流动人口经历的是越来越不可能完成家庭化流动的家庭过程(其间,我们可观察到未有明显波动的、总体十分稳定的下降轨迹),而婚姻生涯后期,流动人口则是越来越有可能促成家庭化流动(此间,我们则观察到相对较为清晰的上升轨迹②)。它同时也提示我们,那些已实现团聚的家庭仍有很大可能倒退至居住分离的状态,特别是在婚姻生涯前期,所以,流动人口家庭发展第一阶段的达成在相当程度上是"暂时"的,并不是只要流动人口家庭在流入地团聚了就一劳永逸、一了百当了,随着生命周期演化,流动人口家庭继续发展可能还要经受更多挑战、面临更大困难(挑战、困难尤其来自家庭系统外部),这直接影响着家庭化流动将是一时之间的、还是长期稳固的,从第一阶段向第二阶段的"真正"进化是徘徊着实现的、曲折中确立的。

当把家庭化流动的完成状况与生命周期阶段分布特征两者汇聚在夫妇结婚年限上(见图4-6)时,我们不难发现,在形成期与扩展稳定期占主导的时间段,团聚型家庭的占比处于持续下降之中,直到扩展稳定期家庭的比例出现"拐点",家庭化流动完成度才会"触底反弹",而到收缩空巢期与解体期为主体的时间段,团聚型家庭的占比则延续着上升势头。这为我们更进一步地揭示了作为流动人口家庭发展第一阶段的家庭化流动对于生命周期模式强烈的粘附性,同既有文献对迁移流动与生命周期关系的普遍性结论具有某种

---

① 本书愿意称其为"V"形而不是"U"形,主要因其在达到最低点前的下降趋势与越过最低点后的上升趋势均近乎于线性变动,最低点可以说尤为明显。

② 加权增大了结果波动性,但是上述趋势判断应当说是较可靠的。

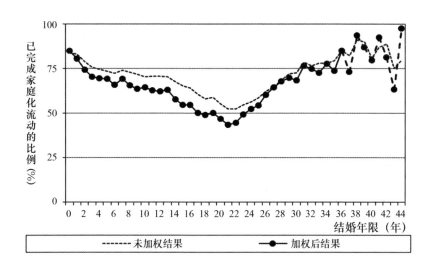

图4-5　家庭化流动在不同结婚年限上的完成状况

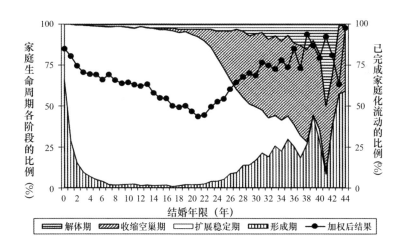

图4-6　家庭化流动完成状况与流动人口家庭的生命周期阶段

意义上的契合性：形成期完成家庭化流动的可能性要比扩展稳定期明显更高一些，扩展稳定期前段完成家庭化流动的可能性要比扩展稳定期后段相对更高一些，收缩空巢期以及解体期完成家庭化流动的可能性也要比扩展稳定期明显更高一些。

## 二 家庭化流动决策发生机制解析

家庭化流动之所以在生命周期阶段间显现不同的完成格局、在夫妇结婚年限上展示"Ⅴ"形的完成形态,其背后实际上存在着因生命周期阶段而异、随夫妇结婚年限而动的随迁决策发生机制。对这种随迁决策的发生机制作出分解研究,将有助于我们更深入地探察流动人口家庭发展第一阶段演化的过程性规律,更有效地把握家庭化流动现时所达成的"任务"与尚面临的"目标"。有鉴于扩展稳定期与收缩空巢期两者的Ⅱ型所占的比例相对较低,且其家庭化流动的水平也明显偏低①,为了能使接下来的分析环节得以实现简化,本书此部分仅将形成期同扩展稳定期、收缩空巢期两者的Ⅰ型纳入考察范畴,而解体期由于并不会涉及随迁决策问题亦未有包含在内。这样一来,基于生命周期阶段进行家庭化流动的随迁决策研究就只需要考虑配偶随迁和子女随迁两种类型即可(见图4-7)。在实施随迁决策发生机制分解的基础上,本书将尝试分别对配偶随迁和子女随迁作出模式分异上的解析,前者尤以性别视角为着力点,后者则以数量构成与性别构成为关键点:其一,对于形成期而言,家庭化流动仅含有配偶随迁一种决策类型,因先行者性别的不同而可能存在差异;其二,对于扩展稳定期而言,家庭化流动则包含配偶随迁和子女随迁两种决策类型,前者与形成期的同一决策类型可能产生区别,后者因子女的数量构成与性别构成的不同而可能出现差别;其三,对于收缩空巢期而言,家庭化流动也包含配偶随迁和子女(未婚)随迁两种决策类型,前者亦可以和形成期、扩展稳定期

---

① Ⅱ型实际上是家庭迁移流动过程中子女先行的一种独特模式,它目前还不构成中国人口流动的主体部分。动态监测调查显示,Ⅱ型只占扩展稳定期家庭与收缩空巢期家庭两者的大约两成(其中,扩展稳定期家庭的相应比例约为21.7%,收缩空巢期家庭则约为4.4%)。这种类型一大突出特点就是,家庭化流动的完成状况不佳,只有12.0%能够实现家庭团聚,而Ⅰ型相应则可达60.0%。

加以比对，后者则可以从子女的数量构成与性别构成的角度延续相关探讨。

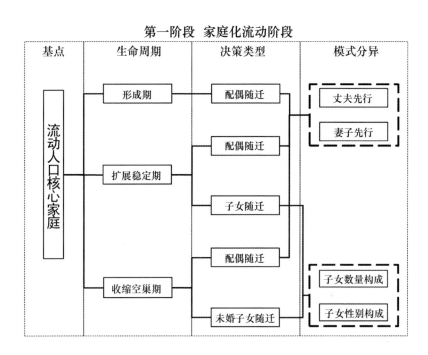

图 4 - 7　家庭化流动的决策发生机制分析框架

（一）配偶随迁

配偶随迁可以说在流动人口家庭各个生命周期阶段的家庭化流动中是一贯且普遍发生的。从表 4 - 2 中报告的相关结果来看，不管是处在生命周期的哪个阶段，流动人口家庭配偶已随迁的比例都可高达九成左右：其中，比例相对最高的是扩展稳定期家庭，其约有91.3%，形成期家庭较之比例略低一些，但其亦有88.9%，比例显得偏低的是收缩空巢期家庭，而其仍有86.2%，总的来说，三者差距很小。可见，夫妇团聚是当前中国流动人口家庭绝对主流的形态（90.9%），夫妇两地居住分离始终都是流动人口家庭当中占少数的选择，现今和未来既不太可能存在很多的留守妻子，更不太可能存在众多的留守丈夫。这一定程度上意味着,我们平时讲到夫妇两地居住分离会给外出农民工带来诸如婚姻生活质量欠佳乃至婚姻危机等不少的困扰,但至少从整体上来说,问题似乎没有想象中那么严重。当然,面对中国规模极其庞大的流动人口,再低的配偶未随迁比例也仍是值得关注的。

表4-2　　　　　不同生命周期阶段的流动人口家庭配偶随迁状况

| 生命周期阶段 | 配偶已随迁 | | | 配偶未随迁 | | |
|---|---|---|---|---|---|---|
| | 样本量 | 比例 | 加权比例 | 样本量 | 比例 | 加权比例 |
| | (个) | (%) | (%) | (个) | (%) | (%) |
| 形成期 | 12648 | 87.21 | 88.89 | 1855 | 12.79 | 11.11 |
| 扩展稳定期 | 118290 | 90.34 | 91.34 | 12644 | 9.66 | 8.66 |
| 收缩空巢期 | 6425 | 85.74 | 86.22 | 1069 | 14.26 | 13.78 |
| 解体期 | — | — | — | — | — | — |
| 全体合计 | 137363 | 89.82 | 90.86 | 15568 | 10.18 | 9.14 |

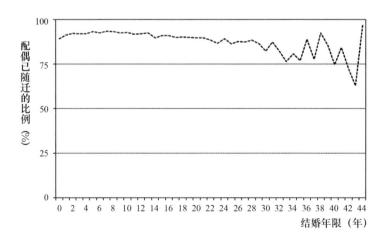

图4-8　配偶随迁在不同结婚年限上的实现状况

　　家庭化流动水平不高的生命周期阶段是不是配偶随迁的比例也不高呢,抑或者说,家庭化流动在某一生命周期阶段中未完成是因为配偶未随迁造成的吗？对此，表 4－2 已经清楚地向我们展示了，扩展稳定期尽管是家庭化流动完成度陷入的"低谷期"（分别低于形成期和收缩空巢期 40.7 个和 36.6 个百分点），但其所对应的配偶随迁比例却几乎处在"高峰期"（分别高于形成期和收缩空巢期 2.5 个和 5.1 个百分点）。图 4－8 所报告的配偶随迁比例在夫妇结婚年限上的分布状况进一步为我们诠释了扩展稳定期显现出的这种特征：在扩展稳定期持续的约 20 年之间，配偶随迁的实现水平未有明显地降低，甚至在从形成期过渡到其前段时还有一定提升，只在其后段向收缩空巢期跨越时略有回落，极值出现在结婚后 7 年左右（93.6%），值域则稳定在约 4 个百分点的区间。总而言之，家庭化流动完成度偏低的生命周期阶段（扩展稳定期）对应的配偶随迁的实现水平并不低，而在家庭化流动水平较高的生命周期阶段（形成期和收缩空巢期），配偶随迁比例却不算高，配偶随迁基本形势在流动人口家庭各个生命周期阶段上近乎是无差异的、一致性的。

　　我们需要看到的是，配偶，无论妻子还是丈夫，早已经从流动人口家庭发展第一阶段所发生的家庭系统内部较"有形"的"革命"当中率先"解放"出来，绝大部分夫妇都已经在流入地实现了团聚。同时还须看到的是，家庭化流动过程中的配偶随迁大都不是依靠一方在前带着一方走、一方在后跟着一方流来促成的，更多还是以双方携手并肩同时出发的方式而达成的。图 4－9 展现了夫妇同行、丈夫先行妻子随行、妻子先行丈夫随行等 3 种配偶随迁行动模式的各自占比。据其来看，夫妇同期流动远远多过夫妇分批流动，两者之比约为 4∶1，妻子"投靠"已流出的丈夫并不多见（16.1%），丈夫"投奔"妻子的流入地更是少数中的少数（5.2%）。实际上，夫妇同行在各个生命周期阶段的配偶随迁决策中也是一贯而普遍的：从形成期的 73.9%，到扩展稳定期的 78.6%，再到收缩空巢期的 85.8%，夫妇一起外出流动自始至终是流动人口家庭绝对主流的选择。所以，配偶随迁很少呈现出"先来后到"的局面，并未足量显现出模式的分异。

至此,我们得到了家庭化流动中配偶随迁决策的两条重要结论:其一,配偶随迁不论在何种流动人口家庭里都是很普遍的,而且从生命周期来看也是一贯的;其二,夫妇同行是最为常见的配偶随迁模式,也在生命周期阶段演替中保持一致性。因此,以夫妇同行为典型模式的配偶随迁不仅仅是当前流动人口家庭发展第一阶段已经很大程度上完成的"任务",而且伴随着流动人口家庭生命周期的持续演进,在未来相当长的一段时间内也都将会是家庭化流动所展露的"常态"。

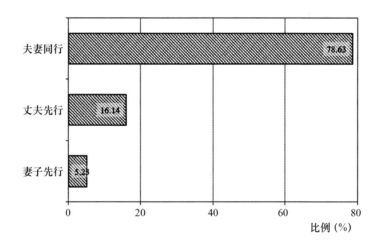

**图4-9 配偶随迁三种行动模式分布状况**

### (二) 子女随迁

子女随迁决策一般出现在流动人口家庭生命周期中的扩展稳定期,也会有条件(仅涉及未婚的子女)地发生在收缩空巢期。家庭化流动过程所包含的子女随迁具有以下突出特点:其在扩展稳定期的实现水平随着夫妇结婚年限延长趋于降低,而收缩空巢期的相应比例则在夫妇结婚年限上保持相对稳定(见图4-10)。具体而言,结婚后的前20余年是子女已随迁的比例从最高点逐步降至最低点的时段,此间,子女随迁现象在快速减少后经历一个相对平稳变动的

时期（比例最高时接近八成，平稳期维持在六成以上），这大约是子
女接受学前教育和基础教育的时候，而当子女即将完成基础教育时，
子女已随迁的比例再次开启快速下跌的轨迹，直至达到较低水平
（比例最低时不足四成）。扩展稳定期的子女随迁决策既体现了传统
研究所揭示的家庭迁移流动的生命周期规律，又凸显了当今中国家
庭迁移流动发生发展过程的现实特色。之后进入收缩空巢期，子女
随迁的实现水平就基本不再显现大幅度的增减趋势（基本维持在四
成左右）。可见，与流动人口家庭生命周期演化相对应的是，子女总
体上是越来越不可能随迁。在收缩空巢期，这某种程度上是子女因
长大成人而离巢的一种必然反映，但是在此之前的扩展稳定期，这
很大程度上则是由流入地的高中阶段教育资源以及基础教育资源等
对流动人口设置的门槛所致。

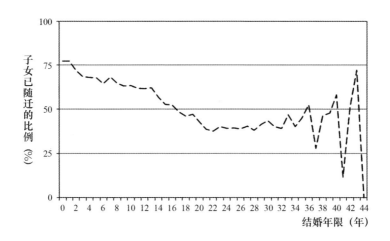

**图 4-10　子女随迁在不同结婚年限上的实现状况**

　　子女的数量构成和性别构成是家庭中子女自然结构最突出的两
大方面，以此为基础可考察子女随迁决策发生机制典型的模式分异。
图 4-11 首先给出了子女数量构成状况不同的流动人口家庭中子女
随迁比例的时间分布，这里仅对子女数量构成作出独生子女与非独

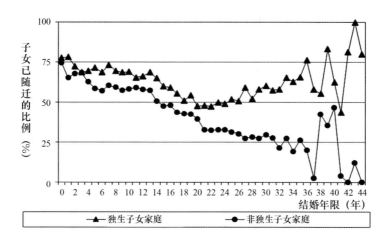

**图4-11    独生子女与非独生子女家庭中子女随迁在不同
结婚年限上的实现状况**

生子女两个类别的划分以期能够简化相关讨论过程。我们可以看到，
在扩展稳定期，2种家庭都呈现出子女随迁的实现水平在夫妇结婚
年限的增长中总体下降的变动趋势，但是独生子女家庭的亲子团聚
比例无论何时均较非独生子女家庭更高一些：未经历随迁水平因子
女步入高中教育阶段而快速下行前，独生子女家庭基本可维持在
70%左右，非独生子女家庭则不超过60%；独生子女家庭整个扩展
稳定期里所达到的最低随迁比例约为半数，此后的收缩空巢期则延
续该水平并略有抬升，非独生子女家庭则只是四分之一，此后的收
缩空巢期甚至还趋于继续降低。概而言之，家庭化流动中的亲子团
聚状况具有一定的数量效应，独生子女家庭相对更有可能完成子女
随迁"任务"。基于流动人口家庭子女性别构成特征来看，子女随迁
比例基本不受性别效应影响。从图4-12对子女纯女、子女纯男与
子女男女皆有3类家庭所作对照可以看出，只有女儿的家庭与只有
儿子的家庭随迁水平没有显著差别，而既有女儿又有儿子的家庭比
例偏低，这更可能由数量效应来加以解释。

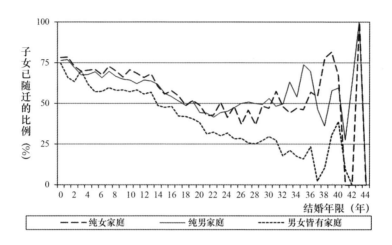

**图4-12　纯女、纯男与男女皆有家庭中子女随迁在不同
结婚年限上的实现状况**

我们至此亦得到了家庭化流动中子女随迁决策的两条主要结论：其一，子女随迁在扩展稳定期，尤其是子女义务教育阶段完成后，渐趋转向较低发生水平，这是造成家庭化流动完成度从最高点降至最低点的决定性机制，也是导致不同生命周期阶段家庭化流动比例差别的关键性因素；其二，子女随迁在家庭的子女数量构成方面存在模式分异，而在家庭的子女性别构成方面几乎没有突出的差异。子女在流动人口的家庭生涯中（特别是其长大成人之前）愈来愈难以实现随迁，将使流动人口在流入地家庭发展遭遇滞退，这无疑是现今中国流动人口家庭发展第一阶段所面临的最突出的问题。

（三）家庭化流动中的配偶随迁与子女随迁

通过本书上文对随迁决策所作分解，我们已经了解到了配偶随迁与子女随迁在生命周期阶段上的模式分异，这里再对两者作简单的综合，旨在进一步诠释作为流动人口家庭发展第一阶段的家庭化流动的发生机制。

图4-13绘制了配偶随迁比例与子女随迁比例交互下的家庭化流动完成度在夫妇结婚年限上的分布。不难看出，由于各个生命周

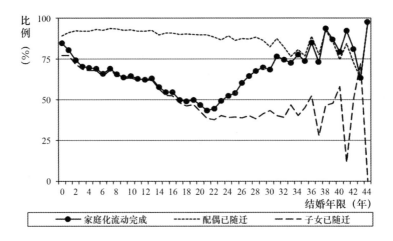

**图4-13　家庭化流动完成状况与流动人口配偶随迁、子女随迁**

期阶段中的配偶随迁状况几无差异,对家庭化流动水平很长一个时期的变化过程发挥主导性作用的是子女随迁状况。特别是扩展稳定期的家庭化流动完成度,其近乎于对子女随迁比例进行了"复制",子女愈加难以随迁直接造成家庭化流动水平"腰斩"(最低水平仅有最高水平大约一半)。而到收缩空巢期及以后,子女因长大成人而离巢,逐渐地不再构成核心家庭中的一部分,配偶随迁状况开始占据主体性地位,随着子女与配偶对家庭结构的影响此起彼落、子女随迁与配偶随迁对家庭化流动的影响此消彼长,家庭化流动完成度又转向与配偶随迁几乎重合的轨迹。我们只要认识和理解了配偶随迁状况基本不随生命周期演化而变、子女随迁比例通常会随生命周期演化而降,就足以有效地把握当前家庭化流动的发生机制、科学地判定未来家庭化流动的大致走势。

综览本节,我们能够发现,尽管并未引入极复杂的定量研究手段,但是充裕的实证论据已经呈现了楔入生命周期中的家庭化流动的基本特质,由此验证了本书的理论假设2.1(亦即不同生命周期阶段家庭在"家庭化流动阶段"呈现差别化的随迁模式):家庭化流动作为流动人口家庭发展的第一阶段,在扩展稳定期的完成状况明显不及其他生命周期阶段上的达成情况、在扩展稳定期后段的完成状况亦不如扩展稳定期前段上的达成情况，这与子女随迁比例在家庭生涯上的相关变动直接"挂钩"，而配偶随迁由于各阶段上保持一贯的较高水平，其对家庭化流动的影响并不突出。目前，中国流动人口家庭发展第一阶段在总体上基本已经完成配偶随迁"任务"，这无疑是可喜之处。然而，子女随迁仍面临着不普遍、不持久的境况，由此导致家庭化流动水平徘徊停滞甚至逆流倒退，完成这一"任务"还需化解众多难题，特别是破解一些制度性问题，据此来说，流动人口家庭发展第一阶段尚有不少障碍亟待跨越。

# 第二节　家庭化流动对于家庭功能实现的影响

## 一　家庭化流动对于家庭保护性功能的影响

### （一）基本思路

流动人口家庭发展过程中第一阶段"任务"的达成，亦即家庭化流动的完成，能否明显改善流动人口家庭的保护性功能，是本部分关注的焦点。本书对现代家庭系统的保护性功能所作分析重点着眼精神慰藉层面，亦即家庭系统对其内部成员个体情感需要的满足、对其内部成员个体关系纽带的维护等。精神慰藉本身在调查数据当中进行操作化的处理殊为不易，本书遂考虑其直接影响下的、与之密切关联的心理健康特征变量（特别是从积极和消极两个维度观测到的心理体验与感受变量），此可视为精神慰藉在个体上的特定功能表现、对于个体的典型作用结果。本部分的研究问题故转化为，个体心理健康状况是否因家庭化流动而存在显著的差异。

立足于个体心理健康状况这个关键的视角，本书将对比描述已完成家庭化流动与未完成家庭化流动两种类型家庭结构下的流动人口个体消极心理感受与积极心理体验，并在此基础上借助基准回归模型控制其他变量影响,展现家庭化流动的完成与否对流动人口个体心理健康状况的作用,同时,出于内生控制、稳健检验等多方面的考量,工具变量(IV‐2SLS)法、倾向值匹配(PSM)等一些目前广为使用、备受推荐的计量分析技术也会纳入研究过程,以期能够更加真实而准确地反映以精神慰藉为突出特点的家庭保护性功能在不同家庭化流动水平下的具体成效,从而深化对于流动人口家庭发展第一阶段内含的结构与功能逻辑的认识和理解。

(二) 变量处理

本书将从消极心理感受与积极心理体验两个方面入手测度流动人口个体心理健康状况:

消极心理感受方面采用的指标是 K6 评分,这来自于 6 项 Kessler 心理抑郁量表 (the 6‐item Kessler psychological distress scale,可简记为 K6),该量表由 Kessler 等人编制而成,并在美国国家健康访问调查(NHIS)当中得以应用(李晓晶等,2014),它向被访对象分别询问了紧张、绝望、不安(或烦躁)、沮丧(以至于什么都不能使之愉快)、费劲、无价值等 6 项症状在过去一个时期内的发生频率①,本书借鉴针对 K6 的常见分析方法,在对频率得分进行汇总之后,得到一个值域为 0—24 的变量,其值越高,说明情绪问题越突出、消极心理感受越突出,被访流动人口平均取值约为 3.8,可见 K6 评分总体处于相对很低水平。

积极心理体验方面使用的指标则是 SWLS 评分,这主要源自于生活满意度量表 (the satisfaction with life scale,可简记为 SWLS),此量表系 Diener 等人研发而成(刘衔华等,2008),它围绕对生活接近理想、条件很好、让人满意、使人得到重要东西、重来一次不

---

① 在调查问卷中具体对应的问题是:"下面的问题是询问您过去 30 天中的情绪,回答每一个问题时,请选出最能描述这种情绪的出现频率的数字。在过去 30 天中,您经常会感到……"6 项指标则分别为"紧张""绝望""不安或烦躁""太沮丧以至于什么都不能让您愉快""做每一件事情都很费劲""无价值"。

作改变（亦即肯定人生道路）等 5 项叙述的认同程度进行调查①，本书将从非常不满意到非常满意的 7 个等级分别赋值为 1—7，同样实行加总处理，生成一个最大为 35、最小为 5 的变量，越高的分值代表着越显著的生活满意水平、越显著的积极心理体验，从被访流动人口的均值（21.4）来看，SWLS 评分总体属于相对较高状态。

K6 和 SWLS 曾由跨国度、超时期、大样本的众多经验研究证实具有良好的信度与效度，而今都已成为测度个体心理健康状况最为简便且高效的工具之选。2014 年全国流动人口卫生计生动态监测调查专门设立了社会融合与心理健康个人问卷，并在 8 个开展社会融合示范试点工作的城市中开展专题调研（原始样本量为 15999）②，它们均被涉及，这为本书提供了重要的分析素材。K6 评分和 SWLS 评分在本书当中一正一反、相互印证，一先一后、彼此对照，共同构成了本书所要集中诠释的被解释变量。与此相对，家庭化流动的完成状况则是本书所要重点考察的核心解释变量，前文已详细说明对该变量处理的相关策略。

我们通过简单描述即可发现，家庭化流动水平同流动人口个体心理健康状况具有极显著的相关关系。从表 4－3 呈现的家庭化流动完成度与流动人口个体消极心理感受、积极心理体验之间的列联分析结果中不难看得出，较之于尚未实现家庭团聚的流动人口个体，生活在团聚型家庭里的流动人口个体 K6 评分要低大约 0.2，而 SWLS 评分则高大约 0.9，这意味着，其消极心理感受出现频度更

———————

　　①　在调查问卷中具体对应的问题是："下面有 5 个关于您对生活看法的叙述，请您根据自己的真实情况，将您的同意程度或不同意程度如实地圈出来，请选择相应数字。" 5 项指标分别为 "我的生活在大多数方面都接近于我的理想""我的生活条件很好""我对我的生活是满意的""迄今为止，我在生活中已经得到了我想要得到的重要东西""假如生活可以重新再过一次的话，我基本上不会作任何改变"。

　　②　8 城市的数据显示，被访流动人口所在家庭已完成家庭化流动的比例为 55.5%，这与前一节求得的全国总体平均水平（53.4%）差别很小，预计使用这一数据探讨家庭化流动完成状况与流动人口个体心理健康之间的因果关系不会产生系统性的偏差。

低,而积极心理体验发生频次更高,双方的差距得到了 $t$ 检验在统计意义上的支持。不过,仅仅展现两者间的相关关系并不足以有效检验本书的理论假设,探讨因果关系当从纳入回归模型开始。

表 4 - 3　　　流动人口家庭化流动完成状况与流动人口个体心理健康

| 心理健康测度变量 | 已完成家庭化流动 | | 未完成家庭化流动 | | $p$ 值 |
|---|---|---|---|---|---|
| | 均值 | 标准差 | 均值 | 标准差 | |
| 消极心理感受(K6 评分) | 3.70 | 3.35 | 3.87 | 3.36 | <0.001 *** |
| 积极心理体验(SWLS 评分) | 21.83 | 6.28 | 20.93 | 6.37 | <0.001 *** |

注:$p$ 值来自于 $t$ 检验。* 代表 0.1 的统计水平上显著;** 代表 0.05 的统计水平上显著;*** 代表 0.01 的统计水平上显著。

考虑到流动人口个体心理健康状况不可能由家庭化流动完成度唯一作出解释,估计家庭化流动水平对流动人口个体心理健康状况的影响力度时唯有将其他可能会对流动人口个体心理健康状况产生作用的变量同时加以控制才有可能得到更精准的结果。基于对有效降低遗漏变量相关风险的考量,本书决定从人口特征、流动特征、经济特征、卫生健康特征、户籍地特征等五大方面着眼,纳入动态监测调查问卷所涉及的绝大部分个体层面变量:人口特征包括性别、年龄、教育程度、户口性质、婚姻状况等主要的人口自然和社会属性,流动特征涵盖流动年限、流动范围等基本的流动时间和空间要素,经济特征包含就业身份、职业类型、单位性质、周劳动时长、月收入、住房性质等典型的客观经济条件,卫生健康特征囊括社会医保、年内住院等重要的卫生服务使能与需求变量,户籍地特征则涉及农地面积、住房面积等常见的户籍地"拉力"因素。上述特征变量或正或负、或大或小地从不同路径影响着流动人口心理健康状况这一被解释变量,得到了诸如程菲等(2017)既有文献的实证检验。在本书中,它们的主要含义可见于表 4 - 4。在对前述各主要变量上存有数据缺失的被访流动人口加以剔除后，本书这部分中的有效样本量为15996①。

表4－4　　　　　　　　　　控制变量的主要含义

| 主要变量 | 主要含义 |
| --- | --- |
| 人口特征 | |
| 性别 | 二分类，女＝0，男＝1 |
| 年龄 | 连续型，根据被访者所填的身份证上出生年月推算，单位为"岁" |
| 教育程度 | 二分类，初中及以下＝0，高中及以上＝1 |
| 户口性质 | 二分类，农业＝0，非农＝1 |
| 婚姻状况 | 二分类，不在婚＝0，在婚＝1 |
| 流动特征 | |
| 流动年限 | 连续型，根据被访者所填的本次流入时间推算，单位为"年" |
| 流动范围 | 二分类，省内流动＝0，跨省流动＝1 |
| 经济特征 | |
| 就业身份 | 多分类，自雇佣＝0，被雇佣＝1，未就业＝2 |
| 职业类型 | 多分类，商业服务业＝0，生产运输业＝1，其他＝2 |
| 单位性质 | 二分类，非公有制＝0，公有制＝1 |
| 周劳动时长 | 连续型，根据被访者所填的上月平均每周工作天数和平均每天工作小时数推算，单位为"小时" |
| 月收入 | 连续型，根据被访者所填的上月收入推算，单位为"元" |
| 住房性质 | 二分类，非自有＝0，自有＝1 |
| 卫生健康特征 | |
| 社会医保 | 二分类，无＝0，有＝1 |
| 年内住院 | 二分类，否＝0，是＝1 |
| 户籍地特征 | |
| 户籍地农地面积 | 连续型，根据被访者所填的户籍地的农地亩数推算，单位为"亩" |

———————————

① 相较于原始样本量，由于数据缺失而被剔除掉的被访流动人口仅有3个，可以认为排除样本缺失不会给后文估计造成系统性的影响。

| 主要变量 | 主要含义 |
| --- | --- |
| 户籍地住房面积 | 连续型，根据被访者所填的户籍地的住房面积推算，单位为"平方米" |

注：表中所涉变量基本都保留了动态监测原始调查数据风貌（原始调查问题不作具体说明，原国家卫生计生委流动人口司编写的调查数据集中皆有介绍），本书仅针对部分分类变量进行了类别的整合，以避免单个类别上容纳的个案数太少；月收入、户籍地农地面积、户籍地住房面积三者在纳入模型时均转化为对数形式。

### （三）计量方法

构建回归模型是目前研究者们评判因果关系、考察影响机制的通行之法。构建回归模型对家庭化流动何以影响流动人口个体心理健康状况加以探析，是通过实证策略来检验流动人口家庭发展第一阶段的结构性演进助推家庭保护性功能改观这一理论假设的必由之路。考虑到本书在此所使用的被解释变量（K6评分和SWLS评分）为连续型，以最小二乘（OLS）法估计多元线性回归模型不失为一种较优的实证方案的选择。当作为核心解释变量的家庭化流动完成度满足外生性假设时，其回归系数即可无偏地、一致地反映流动人口个体心理健康状况被影响的程度。

不过，外生性假设并非轻而易举就能够满足，家庭化流动水平的内生性往往不可忽视，因为总有一些未被观测甚至不可观测的因素（例如，在各类研究中时常被提及的"能力"因素的作用亦适用于本书）同时作用于家庭化流动的完成与否和流动人口个体心理健康状况，但研究中难以对其作出控制。一大典型表现就是，家庭化流动的完成状态是非随机的、自选择的，已完成家庭化流动与未完成家庭化流动的两类群体凸显出异质性。由于我们应用多元线性回归模型之时"不得不遗漏掉"某些潜在变量，若未实施较有效的内生消减方案，估计结果将会是有偏误的、不一致的，据此评判不同家庭化流动水平下的家庭精神慰藉以及保护性功能状况也会随之面临更大风险。

　　有鉴于此，本书引入了工具变量（IV）法，以期更审慎地评估家庭化流动完成度对流动人口个体心理健康状况的影响程度。工具变量（IV）法在需要对内生性作出控制时运用极为普遍，它的大致原理就是依托影响内生解释变量且只基于这一内生解释变量而对被解释变量发挥作用（除此之外，它不与被解释变量有任何直接的相关关系）的一个或者多个工具变量，巧妙变换估计过程而使内生解释变量的回归系数可利用工具变量与内生解释变量及被解释变量的协方差加以相应推算，通常采取两阶段最小二乘（2SLS）法或最大似然估计（MLE）法（本书将使用前者），相关内容具体参见 Wooldridge（2006），这里连同下文诸章皆不对此作细致的介绍。

　　借助于工具变量（IV－2SLS）法，我们可对家庭化流动的干预效应作出更接近于一致性的估计，而能不能实现这一点则高度依赖所选用的工具变量是不是既满足与内生解释变量相关的要求，又契合同回归扰动项不相关的条件，前者可称为工具变量的相关性，后者则称为工具变量的外生性。本书继承以往研究之传统，考虑将区域层面上的平均水平作为内生解释变量的工具变量，具体就是以区县家庭化流动平均完成度来充当个体所在家庭中流动状况的工具变量。一般认为，宏观层次的家庭流动情况与微观层次的心理健康状况并无直接的联系（满足外生性条件），而所居区县当中家庭化流动越是普遍，家庭实现团聚的可能性也会相对越高（满足相关性要求）。此外，下文诸章中的工具变量选取也都参照上述原则执行。

　　为了保证结果以及结论可靠，本书还将通过变换内生控制方法来进行稳健性的检验。倾向值匹配（PSM）法是目前在处理内生性问题时，特别是克服自选择困难时，越来越多被运用的统计手段。根据 Logit 模型预测的倾向值（其为给定变量时个体接受干预的条件概率），本书基于近邻匹配与半径匹配原理将受过干预的对象（干预组成员）和尽可能相似的未受干预的对象（控制组成员）相互"对应"起来，而后计算平均干预效应，如果匹配后的数据能够达到平衡性的要求,就能代表家庭化流动真实而准确的作用力度,相关内容具体参见 Guo 和 Fraser(2011),这里连同下文诸章亦不对此加以赘述。

总的说来,本书纳入实证范畴中的最小二乘(OLS)法、工具变量(IV - 2SLS)法以及倾向值匹配(PSM)等实际上都已为人们所熟知,过多论析似无必要,遂仅简要说明各方法的基本思路。另外,本书接下来关于家庭化流动对主客观融入性的影响、家庭式融入对家庭结构稳定的影响等方面的探讨也都遵从以最小二乘(OLS)法来估计基准模型、以工具变量(IV - 2SLS)法来控制内生问题、以倾向值匹配(PSM)来实施稳健检验的思路进行,为了避免重复、造成冗余,包括实证结果解释在内,后文如无特别需要说明之处都将尽可能地从略,不再详加阐述。

(四)实证结果

本书基于消极心理感受与积极心理体验考察流动人口个体心理健康状况所受到的家庭化流动的影响,首先以最小二乘(OLS)法估计多元线性回归模型作为基准,结果如表 4 - 5 所示。模型(1)中,由 K6 评分衡量的消极心理感受为被解释变量,回归系数($-0.14, p < 0.05$)表明,关键解释变量家庭化流动完成度对其产生显著负向作用,已实现家庭团聚的流动人口个体在统计意义上比家庭尚居住分离的流动人口个体 K6 评分更低(两者差异在保持其他变量一致情况下约为 0.1)、消极心理感受发生水平更低。而 SWLS 评分测度的积极心理体验作被解释变量时,模型(2)的回归系数($0.24, p < 0.05$)显示,关键解释变量家庭化流动完成度给其带来显著积极影响,如果控制其他变量不变,家庭各个成员均随迁的流动人口个体在 SWLS 评分上高于家庭成员未全部随迁的流动人口个体 0.2,两者积极心理体验具有统计意义上的差别。上述估计结果在一定意义上表明,团聚型家庭中的流动人口在心理健康状况上的表现相对更优,而这相当程度上是来自于,家庭化流动阶段完成后,以精神慰藉为突出特点的家庭保护性功能得到了更好的发挥。没有

流动人口家庭发展在第一阶段中的结构性演进，也就很难促成流动人口家庭保护性功能状况的完善，其后果是，流动人口个体将无法得到充分的精神慰藉，心理健康恶化乃至心理疾患发生的风险会随之加大。

表4-5　家庭化流动对流动人口个体心理健康的影响：基于 OLS 的估计

| 主要变量 | （1）OLS | （2）OLS |
| --- | --- | --- |
| | 消极心理感受（K6评分） | 积极心理体验（SWLS评分） |
| 家庭化流动完成（否=0） | -0.139** | 0.243** |
| 人口特征 | | |
| 性别（女=0） | -0.048 | -0.276*** |
| 年龄（岁） | 0.000 | 0.020*** |
| 教育程度（初中及以下=0） | 0.238*** | -0.141 |
| 户口性质（农业=0） | 0.217** | 0.118 |
| 婚姻状况（不在婚=0） | -0.244*** | 1.050*** |
| 流动特征 | | |
| 流动年限（年） | -0.020*** | 0.028** |
| 流动范围（省内流动=0） | 0.087* | 0.072 |
| 经济特征 | | |
| 就业身份（自雇佣=0） | | |
| 被雇佣 | 0.082 | -1.285*** |
| 未就业 | 0.380 | -1.113* |
| 职业类型（商业服务业=0） | | |
| 生产运输业 | -0.221*** | 0.184 |
| 其他 | 0.143 | -0.178 |
| 单位性质（非公有制=0） | 0.052 | -0.094 |
| 周劳动时长（小时） | -0.000 | -0.021*** |
| 月收入对数 | 0.022* | 0.021 |
| 住房性质（非自有=0） | -0.368*** | 2.141*** |
| 卫生健康特征 | | |

续表

| 主要变量 | （1）OLS | （2）OLS |
| --- | --- | --- |
| | 消极心理感受（K6评分） | 积极心理体验（SWLS评分） |
| 社会医保（无=0） | -0.477*** | 0.683*** |
| 年内住院（否=0） | 0.158 | -0.046 |
| 户籍地特征 | | |
| 户籍地农地面积对数 | 0.015*** | -0.006 |
| 户籍地住房面积对数 | 0.006 | -0.015 |
| 截距项 | 3.86*** | 21.52*** |
| 样本量 | 15996 | 15996 |
| $R^2$ | 0.015 | 0.044 |

注:*代表0.1的统计水平上显著;**代表0.05的统计水平上显著;***代表0.01的统计水平上显著。

另外,在控制变量上,本书还同时观测到,在婚流动人口心理健康状况好于不在婚者,也一定程度地说明家庭可为成员个体提供精神慰藉;在流入地居住年限更长、拥有自家住房以及社会医保,都有利于抑制消极心理感受、培育积极心理体验;教育程度、户口性质、流动范围、职业类型、收入水平以及户籍地农地面积等因素似乎仅对消极心理感受产生程度不一的显著作用,而性别、年龄、就业身份、周劳动时长等因素则可能只是带来积极心理体验上的显著影响。

家庭化流动对心理健康状况影响相关结论的可靠性也许会受到内生性的挑战,按照研究设计,这里使用区县家庭化流动平均完成度作为工具变量重新测算内生控制情况下的家庭化流动的影响程度,表4-6中分别地报告了消极心理感受(K6评分)与积极心理体验(SWLS评分)作为被解释变量时工具变量(IV-2SLS)法的两阶段估计结果[模型(3)与模型(4)]。源于它的一大直观认知就是,家庭化流动完成度以5%的统计水平既显著地减弱消极心理感受,也显著地增强积极心理体验,这与表4-5中所呈现的家庭化流动产生作用的方向以及显著程度保持了一致性，但较之于表4－5中以最小二乘（OLS）法推算的家庭团聚效应，以工具变量（IV－2SLS）法矫正偏误后估计的作用力度相对更大①：其中，K6评分在已完成与未完成家庭化流动两类别上的差异由先前的0.1增大至0.8，SWLS评分的相应差别则从此前的0.2扩大至1.3。新的估计结果是否更为可靠，取决于内生性是否真实存在以及工具变量（IV－2SLS）法是否能将存在的内生性有效予以消减。本书遂用多种方法检验了家庭化流动水平在流动人口个体心理健康状况影响因素分析中的内生性以及对此应用工具变量（IV－2SLS）法的有效性（考虑到工具变量的外生性目前公认难以在实证上作出检验，而本书工具变量的外生性已有较多的文献从理论上提供支持，这里仅就工具变量的相关性进行检验，亦即检验是否存在弱工具变量的问题），其结果见于表4－6。

表4－6  家庭化流动对流动人口个体心理健康的影响：基于IV－2SLS的估计

| 主要变量 | (3) IV－2SLS | | (4) IV－2SLS | |
|---|---|---|---|---|
| | 消极心理感受（K6评分） | | 积极心理体验（SWLS评分） | |
| | 一阶段 | 二阶段 | 一阶段 | 二阶段 |
| 家庭化流动完成（否＝0） | — | －0.788** | — | 1.304** |
| 人口特征 | | | | |
| 性别（女＝0） | 0.018*** | －0.032 | 0.018*** | －0.300*** |
| 年龄（岁） | －0.004*** | －0.002 | －0.004*** | 0.025*** |
| 教育程度（初中及以下＝0） | 0.015** | 0.242*** | 0.015** | －0.148 |
| 户口性质（农业＝0） | 0.026*** | 0.234*** | 0.026*** | 0.091 |
| 婚姻状况（不在婚＝0） | 0.463*** | 0.090 | 0.463*** | 0.505 |

———————

①  人口特征、流动特征、经济特征、卫生健康特征以及户籍地特征等控制变量在工具变量（IV－2SLS）模型中的估计结果也可见于表4－6，受到主题的聚焦性所限，这里不作详细介绍，下文诸章皆作相同处理。

续表

| 主要变量 | (3) IV - 2SLS | | (4) IV - 2SLS | |
|---|---|---|---|---|
| | 消极心理感受（K6 评分） | | 积极心理体验（SWLS 评分） | |
| | 一阶段 | 二阶段 | 一阶段 | 二阶段 |
| 流动特征 | | | | |
| 流动年限（年） | 0.011 *** | - 0.012 * | 0.011 *** | 0.015 |
| 流动范围（省内流动 = 0） | - 0.045 *** | 0.055 | - 0.045 *** | 0.124 |
| 经济特征 | | | | |
| 就业身份（自雇佣 = 0） | | | | |
| 被雇用 | - 0.117 *** | 0.004 | - 0.117 *** | - 1.157 *** |
| 未就业 | - 0.071 * | 0.332 | - 0.071 * | - 1.034 * |
| 职业类型（商业服务业 = 0） | | | | |
| 生产运输业 | - 0.063 *** | - 0.273 *** | - 0.063 *** | 0.269 * |
| 其他 | - 0.008 | 0.140 | - 0.008 | - 0.174 |
| 单位性质（非公有制 = 0） | 0.019 | 0.074 | 0.019 | - 0.131 |
| 周劳动时长（小时） | - 0.002 *** | - 0.002 | - 0.002 *** | - 0.019 *** |
| 月收入对数 | - 0.003 * | 0.020 | - 0.003 * | 0.025 |
| 住房性质（非自有 = 0） | 0.164 *** | - 0.246 ** | 0.164 *** | 1.942 *** |
| 卫生健康特征 | | | | |
| 社会医保（无 = 0） | 0.004 | - 0.483 *** | 0.004 | 0.694 *** |
| 年内住院（否 = 0） | 0.061 *** | 0.196 | 0.061 *** | - 0.109 |
| 户籍地特征 | | | | |
| 户籍地农地面积对数 | 0.000 | 0.015 *** | 0.000 | - 0.006 |
| 户籍地住房面积对数 | - 0.006 *** | 0.002 | - 0.006 *** | - 0.007 |
| 工具变量 | | | | |
| 区县家庭化流动平均完成度 | 0.483 *** | — | 0.483 *** | — |
| 截距项 | 0.252 | 4.199 *** | 0.252 | 20.97 *** |
| 样本量 | 15996 | 15996 | 15996 | 15996 |
| $R^2$ | 0.326 | — | 0.326 | — |

注: * 代表 0.1 的统计水平上显著; ** 代表 0.05 的统计水平上显著; *** 代表 0.01 的统计水平上显著。

Stata 软件在基于工具变量（IV - 2SLS）法（未作任何方差及协

方差估计调整）估计出回归系数后为我们展示了可作为内生性检验重要参考的 Durbin 和 Wu-Hausman 等相关统计量。可以看出，消极心理感受与积极心理体验作为被解释变量的两模型下两统计量对应的 p 值均小于及等于 0.1，表明被检验的关键解释变量家庭化流动的完成状况应视之为内生变量（且该结论在稳健方差估计情况下也被证实，详见表 4 - 7 的注释），不对其内生性加以调整将使估计过程发生显著偏误。不过，尽管家庭化流动对流动人口个体心理健康状况影响作为本部分的研究问题，受到内生性十分突出的干扰，但家庭化流动在个体心理健康方面产生的正向效应，亦即给家庭的保护性功能带来的促进作用，却未有因控制内生偏误、变换估计策略而改变，流动人口家庭发展第一阶段的结构性演进确实是家庭在功能层面上发展的积极因素。

在已证实内生性的情况下，本书引入的工具变量（IV - 2SLS）法的效力可能受到弱工具变量问题的制约。有鉴于此，这里使用 Cragg-Donald 等统计量检验了作为工具变量的区县家庭化流动平均完成度能否满足工具变量（IV - 2SLS）法（未作任何方差及协方差估计调整）中相关性的要求。据表 4 - 7 来看，其统计值（508.340）远远超过在 Stock 和 Yogo（2005）计算方案下拒绝弱工具变量假设的临界值（10% 的显著性水平对应 16.4），表明本书选取的工具变量与家庭化流动水平这一内生解释变量存在较强相关关系（在稳健方差估计情况下，该结论亦可被证实，详见表 4 - 7 的注释），以工具变量（IV - 2SLS）法控制内生性后所得结论是可靠的，基本不会受到弱工具变量问题的影响。

使用工具变量（IV - 2SLS）法来进行内生控制之余，本书还利用倾向值匹配（PSM）作出稳健检验。如表 4 - 8 所示，倾向值匹配（PSM）估计的消极心理感受的干预组平均干预效应（ATT[①]，在本

---

① 之所以会选定干预组的平均干预效应（ATT）这一统计指标，而不直接采用平均干预效应（Average Treatment Effect，可简记为 ATE）作为参考，主要是考虑到前者将不可能接受到干预的对象排除在效应评估的范围之外，代表一种"实质性的关注"，具体介绍可以参见马焱、李龙（2014），李龙、宋月萍（2017）等。

部分中指,已完成家庭化流动的人若未完成家庭化流动将与现实情况存在多大的差异,以下皆同,不作赘言),在近邻匹配[模型(5)]与半径匹配[模型(6)]两方法下均为0.3左右,而积极心理体验的干预组平均干预效应(ATT)在近邻匹配[模型(7)]与半径匹配[模型(8)]两方法下据估计是1.2—1.4,它们都在1%的统计水平上高度显著。可见,是否完成了家庭化流动会使流动人口个体出现差别化的心理健康状况,这很大程度上要归因于,家庭化流动的完成与否将构造出不同的结构性基础,影响以精神慰藉为突出特点的家庭保护性功能。

表4-7                    IV-2SLS 估计相关检验结果

| 检验类型 | 所用检验统计量 | 模型 | 统计值 | $p$ 值 |
|---|---|---|---|---|
| 内生性检验[a] | Durbin Chi2 | 模型(3) | 4.007 | 0.045[**] |
| | | 模型(4) | 2.673 | 0.100[*] |
| | Wu-Hausman F | 模型(3) | 4.002 | 0.046[**] |
| | | 模型(4) | 2.670 | 0.100[*] |
| 相关性检验<br>(弱工具变量)[b] | Cragg-Donald Wald F | 模型(3) | 508.340 | — |
| | | 模型(4) | 508.340 | — |

注:[*]代表0.1的统计水平上显著;[**]代表0.05的统计水平上显著;[***]代表0.01的统计水平上显著。

[a] 本书这里采用的是适合于未作任何方差(协方差)估计调整的IV-2SLS方法内生性检验的Durbin统计量和Wu-Hausman统计量,以上两者的具体介绍可见于Durbin(1954)以及Wu(1973)、Hausman(1978);本书同时也采用了基于稳健方差估计的IV-2SLS方法来考察家庭化流动对流动人口个体心理健康状况的影响,其显著作用仍可以被证实,此时,用以检验内生性的Wooldridge稳健得分(robust score)统计量对应的$p$值分别为0.040[模型(3)]和0.097[模型(4)],Wooldridge稳健回归(robust regression-based)统计量对应的$p$值则分别为0.040[模型(3)]和0.097[模型(4)],以上两者的具体介绍可见于Wooldridge(1995),这就说明家庭化流动作为关键自变量确实存在不可忽视的内生性。

[b] 模型(3)和模型(4)在该检验方面是相同的;本书这里采用的是适合于未作任何方差(协方差)估计调整的IV-2SLS方法弱工具变量检验的Cragg-Donald统计量,其具体介绍可见于Cragg和Donald(1993),按照Stock和Yogo(2005)所提供的计算方案,其在最大10%显著性水平上的临界值为16.38;本书同时也采用了在基于稳健方差估计的IV-2SLS方法下检验弱工具变量的Kleibergen-Paap统计量,其统计值为600.945,具体介绍可见于Kleibergen和Paap(2006)。

综上所述，对于家庭化流动是否显著影响家庭保护性功能这一关键的研究问题以及家庭化流动是否显著影响流动人口个体的心理健康这一操作化分析视角，本书从消极心理感受与积极心理体验相反相成的两大方面着眼，在基准条件下作出了 OLS 估计、在内生控制条件下作出了 IV – 2SLS 估计（实际上包括了未作任何方差及协方差估计调整的 IV – 2SLS 与基于稳健方差估计的 IV – 2SLS）、在稳健检验条件下作出了 PSM 估计。所有 10 个模型的结果都强烈支持：家庭化流动显著促进流动人口个体的心理健康。据此推断，家庭化流动显著改善家庭保护性功能这一结论是十分可靠的。

表 4 – 8　　家庭化流动对流动人口个体心理健康的影响：基于 PSM 的估计

| 结果变量 | 方法 | ATT [a] | $t$ 值 |
|---|---|---|---|
| 消极心理感受 | （5）1 – 1 近邻匹配 [b] | – 0.304 | – 6.180 *** |
| （K6 评分） | （6）半径匹配 | – 0.327 | – 6.900 *** |
| 积极心理体验 | （7）1 – 1 近邻匹配 [b] | 1.365 | 14.230 *** |
| （SWLS 评分） | （8）半径匹配 | 1.229 | 12.390 *** |

注：* 代表 0.1 的统计水平上显著；** 代表 0.05 的统计水平上显著；*** 代表 0.01 的统计水平上显著。

[a] ATT 即 Average Treatment Effect for the Treated（干预组的平均干预效应）。

[b] 1 – 1 近邻匹配采用无放回的匹配处理方式，这种处理方式相较于有放回的匹配处理方式以及半径匹配相比于近邻匹配都有可能引起偏差增大，但有助于降低方差（考虑到本书先前采用的内生控制技术 IV – 2SLS 可能显著地扩大了方差，此处引入不致使方差过大的内生控制技术，将更有利于达到稳健检验的目的），详情可见于 Caliendo 和 Kopeinig（2008）。

## 二　家庭化流动对于家庭社会化功能的影响

### （一）变量处理

为了能够揭示流动人口家庭发展第一阶段（家庭化流动阶段）完成对于流动人口家庭社会化功能的影响，本书从人际行为和内在行为两方面考察受到迁移流动影响的儿童的在校表现，呈现随迁儿童和留守儿童之间的差别：人际行为可以基于班级融入和学校适应来加以反映，而内在行为则可以通过行动失范来加以呈现。本书所用数据源于中国教育追踪调查（CEPS）。这一调查是由中国人民大学中国调查与数据中心具体实施。较之于同类型的调查，它具有全国性、大规模、多层级、常态化等优势及特色：首先，CEPS 是以2013—2014 学年七年级（初中一年级）和九年级（初中三年级）的学生为起点开展基线调查，采取分层次、多阶段、与规模成比例的概率抽样（PPS）方法，面向除了港、澳、台之外的 31 个省级行政单元，涵盖 112 所学校的 438 个班级，目前少有教育专项调查可以实现与此相当的代表性；其次，CEPS 最终访问到的有效样本量为19487，其调查问卷记录了 10279 名七年级学生（约占 52.7%）和9208 名九年级学生（约占 47.3%）的众多信息，它还特别针对全体被访学生进行了标准化认知能力水平测试、收集了期中考试的主要课程成绩，这据知是在中国首次获取如此大样本的教育专项调查数据；再次，CEPS 同时也将全体被访学生的家长、班主任老师及任课老师、学校领导等列入了调查范围，因而更好地融合了个人及其所居家庭、所处班级、所在学校等的相关情况，便于系统分析各层变量的联合效应、有效评价不同环境的交互影响，能够为教育学、社会学等领域提供良好的研究支撑；最后，CEPS 依托中国社会调查网络，计划在被访学生初中阶段里完成全程追踪，在其初中毕业后实现关键时间节点追访，历时数十年，该网络同时还组织中国综合社会调查（CGSS）等多个专业社会调查，人员队伍完备，质量控制严格，已经形成具有连续性与自主性的社会科学基础数据采集平台。本书仅选取了 CEPS 中随迁和留守的被访初中学生。调查显示，约有2935 名初中学生正随同父母流动，而另外的 3969 名初中学生则留守老家，本书将以他们作为分析对象。

　　为了能将人际行为和内在行为等这些较抽象的理论性概念转化为较具体的操作化变量，本书选取 CEPS 中 9 项学校生活主观评价指标①，利用主成分法因子分析综合生成若干公共因子。针对上述指标的 Bartlett 球形检验结果显示，相应的 $p$ 值为小于 0.001，表示各指标的相关系数矩阵显著有别于单位矩阵，而其 KMO 统计值为 0.712，表示各指标之间的偏相关性较强，达到可接受的水平，两者均说明原始数据适合进行因子分析。本书根据 Kaiser 准则剔除特征值小于 1 的公共因子，最终提取 3 个公共因子（Cattell 碎石图同样支持该判断）。表 4-9 中给出了这些公共因子对应的特征值及贡献率，不难看到，其累计贡献率可达 63.8%，这意味着 3 个公共因子能够解释总变异的超过六成。由于初始的因子载荷结构不太简明，得到的公共因子在解释能力上偏弱。有鉴于此，本书依照研究惯例对其作出正交旋转，重新分配公共因子解释的方差，使因子载荷的平方值趋近于 0 或 1，旋转后的公共因子更加便于解释，其对应的特征值及贡献率可参见表 4-9。

表 4-9　　　　　　　　　　　正交旋转前后的特征值与贡献率

| 因子 | 正交旋转前 | | | 正交旋转后 | | |
|---|---|---|---|---|---|---|
| | 特征值 | 方差贡献率（%） | 累计贡献率（%） | 特征值 | 方差贡献率（%） | 累计贡献率（%） |
| 1 | 2.68 | 29.75 | 29.75 | 2.36 | 26.26 | 26.26 |
| 2 | 1.87 | 20.79 | 50.54 | 1.86 | 20.62 | 46.88 |
| 3 | 1.19 | 13.27 | 63.81 | 1.52 | 16.93 | 63.81 |

表 4-10 报告的是旋转后的因子载荷情况，相较于旋转前，公共因子在含义上更加清楚，故而更加便于分类。这里，按照旋转后的方差贡献率对 3 个公共因子进行排序，并分别将其命名为"班级

① 这些指标源于量表，本书对其信度和效度分别进行了检验：就信度而言，相应的 Cronbach's α 系数约为 0.69，大于 0.6，符合可接受的信度衡量标准，表明其内部的一致性较好；就效度而言，各个单项与总体的相关性均很高，项目鉴识能力可靠，表明其符合有效性的要求。

融入"因子、"行动失范"因子和"学校适应"因子。可以看到,各个中心因子载荷都在 0.65 以上,这一般被认为是高载荷的,表明公共因子能够较好地解释所用指标的方差。在此基础上,本书利用回归方法计算因子得分,并对"学校适应"因子的得分进行了正向化处理①。

表 4 - 10　　　　　　　　　　正交旋转后的因子载荷

| 变量 | 因子载荷 | | |
|---|---|---|---|
| | 1 | 2 | 3 |
| | 班级融入 | 行动失范 | 学校适应 |
| 班里大多数同学对我友好 | 0.82 | | |
| 我认为自己很容易与人相处 | 0.84 | | |
| 我所在的班级班风良好 | 0.72 | | |
| 我经常参加班级组织的活动 | 0.66 | | |
| 我经常迟到 | | 0.82 | |
| 我经常逃课 | | 0.84 | |
| 父母经常收到老师对我的批评 | | 0.69 | |
| 我在这个学校里感到很无聊 | | | 0.83 |
| 我希望去另一个学校 | | | 0.86 |
| 正交旋转后方差贡献率(%) | 26.26 | 20.62 | 16.93 |

　　本书进而利用上述因子得分来构建受到迁移流动影响的儿童的在校表现影响因素回归模型。首先选定农村儿童随迁状况作为关键自变量,重点考察随同父母流动(即完成家庭化流动)对儿童在校

---

　　①　与其他公共因子相比,这一公共因子的得分所显示出的趋势有所不同:对于前 2 个公共因子,得分越高,分别反映的是班级融入、行动失范的水平越高,而对于第 3 个公共因子,得分越高,则说明的是学校适应的程度越低。为了方便后文分析,本书通过得分正向化使"学校适应"因子与其他公共因子保持同趋势(亦即得分越高,反映的是学校适应的水平越高)。

表现的作用方向、程度及显著水平。若为随迁儿童，则赋值1；若为留守儿童，则赋值0。

　　本书还为受到迁移流动影响的儿童的在校表现影响因素回归模型同时纳入了四组控制变量，分别反映的是个体、家庭、班级和学校等相关特征对受到迁移流动影响的儿童的在校表现的作用状况，这有助于更准确而稳健地估计家庭化流动所带来的干预效应。（1）个体特征除了包括被访学生的性别、民族、兄弟姐妹数（亦即独生子女与否）等以往文献反复论及的基础变量之外，还包括被访学生的教育期望、认知能力等以往文献较少涉及但被认为对在校表现具有显著影响的变量。其中，教育期望度量的是被访学生"希望自己读到什么程度"，根据自我认同理论以及参照群体理论，期望是"行为的引擎"，将推动学生在基础教育后实现不同的教育成就（Woelfel & Haller，1971），因此，更高的教育期望通常对应着更优的在校表现。认知能力对学生在校表现产生重要的制约作用，利用认知结构中的信息加工模型研究发现，具体认知能力是学生在校表现显著的预测变量（Vock et al.，2011），CEPS 设计了一套可以测量被访学生逻辑思维与问题解决等具体认知能力的试题，涵盖了语言、图形、计算与逻辑等三个基本维度，从而具备了在回归模型中控制具体认知能力的可能。（2）家庭特征重点考虑被访学生所在家庭的经济状况及其父母的教育程度。这两者在国外的教育生产函数实证研究中最受关注，其形成了父母教育卷入等方面的差异，而这些差异与学生发展水平呈典型的相关关系。（3）班级特征主要着眼被访学生所在班级的整体水平及班主任是否获评优秀，学校特征则着力考察被访学生所在学校的排名状况和地域条件。Bronfenbrenner（1977）发展生态框架将儿童的成长视为个体与环境交互作用下的过程，班级以及学校是和家庭处在同层次、影响较直接的一类环境，教育质量和教师风格等对儿童的干预效果最为突出（Seginer，2006）。各控制变量的简要定义可参见表4－11。

**表4-11** 控制变量的主要含义

| 主要变量 | 主要含义 |
|---|---|
| 个体特征 | |
| 性别 | 二分类,女=0,男=1 |
| 民族 | 二分类,少数民族=0,汉族=1 |
| 独生子女 | 二分类,否=0,是=1 |
| 教育期望 | 多分类,高中及以下=0,大学本科(专科)=1,研究生=2 |
| 认知能力得分 | 连续型 |
| 家庭特征 | |
| 家庭经济状况 | 多分类,困难=0,中等=1,富裕=2 |
| 父亲教育程度 | 多分类,小学及以下=0,初中=1,高中及以上=2 |
| 母亲教育程度 | 多分类,小学及以下=0,初中=1,高中及以上=2 |
| 班级特征 | |
| 班级排名 | 多分类,中下及最差=0,中等及中上=1,最好=2 |
| 优秀班主任 | 二分类,否=0,是=1 |
| 学校特征 | |
| 学校排名 | 多分类,中等及以下=0,中上=1,最好=2 |
| 所在地区 | 多分类,东部地区=0,中部地区=1,西部地区=2 |

注:个体特征变量均取自于学生问卷,家庭特征变量是在逻辑校验的基础上综合学生问卷和家长问卷而形成,班级特征变量均来自班主任问卷,学校特征变量均来源于校领导问卷;表中所涉变量基本都保留了CEPS原始调查数据风貌(原始调查问题不作具体说明,CEPS官方网站皆有介绍),本书仅针对部分分类变量进行了类别的整合,以避免单个类别上容纳的个案数太少。

## (二)实证结果

基于主成分法因子分析,本书求出受到迁移流动影响的儿童的人际行为和内在行为两方面在校表现的标准化因子得分,表4-12呈现的是随迁与留守两群体间该结果的差异。其直观地表明:(1)就人际行为而言,留守儿童的班级融入得分和学校适应得分都不及随迁儿童,且此差异在1%的统计水平上显著;(2)按内在行为来说,留守儿童的行动失范得分要比随迁儿童偏高,这也在1%的统计水平上具有显著性。以上的描述分析揭示出，父母流动影响下的留守儿童可能会总体处于在校表现更加不良的状态，尤为突出的是其人际行为，这与随迁儿童相差极大，内在行为亦显示出一定的差异性。

表 4 - 12　　　　　　　随迁儿童与留守儿童在校表现的因子得分比较

| 在校表现 | 随迁 | | 留守 | | p 值 |
|---|---|---|---|---|---|
| 测度变量 | 均值 | 标准差 | 均值 | 标准差 | |
| 班级融入 | 0.102 | 0.991 | − 0.076 | 1.000 | < 0.001 *** |
| 行动失范 | − 0.067 | 0.917 | 0.050 | 1.055 | < 0.001 *** |
| 学校适应 | 0.038 | 0.977 | − 0.028 | 1.016 | 0.008 *** |

注：p 值来自 t 检验。* 代表 0.1 的统计水平上显著；** 代表 0.05 的统计水平上显著；*** 代表 0.01 的统计水平上显著。

　　受到迁移流动影响的儿童的在校表现影响因素回归模型控制了个体、家庭、班级和学校等相关特征变量，其估计结果更好地诠释了随同父母流动（即完成家庭化流动）发挥作用的方向、程度及显著水平。如图 4 - 14 所示，班级融入子模型中，随迁儿童与留守儿童间的因子得分差异在控制其他变量不变情况下约为 0.11，留守儿童明显偏低于随迁儿童（p < 0.01），可见未随父母流动会对儿童班级融入造成较突出的负面效应。行动失范子模型则显示，关键自变量随同父母流动对应的回归系数约为 − 0.14，其在 1% 的统计水平上显著，表明留守儿童相较之于随迁儿童确实存在更突出的行动失范发生水平。学校适应子模型中，按是否随同父母流动划分的两类儿童同等控制条件下的因子得分相差大约 0.05，显示留守儿童学校适应状况可能相对更差，但是其并未通过显著性检验，故不足以支撑儿童学校适应状况因未随父母流动而趋于恶化的结论。总的来说，图 4 - 14 中的估计结果显示，相对于留守儿童，随迁儿童人际行为明显更佳，未随父母流动加大留守儿童内在行为失序的可能性。

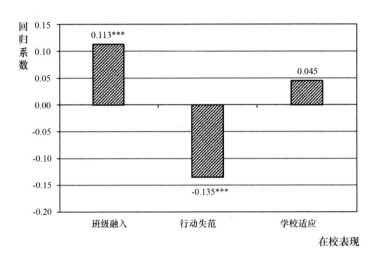

**图4－14　随同父母流动对儿童在校表现的影响：基于 OLS 的估计**

注：\* 代表 0.1 的统计水平上显著；\*\* 代表 0.05 的统计水平上显著；\*\*\* 代表 0.01 的统计水平上显著。

　　本书这部分结合调查问卷可得变量，分别从现代家庭保护性功能和社会化功能这两大典型功能着眼，深入考察家庭化流动完成后家庭功能实现状况，借以检验"第一阶段结构功能假设"成立与否，进而对流动人口家庭发展的结构与功能逻辑加以部分地呈现。纵观本节，我们不难推知，作为流动人口家庭发展第一阶段的家庭化流动，一方面极显著地改善了流动人口个体心理健康状况，表明团聚的流动人口家庭可以更好地发挥以精神慰藉为突出特点的保护性功能；另一方面也较显著地优化了流动人口家庭中的儿童人际行为以及内在行为，显示家庭团聚、儿童随迁能够更好地实现以人际行为、内在行为为基本着眼的社会化功能。据此来看，本书的理论假设3.1〔亦即第一阶段家庭化流动的实现（结构性演进为主）有助于改善家庭功能状况〕得到了有效的验证。

# 第 五 章

# 从第一阶段向第二阶段
# 进化的实证分析

## 第一节 家庭化流动阶段完成
## 对融入的影响

**一 主观融入意愿与客观融入感受界定**

根据流动人口家庭发展三阶段基础理论模型，第一个阶段里要完成家庭化流动的"任务"，而第二个阶段的"任务"则是需实现家庭式融入。着力诠释从旧阶段的家庭化流动向新阶段的家庭式融入进化的必然性、有效评估由前一阶段的家庭化流动到后一阶段的家庭式融入进化的可能性，是对于探察流动人口家庭发展过程、划定流动人口家庭发展阶段具有特殊重要意义的研究任务。这项工作能否得以科学地设计、合理地实施，直接地关系到本书的立论根基牢不牢靠、成论环节周不周密。因此，家庭化流动阶段的完成将会怎样影响融入，可以说是本书的一道必答题，其答案有助于我们认识和理解流动人口家庭发展第一阶段同第二阶段之间存在何种相互的联系、构成何种因果的作用。考虑到家庭式融入理论上是在家庭化流动完成之后才会出现，实证中我们只能针对已经团聚的家庭来分析其整体融入态势,显然无法有效地测度未完成家庭化流动时的家庭式融入状况,因此也就难以对比已完成家庭化流动阶段与尚处于家庭化流动阶段的两种类型家庭中的融入水平、揭示流动人口家庭发展第一阶段完成家庭化流动对第二阶段实现家庭式融入的作用。有鉴于以家庭式融入作为被解释变量探讨家庭化流动完成与否带来的融入效应不具备可行性,这里没有把融入的定义过于局限在第一阶段后的流动人口家庭,而是借助主客观融入性指标审视家庭团聚是否确有利于促进融入,从而为认识和理解流动人口家庭发展从第一阶段向第二阶段的进化提供实证论据。

(一) 变量处理

本书将依托 2014 年全国流动人口卫生计生动态监测调查社会融合与心理健康个人问卷中的融入状况心理量表①,从主观融入意愿和客观融入感受两个方面出发考察被访流动人口的主客观融入性:所谓主观融入意愿,重点关注的是,流动人口自身对于进入当地的"核心社会环境"的心理愿望,本书基于调查问卷中所涉及的科目,将特别着眼于流动人口对结构同化问题以及婚姻同化问题的心理预期,其中,结构同化一般是指,流动人口能够进入当地"核心"的社会网络、机构以及阶层等,它被融入经典理论的提出者 Gordon (1964) 认为充当着整个融入过程的基石;所谓客观融入感受,则主要探讨的是,流动人口在与当地居民互动中对于偏见和歧视等的心理感知,这在 Gordon (1964) 所提出的迁移流动者融入过程中对应着继结构同化与婚姻同化后将面临的态度接纳问题和行为接纳问题。由此可见,主观融入意愿和客观融入感受两方面实际上正反映了流动人口在跨越迁移流动之后的融入关键期时对相关融入环节的特定诉求和对各类融入障碍的切身体会,是其在经历从较初步的结构性的融入到深层次的无差异的融入这一融入的主体过程时对预期与实

① 该调查在 8 个开展社会融合示范试点工作的城市中组织实施,具体参见第四章第二节中的介绍。

际之间差距的心理评价。二者可以说是在不同的维度、以多元的视角真切地刻画了流动人口融入状态是否良好、突出地展现了流动人口融入过程是否顺遂，前者可能更着力地表现流动人口自身的融入理念（特别是其思想上的积极性），后者则相对更倾力地反映流动人口融入过程的实践（特别是其障碍上的突破性），互为补充、互相印证，可以有效检验流动人口在融入中的获得感。

本书从融入状况心理量表的十余项指标里面选取 9 项指标展开主成分法因子分析，以便将主观融入意愿和客观融入感受的抽象概念操作化为可借助量表进行后续探究工作的具体变量，其余数项指标由于信息重复则未纳入本章下文研究体系①。在因子分析前，本书首先依惯例检验其适用性，发现动态监测调查数据可满足应用因子分析方法的基本条件：其一，Bartlett 球形检验的统计值约为97780.06，对应 $p$ 值则为小于 0.001，因而可在较高的统计水平上明确拒绝各个指标之间不存在相关性的原假设；其二，KMO 统计值约为 0.87，完全达到可接受的水平，同样能够表明各个指标偏相关性很强。考虑到因子分析技术已在第四章第二节中作过介绍，这里仅对估计结果直接加以简要解读。本书基于 Kaiser 准则和 Cattell 碎石图提取 2 个特征值大于 1 的公共因子，从表 5 - 1 所报告的公共因子的特征值与贡献率当中可以看到，2 个公共因子的方差贡献率正交

---

①　本书考虑的 9 项指标分别是"我愿意与本地人共同居住在一个街区（社区）""我愿意与本地人做同事""我愿意与本地人做邻居""我愿意与本地人交朋友""我愿意自己或亲人与本地人通婚""我愿意融入社区/单位，成为其中的一员""我感觉本地人不愿与我做邻居""我感觉本地人不喜欢我""我感觉本地人看不起我"，至少从理论上可以明显看出，前 6 项更多地体现了主观融入意愿，而后 3 项则更多地反映了客观融入感受。动态监测调查问卷原始量表当中还包含有"我感觉自己是属于这个城市的""我觉得我是这个城市的成员""我把自己看作是这个城市的一部分"等多项指标，它们与"我愿意融入社区/单位，成为其中的一员"这项指标在语义上存在着明显的相合性。本书认为，将它们连同于"我愿意融入社区/单位，成为其中的一员"一起纳入因子分析只提供了冗余信息，并无助于切实改进结果质量，遂决定不使用这些指标。

旋转后分别为44.3%和28.9%，累计贡献率超过了七成，这就表明总变异能得到2个公共因子较良好的解释。根据已正交旋转的方差贡献率排序后，本书结合研究需要将2个公共因子分别命名为"主观融入意愿"因子和"客观融入感受"因子，表5-2中所列示的因子载荷情况告诉我们，各选用指标的方差亦能得到2个公共因子较良好的解释，因为中心因子载荷基本都能达到以及超过0.7。在因子分析的最后，本书计算出因子得分，以便后文开展关于流动人口主客观融入性的描述分析与构建回归模型。

表5-1　　　　　　　　　正交旋转前后的特征值与贡献率

| 因子 | 正交旋转前 | | | 正交旋转后 | | |
|---|---|---|---|---|---|---|
| | 特征值 | 方差贡献率（%） | 累计贡献率（%） | 特征值 | 方差贡献率（%） | 累计贡献率（%） |
| 1 | 4.574 | 50.820 | 50.820 | 3.984 | 44.270 | 44.270 |
| 2 | 2.013 | 22.370 | 73.190 | 2.603 | 28.920 | 73.190 |

表5-2　　　　　　　　　正交旋转后的因子载荷

| 主要变量 | 因子载荷 | |
|---|---|---|
| | 1 | 2 |
| | 主观融入意愿 | 客观融入感受 |
| 我愿意与本地人共同居住在一个街区（社区） | 0.849 | |
| 我愿意与本地人做同事 | 0.887 | |
| 我愿意与本地人做邻居 | 0.885 | |
| 我愿意与本地人交朋友 | 0.866 | |
| 我愿意自己或亲人与本地人通婚 | 0.694 | |
| 我愿意融入社区/单位，成为其中的一员 | 0.639 | |
| 我感觉本地人不愿与我做邻居 | | 0.881 |
| 我感觉本地人不喜欢我 | | 0.932 |
| 我感觉本地人看不起我 | | 0.906 |
| 正交旋转后方差贡献率（%） | 44.270 | 28.920 |

### （二）概况描述

在应用主成分法因子分析的基础之上，本书得到的主观融入意愿和客观融入感受的标准化因子得分（见表5-3）显示，尚处于流动人口家庭发展第一阶段（家庭化流动阶段）的人比起已完成第一阶段的人主客观融入性明显更差一些：（1）从主观融入意愿来看，未实现家庭团聚者的主观融入意愿因子得分要比已实现家庭团聚者低0.09分，且此差异在1%的统计水平上显著；（2）就客观融入感受而言，未完成家庭化流动者的客观融入感受因子得分较之已完成家庭化流动者高0.05分，该差别在1%的统计水平上亦具有显著性。以上基于列联表所作的探讨为我们初步地呈现了家庭化流动阶段的完成与主客观融入性之间的密切关系，本书接下来将使用回归模型控制其他变量可能产生的影响，从而更精准地评判流动人口家庭发展第一阶段完成与否所带来的融入效应。

**表5-3　　流动人口家庭化流动完成状况与流动人口主客观融入性**

| 心理健康测度变量 | 已完成家庭化流动 | | 未完成家庭化流动 | | p值 |
|---|---|---|---|---|---|
| | 均值 | 标准差 | 均值 | 标准差 | |
| 主观融入意愿 | -0.11 | 1.06 | -0.20 | 1.04 | <0.001*** |
| 客观融入感受 | 0.13 | 1.04 | 0.18 | 1.03 | <0.001*** |

注：p值来自于t检验。*代表0.1的统计水平上显著；**代表0.05的统计水平上显著；***代表0.01的统计水平上显著。

## 二　家庭化流动对主客观融入性的影响

### （一）基本思路

本部分旨在对家庭化流动完成度是否真正影响流动人口主客观融入性这一问题作出检验，实证思路基本延续上一章第二节中关于家庭化流动与家庭保护性功能因果关系研究的各项设定，也是采取在多元线性回归模型中以最小二乘（OLS）法实施基准估计、依托工具变量（IV-2SLS）法和倾向值匹配（PSM）内生控制与稳健评估的研究方案①。

本书在此仍突出地考虑了可能的内生性问题,除了前文已有介绍过的自选择性偏差,分析家庭化流动的融入效应还面临着另外一种极其突出的内生性偏误。那就是不仅存在着家庭化流动水平影响主客观融入性的机制,同时也存在着主客观融入性对家庭化流动完成状况的作用。后者体现出的反向因果关系主要由于主客观融入性是个体层次的指标,已迁移流动者融入状况的好坏势必会对整个家庭的迁移流动决策造成影响。显然,如果不能有效地克服这种内生性,我们就无法充分地厘清谁是"因"、谁是"果",进而陷入"映射问题"(Manski,1993)的"泥淖"中难以确切地推断流动人口家庭发展第一阶段与第二阶段的进化关系究竟是否存在。本书这部分再次引入前一章第二节使用过的工具变量(区域层面上的平均水平)进行内生控制,并以倾向值匹配(PSM)来检验内生控制的可靠性。

接下来构建的回归模型仍然使用前述控制变量(亦即人口特征、流动特征、经济特征以及户籍地特征等,其主要含义见表4-4),但未纳入卫生健康特征(包括社会医保、年内住院等具体变量),改为控制城市固定效应(以虚拟变量的形式引入所在城市的变量),这主要考虑到流动人口主客观融入性更可能受城市环境影响,而不太可能因医疗卫生状况出现巨大的差异,但流动人口个体心理健康状况在地域间的差别不大,反倒更易为医疗卫生状况所牵动。在对控制变量作出细微调整之后,本书将主要变量上出现数据缺失的被访流动人口个案(总量极少,只有2个)悉数删除,最终在8个开展社会融合示范试点工作的城市中得到包含15997名被访流动人口相关信息的有效样本。

———————————

① 有鉴于该方案的控制变量处理过程和计量方法选取情况在前一章都有较详细的介绍,相关估计结果也有较深入的解释,本部分涉及的上述环节大抵是相通的,故而将不再有过多论析。

## （二）实证结果

本书首先在控制了人口、流动、经济以及户籍地等特征和城市固定效应的情况下，以最小二乘（OLS）法估计流动人口主客观融入性影响因素回归模型，表5-4报告的是上述过程的结果①。模型（1）的被解释变量为主观融入意愿的因子得分，结果显示，其会受到关键解释变量家庭化流动完成状况极其显著的影响（$p < 0.01$），当其他变量保持一致时，已实现家庭成员团聚的流动人口要比那些所在家庭仍居住分离的流动人口在主观融入意愿的因子得分上高出约0.09。而从模型（2）来看，家庭化流动完成与否同样会对流动人口的客观融入感受产生十分突出的作用（$p < 0.1$），若控制了其他变量，已完成者的因子得分与未完成者的因子得分将相差约0.03，前者对自身客观融入状况的负面评价发生水平更低。总的说来，跨过流动人口家庭发展第一阶段，被初步地证实将会创造良性的融入机制、释放积极的融入效应，流动人口的主客观融入性则随之改观，这无疑为迈入流动人口家庭发展第二阶段构筑了更牢靠的"基石"、培育了更深厚的"土壤"。为了进一步地检视家庭化流动完成度同主客观融入性之间的因果关系是否确切存在，本书又使用工具变量（IV-2SLS）法作出类似上一章第二节的内生控制条件下的重新估计，以期避免相关结论上的误判。

表5-4　家庭化流动对流动人口主客观融入性的影响：基于OLS的估计

| 主要变量 | （1）OLS | （2）OLS |
|---|---|---|
| | 主观融入意愿 | 客观融入感受 |
| 家庭化流动完成（否=0） | 0.093*** | -0.031* |

---

① 表5-4同时还显示，非农户口、省内流动、稳定就业、自有住房等都是提振主客观融入性的积极因素，而性别、年龄、教育程度、流动年限、职业类型、单位性质以及户籍地农地面积等变量或者只对主观融入意愿的因子得分构成影响，或者只对客观融入感受的因子得分发挥作用。

续表

| 主要变量 | (1) OLS | (2) OLS |
|---|---|---|
| | 主观融入意愿 | 客观融入感受 |
| 人口特征 | | |
| 性别（女=0） | 0.011 | 0.051*** |
| 年龄（岁） | −0.002* | 0.001 |
| 教育程度（初中及以下=0） | 0.022 | −0.071*** |
| 户口性质（农业=0） | 0.085*** | −0.073*** |
| 婚姻状况（不在婚=0） | −0.004 | −0.023 |
| 流动特征 | | |
| 流动年限（年） | 0.011*** | −0.002 |
| 流动范围（省内流动=0） | −0.084*** | 0.037* |
| 经济特征 | | |
| 就业身份（自雇佣=0） | | |
| 被雇佣 | −0.005 | 0.080*** |
| 未就业 | −0.239** | 0.249*** |
| 职业类型（商业服务业=0） | | |
| 生产运输业 | −0.058*** | −0.007 |
| 其他 | 0.067** | −0.100*** |
| 单位性质（非公有制=0） | 0.093*** | 0.015 |
| 周劳动时长（小时） | −0.001 | 0.000 |
| 月收入对数 | −0.003 | 0.002 |
| 住房性质（非自有=0） | 0.184*** | −0.137*** |
| 户籍地特征 | | |
| 户籍地农地面积对数 | −0.001 | 0.007*** |
| 户籍地住房面积对数 | −0.002 | −0.000 |
| 城市固定效应 | 控制 | 控制 |
| 截距项 | −0.032 | 0.240*** |
| 样本量 | 15997 | 15997 |
| $R^2$ | 0.051 | 0.047 |

注:*代表0.1的统计水平上显著;**代表0.05的统计水平上显著;***代表0.01的统计水平上显著。为使表格内容相对简洁,此处未对各城市的估计结果加以报告。

　　以区县平均的家庭化流动完成水平为工具变量针对家庭化流动影响力度所作回归系数推算的结果（见表 5 - 5）表明，无论是主观融入意愿［模型（3）］，抑或是客观融入感受［模型（4）］，都因家庭化流动完成状况的不同而展示出 1% 统计水平上的显著差别。相较于表 5 - 4 中基准模型的估计结果，控制了内生性之后，家庭化流动的融入效应保持了一致的方向，亦即家庭化流动强化了流动人口自身的主观融入意愿、削弱了流动人口负面的客观融入感受。同时，其不仅显著程度更加突出，而且作用力度也有大幅提升：在主观融入意愿方面，因子得分的回归系数扩大至先前的近 7 倍，而在客观融入感受方面，因子得分的回归系数则比此前增大了 10 余倍。之所以要引入工具变量（IV - 2SLS）法，主要是考虑到主客观融入性影响因素的模型中作为关键解释变量的家庭化流动完成度理论上可能存在着内生性，这可以由表 5 - 6 所呈现的相关检验结果在实证环节上加以证实。不难看到，Durbin 和 Wu-Hausman 内生性检验统计量对应的 $p$ 值均小于及等于 0.01，显示主观融入意愿和客观融入感受的因子得分不管何者作为被解释变量来构建多元线性回归模型，都无可避免地遭遇家庭化流动带来的内生性的挑战，应当借助于工具变量（IV - 2SLS）法实施矫正，以期得到具有一致性的融入效应估计结果。而作为本书工具变量的区县家庭化流动平均完成度也被证明内生控制效果较为可靠。这里同样也区分了未作任何方差及协方差估计调整与采用稳健方差估计两种具体情况，重点是对前者作出解析（后者亦可见于表 5 - 6 的注释，不加赘言）。由于 Cragg-Donald 相关性检验统计值（209.4）要比基于 Stock 和 Yogo（2005）计算方案得到的临界值（10% 的显著性水平对应 16.4）大出很多，我们可以较有把握地认定，弱工具变量问题的干扰基本足以排除。

**表 5 - 5　家庭化流动对流动人口主客观融入性的影响: 基于 IV - 2SLS 的估计**

| 主要变量 | (3) IV - 2SLS | | (4) IV - 2SLS | |
|---|---|---|---|---|
| | 主观融入意愿 | | 客观融入感受 | |
| | 一阶段 | 二阶段 | 一阶段 | 二阶段 |
| 家庭化流动完成（否 = 0） | — | 0.644 *** | — | - 0.594 *** |
| 人口特征 | | | | |
| 性别（女 = 0） | 0.017 ** | 0.000 | 0.017 ** | 0.061 *** |
| 年龄（岁） | - 0.004 *** | 0.000 | - 0.004 *** | - 0.001 |
| 教育程度（初中及以下 = 0） | 0.015 ** | 0.014 | 0.015 ** | - 0.063 *** |
| 户口性质（农业 = 0） | 0.020 * | 0.075 *** | 0.020 * | - 0.063 ** |
| 婚姻状况（不在婚 = 0） | 0.469 *** | - 0.273 *** | 0.469 *** | 0.251 *** |
| 流动特征 | | | | |
| 流动年限（年） | 0.011 *** | 0.004 | 0.011 *** | 0.005 * |
| 流动范围（省内流动 = 0） | - 0.048 *** | - 0.055 ** | - 0.048 *** | 0.007 |
| 经济特征 | | | | |
| 就业身份（自雇佣 = 0） | | | | |
| 被雇佣 | - 0.116 *** | 0.060 ** | - 0.116 *** | 0.014 |
| 未就业 | - 0.080 ** | - 0.193 * | - 0.080 ** | 0.201 ** |
| 职业类型（商业服务业 = 0） | | | | |
| 生产运输业 | - 0.061 *** | - 0.014 | - 0.061 *** | - 0.052 ** |
| 其他 | - 0.003 | 0.070 ** | - 0.003 | - 0.103 *** |
| 单位性质（非公有制 = 0） | 0.016 | 0.080 ** | 0.016 | 0.027 |
| 周劳动时长（小时） | - 0.002 *** | 0.000 | - 0.002 *** | - 0.001 |
| 月收入对数 | - 0.004 ** | - 0.001 | - 0.004 ** | - 0.001 |
| 住房性质（非自有 = 0） | 0.168 *** | 0.086 ** | 0.168 *** | - 0.038 |
| 户籍地特征 | | | | |
| 户籍地农地面积对数 | - 0.001 | - 0.000 | - 0.001 | 0.007 *** |
| 户籍地住房面积对数 | - 0.006 *** | 0.001 | - 0.006 *** | - 0.004 |
| 城市固定效应 | 控制 | 控制 | 控制 | 控制 |
| 工具变量 | | | | |

续表

| 主要变量 | （3）IV – 2SLS | | （4）IV – 2SLS | |
|---|---|---|---|---|
| | 主观融入意愿 | | 客观融入感受 | |
| | 一阶段 | 二阶段 | 一阶段 | 二阶段 |
| 区县家庭化流动平均完成度 | 0.434 *** | — | 0.434 *** | — |
| 截距项 | 0.296 *** | – 0.318 *** | 0.296 *** | 0.533 *** |
| 样本量 | 15997 | 15997 | 15997 | 15997 |
| R² | 0.328 | — | 0.328 | — |

注：* 代表 0.1 的统计水平上显著；** 代表 0.05 的统计水平上显著；*** 代表 0.01 的统计水平上显著。为使表格内容相对简洁，此处未对各城市的估计结果加以报告。

表 5 – 6　　　　　　　　　IV – 2SLS 估计相关检验结果

| 检验类型 | 所用检验统计量 | 模型 | 统计值 | p 值 |
|---|---|---|---|---|
| 内生性检验 [a] | Durbin Chi2 | 模型（3） | 11.432 | 0.001 *** |
| | | 模型（4） | 11.882 | 0.001 *** |
| | Wu-Hausman F | 模型（3） | 11.421 | 0.001 *** |
| | | 模型（4） | 11.871 | 0.001 *** |
| 相关性检验（弱工具变量）[b] | Cragg-Donald Wald F | 模型（3） | 209.364 | — |
| | | 模型（4） | 209.364 | — |

注：* 代表 0.1 的统计水平上显著；** 代表 0.05 的统计水平上显著；*** 代表 0.01 的统计水平上显著。

[a] 本书这里采用的是适合于未作任何方差（协方差）估计调整的 IV – 2SLS 方法内生性检验的 Durbin 统计量和 Wu-Hausman 统计量，以上两者的具体介绍可见于 Durbin（1954）以及 Wu（1973）、Hausman（1978）；本书同时也采用了基于稳健方差估计的 IV – 2SLS 方法来考察家庭化流动对流动人口个体主客观融入性的影响，其显著作用仍可以被证实，此时，用以检验内生性的 Wooldridge 稳健得分（robust score）统计量对应的 p 值分别为 0.001 ［模型（3）］和 0.001 ［模型（4）］，Wooldridge 稳健回归（robust regression-based）统计量对应的 p 值则分别为 0.001 ［模型（3）］和 0.001 ［模型（4）］，以上两者的具体介绍可见于 Wooldridge（1995），这就说明家庭化流动作为关键自变量确实存在不可忽视的内生性。

[b] 模型（3）和模型（4）在该检验方面是相同的；本书这里采用的是适合于未作任何方差（协方差）估计调整的 IV – 2SLS 方法弱工具变量检验的 Cragg-Donald 统计量，其具体介绍可见于 Cragg 和 Donald（1993），按照 Stock 和 Yogo（2005）所提供的计算方案，其在最大 10% 显著性水平上的临界值为 16.38；本书同时也采用了在基于稳健方差估计的 IV – 2SLS 方法下检验弱工具变量的 Kleibergen-Paap 统计量，其统计值为 225.135，具体介绍可见于 Kleibergen 和 Paap（2006）。

出于稳健检验的考量,同时兼顾比较分析的需要,本书还依托倾向值匹配(PSM)对家庭化流动的融入效应进行了再估计,表5-7中即为相应结果。其中,近邻匹配方法所得结果显示,干预组平均干预效应(ATT)在主观融入意愿上对应大约0.12〔(模型(5)〕,在客观融入感受上对应大约-0.06〔模型(7)〕;半径匹配方法所得结果则表明,主观融入意愿方面的干预组平均干预效应(ATT)约为0.14〔模型(6)〕,客观融入感受方面则为-0.06〔模型(8)〕。以上所有干预效应均在1%的统计水平上具有高度的显著性。综上所述,跨过了家庭发展第一阶段、实现了家庭成员团聚的流动人口假如还处于居住分离状态、而未能完成第一阶段"任务",则其自身的主观融入意愿将会明显更弱、负面的客观融入感受也会明显更多。

表5-7　　家庭化流动对流动人口主客观融入性的影响:基于PSM的估计

| 结果变量 | 方法 | ATT [a] | t 值 |
|---|---|---|---|
| 主观融入意愿 | (5) 1-1 近邻匹配 [b] | 0.121 | 7.540*** |
| | (6) 半径匹配 | 0.135 | 8.75*** |
| 客观融入感受 | (7) 1-1 近邻匹配 [b] | -0.056 | -3.480*** |
| | (8) 半径匹配 | -0.064 | -4.140*** |

注:*代表0.1的统计水平上显著;**代表0.05的统计水平上显著;***代表0.01的统计水平上显著。

[a] ATT 即 Average Treatment Effect for the Treated(干预组的平均干预效应)。

[b] 1-1近邻匹配采用无放回的匹配处理方式,这种处理方式相较于有放回的匹配处理方式以及半径匹配相比于近邻匹配都有可能引起偏差增大,但有助于降低方差(考虑到本书先前采用的内生控制技术 IV-2SLS 可能显著地扩大了方差,此处引入不致使方差过大的内生控制技术,将更有利于达到稳健检验的目的),详情可见于 Caliendo 和 Kopeinig(2008)。

本书在分析家庭化流动阶段完成对融入的影响时,不仅系统地考虑了主观融入意愿与客观融入感受两大既互有区别又互为支撑的视角,而且还广泛地纳入了适用于基准估计(OLS)、内生控制

（IV - 2SLS）、稳健检验（PSM）等的 10 个模型（包括了基于稳健方差估计的 IV - 2SLS）。目前，我们可以有充分的把握地断定，由成员随迁引领着的家庭化流动过程，最终将增进主观融入意愿、优化客观融入感受，而在不控制内生性的情况下，这种融入效应会被明显地低估。纵览本节，我们能够获知，处在流动人口家庭发展第一阶段上的家庭化流动是推动融入进程、改善融入体验的必要环节，是向流动人口家庭发展后一阶段纵向演化、朝流动人口家庭发展新的阶段深度进化的重要基础，只有完成了家庭化流动，才有助于破解流动人口融入过程的一系列难题，才有可能搞活流动人口家庭发展的一整盘"棋局"，应该边谈家庭化流动边谈流动人口融入过程、先谈家庭化流动再谈流动人口家庭发展。本书的理论假设 1.2（亦即前一阶段的完成能够推动后一阶段的实现）由此得到了证明，理论假设 1.1（亦即各阶段以明确的节点、按先后的顺序存续）也在一定程度上得到了检验。

# 第二节 阶段进化中的特殊
# 形态：举家流动

## 一 当今中国社会举家流动状况分析

在从家庭化流动阶段向家庭式融入阶段演替的过程之中，分批流动一般被认为是最常见的策略（Agesa & Kim, 2001），其指的是，没有其他各个成员随同的部分成员在流动人口家庭发展第一阶段的前期率先抵达流入地，留守户籍地的成员则在流动人口家庭发展第一阶段的中后期奔赴流入地与之团聚①。而举家流动作为流动人口家

---

① Agesa 和 Kim（2001）认为，分批流动一大可能的原因是，家庭往往面临流动性的约束，因此，部分成员需要率先流动以便赚取足够多的资金来支撑其在城市的经济立足，同时也可支付其他成员前来同其团聚所需花费。

庭发展过程中从家庭化流动阶段向家庭式融入阶段进化的一种特殊的形态，则指的是，全体成员一次性地、不分批地前往流入地，这可以说是"真正"地以家庭为单位进行的流动。由于举家流动的情况下家庭自始至终未有经历居住分离状态，流动人口家庭发展第一阶段就被直接"跨越"过去，而几乎不显现历时性的特征，流动人口家庭发展过程甚至可看作是以第二阶段为起点（见图5-1）。

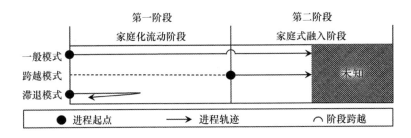

**图5-1  从第一阶段向第二阶段进化的分析框架**

本书对举家流动的操作化界定，是从已完成家庭化流动、在流入地实现团聚的被访流动人口所处家庭当中筛选出各个成员本次流动时间①相同者，而成员本次流动时间不一致的则被界定为分批流动。基于该思路可推知，家庭化流动的主体形态是分批的，一步到位的家庭化流动只占很小部分：本书第四章第一节识别出的117548名所在家庭已完成家庭化流动的流动人口当中②，17263个是举家流动的结果，比例占到14.7%，而更大多数（100285个）则是通过分

———————

① 该变量可以由2014年全国流动人口卫生计生动态监测调查直接提供，调查特别作出说明："进入流入地后，其间离开不超过一个月，再次返回时不作为一次新的流动。"

② 本节所进行的实证分析可被视为对前一章第一节和这一章第一节焦点转换后的"复制"研究，数据来源和计量方法都是类似的：描述统计部分系采用2014年全国流动人口卫生计生动态监测调查数据（原始样本量为200937），回归模型部分则使用2014年全国流动人口卫生计生动态监测调查社会融合与心理健康专题调查数据（8城市原始样本量为15999）。

批流动方式来实现家庭团聚的，比例超过了八成半，加权调整之后更是高达86.5%。总的来说，举家流动现象的存在并不足以否定家庭化流动构成流动人口家庭发展全过程的基本阶段这一本书的理论模型关键设定，在第一阶段（家庭化流动）中演化进而向着第二阶段进化，是流动人口家庭发展的普遍趋势。

表5－8　　　　　　　举家流动在不同生命周期阶段上的完成状况

| 生命周期阶段 | 举家完成家庭化流动 | | | 分批完成家庭化流动 | | |
|---|---|---|---|---|---|---|
| | 样本量 | 比例 | 加权比例 | 样本量 | 比例 | 加权比例 |
| | （个） | （%） | （%） | （个） | （%） | （%） |
| 形成期 | 10297 | 81.41 | 73.90 | 2351 | 18.59 | 26.10 |
| 扩展稳定期 | 503 | 0.54 | 0.32 | 93073 | 99.46 | 99.68 |
| 收缩空巢期 | 1859 | 27.66 | 26.58 | 4861 | 72.34 | 73.42 |
| 解体期 | 4604 | 100.00 | 100.00 | 0 | 0.00 | 0.00 |
| 全体合计 | 17263 | 14.69 | 13.50 | 100285 | 85.31 | 86.50 |

进一步地从生命周期视角出发来考察举家流动状况，我们就会更加清楚地意识到，举家流动这种特定模式仍服从于流动人口家庭发展的一般规律、仍体现着流动人口家庭发展的典型特征。表5－8给出的按生命周期阶段分类的举家流动发生水平显示，举家流动也是扩展稳定期的出现比例最低、其前端的形成期和其后端的收缩空巢期以及解体期的出现比例都要相对更高，尤其是形成期，相应比例最高，这与家庭化流动完成度在生命周期阶段上的分布相一致。具体而言，形成期家庭中约有四分之三都是不分批流动的、一次性流动的，再次印证夫妇同行乃是最普遍的配偶随迁模式；在流动人口家庭格局里"一家独大"的扩展稳定期家庭选择举家流动的可能性可谓微乎其微，其连1%都不到；举家流动也不是大多数收缩空巢期家庭的流动策略，但其发生水平要明显高于扩展稳定期家庭，扩展稳定期家庭与收缩空巢期家庭的上述状况部分地说明了子女制约

举家流动。另外,图5-2报告的举家流动比例在夫妇结婚年限上的
分布也遵从"高—低—高"的变动规律,不过,不同于家庭化流动
完成度所展现出的"V"形,其更近乎于"J"形:婚姻生涯前期虽
也是举家流动高发的时段,但却不及婚姻生涯后段,这预计是受到
解体期及形成期家庭相对比例增长的影响,而在婚姻生涯中段的近
20年之间,举家流动发生水平则是长期低迷。

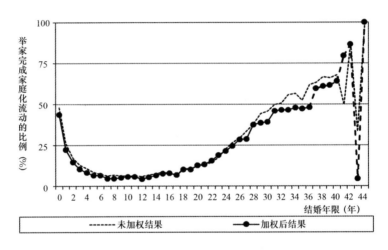

图5-2  举家流动在不同结婚年限上的完成状况

## 二  举家流动对主客观融入性的影响

在本章前一节对家庭化流动的融入效应进行研究的基础之上,
本部分将进一步作出追问,在已完成家庭化流动的对象当中探讨举
家流动这种流动人口家庭发展阶段进化中的"跨越模式"是否会对
主客观融入性产生促进作用。考察该问题,实际上等同于检验举家
流动条件下的融入水平是相对更高还是相对更低、举家流动是向融
入阶段进化的更优模式还是更劣模式。这可以从侧面提供新的证据,
帮助我们深化对于本书理论假设1(特别是其分假设1.2,亦即前一
阶段的完成能够推动后一阶段的实现)的认识和理解。借鉴家庭化
流动完成与否对主客观融入性影响的研究思路,本书接下来使用

2014 年全国流动人口卫生计生动态监测调查社会融合与心理健康的 8 城市专题调查数据①，以是否通过举家流动方式来实现家庭成员随迁（"是"赋值为 1，"否"赋值为 0）作为关键解释变量，测算被解释变量——流动人口主客观融入性所受的影响状况。

　　聚焦已完成家庭化流动的对象，以最小二乘（OLS）法重新估计流动人口主客观融入性影响因素回归模型，我们将会发现，举家流动未能显著改善融入状况，家庭化流动的完成源自于举家流动模式的流动人口，在主观融入意愿的因子得分上不高于那些依靠分批流动来实现家庭化流动的人，在客观融入方面的负面感受亦不少于走"分批"这一家庭化流动常见路线的人。表 5-9 呈现了控制了人口、流动、经济以及户籍地等特征和城市固定效应后的流动人口主客观融入性影响因素回归模型，其可以为我们较好地诠释举家流动发挥作用的方向、程度乃至显著水平。不难看出，主观融入意愿子模型［模型（1）］中，关键解释变量举家流动所对应的回归系数为负向的（-0.04），说明如果其他变量保持一致，同样是在已完成家庭化流动的家庭中，采用举家流动策略的人主观融入意愿的因子得分要低于选择分批流动方案的人，虽然这不具有统计上的显著意义。客观融入感受子模型［模型（2）］中，关键解释变量举家流动具有正向回归系数（0.04），据此可以认为，在举家流动中直接实现家庭化流动与在分批流动中逐步走向家庭化流动相比较，可能会给流动人口带来更多对自身客观融入状况的负面评价，当然，其显著性也未得到本模型的充分证实。

---

　　①　数据显示，所处家庭已完成家庭化流动的流动人口共有 8187 名，此为本部分有效样本量。其中，966 个属于举家流动，所占的比例为 11.8%（加权调整后为 11.6%），而通过分批流动方式来实现家庭团聚的则有 7221 个，相应比例占到 88.2%（加权调整后为 88.4%）。这与前一部分所报告的全国层面举家流动总体状况较为相近，使用 8 城市的调查数据来分析举家流动的融入效应预计不会产生系统性的偏差。

表 5 - 9　举家流动对流动人口主客观融入性的影响：基于 OLS 的估计

| 主要变量 | (1) OLS | (2) OLS |
|---|---|---|
| | 主观融入意愿 | 客观融入感受 |
| 举家完成家庭化流动（否 = 0） | - 0. 043 | 0. 043 |
| 人口特征 | | |
| 性别（女 = 0） | 0. 012 | 0. 017 |
| 年龄（岁） | - 0. 000 | 0. 003 ** |
| 教育程度（初中及以下 = 0） | 0. 024 | - 0. 101 *** |
| 户口性质（农业 = 0） | 0. 122 *** | - 0. 084 ** |
| 婚姻状况（不在婚 = 0） | 0. 032 | 0. 021 |
| 流动特征 | | |
| 流动年限（年） | 0. 014 *** | - 0. 002 |
| 流动范围（省内流动 = 0） | - 0. 096 *** | 0. 032 |
| 经济特征 | | |
| 就业身份（自雇佣 = 0） | | |
| 被雇佣 | 0. 024 | 0. 081 *** |
| 未就业 | - 0. 298 ** | 0. 117 |
| 职业类型（商业服务业 = 0） | | |
| 生产运输业 | - 0. 011 | 0. 018 |
| 其他 | 0. 109 *** | - 0. 096 ** |
| 单位性质（非公有制 = 0） | 0. 105 ** | 0. 032 |
| 周劳动时长（小时） | - 0. 000 | - 0. 000 |
| 月收入对数 | - 0. 007 | - 0. 002 |
| 住房性质（非自有 = 0） | 0. 173 *** | - 0. 120 *** |
| 户籍地特征 | | |
| 户籍地农地面积对数 | 0. 002 | 0. 007 *** |
| 户籍地住房面积对数 | - 0. 007 ** | - 0. 001 |
| 城市固定效应 | | |
| 截距项 | - 0. 038 | 0. 166 |

| 主要变量 | （1）OLS | （2）OLS |
|---|---|---|
| | 主观融入意愿 | 客观融入感受 |
| 样本量 | 8187 | 8187 |
| $R^2$ | 0.055 | 0.049 |

注：* 代表 0.1 的统计水平上显著；** 代表 0.05 的统计水平上显著；*** 代表 0.01 的统计水平上显著。为使表格内容相对简洁，此处未对各城市的估计结果加以报告。

　　为了能对上述结论的稳健性加以验证，本书这里按照实证环节一贯的分析思路，采用倾向值匹配（PSM）再度估计举家流动对流动人口主客观融入性的影响状况，得到了如表 5 - 10 所示的干预效应。从中可以看出，主观融入意愿层面的干预组平均干预效应（ATT）在半径匹配方法下约为 - 0.05［模型（4）］，显示举家流动者的主观融入意愿因子得分尚且不及其若选择分批流动时的主观融入意愿因子得分，在近邻匹配方法下虽为 0.01［模型（3）］，但其所对应的平均干预效应（ATE）约为 - 0.05。而客观融入感受层面的干预组平均干预效应（ATT）在近邻匹配和半径匹配两种方法下［模型（5）］和［模型（6）］均为正向，处于 0.5—0.7 的水平，表明较之于若选择分批流动时的客观融入感受情况，现时的负面评价会更多。不过，上述估计结果都未表现出统计上的显著性，说明举家流动的融入效应可能并非明显地有别于分批流动。

　　总观本节，我们就会获知，举家流动并不是家庭化流动完成方式中的多数选择，只占到了很低比例。从某种程度上来说，举家流动可能也算不上流动人口家庭发展阶段进化中真正的"跨越模式"，因为其相对于分批流动没能够显现出更积极的融入效应，甚至还有可能在主客观融入性上差于分批流动。这至少意味着，举家流动不是一种向家庭式融入阶段进化的更优模式、未能给流动人口带来更高的融入水平，应当特别关注由此而衍生的家庭发展过程滞退风险。我们可以基于家庭发展的"固定"（fixation）思想对此作出理论上的解读。

表 5 – 10　　举家流动对流动人口主客观融入性的影响：基于 PSM 的估计

| 结果变量 | 方法 | ATT [a] | t 值 |
|---|---|---|---|
| 主观融入意愿 | （3）1－1 近邻匹配 [b] | 0.014 [c] | 0.450 |
| | （4）半径匹配 | －0.048 | －0.870 |
| 客观融入感受 | （5）1－1 近邻匹配 [b] | 0.049 | 1.470 |
| | （6）半径匹配 | 0.067 | 1.200 |

注：* 代表 0.1 的统计水平上显著；** 代表 0.05 的统计水平上显著；*** 代表 0.01 的统计水平上显著。

[a] ATT 即 Average Treatment Effect for the Treated（干预组的平均干预效应）。

[b] 1－1 近邻匹配采用无放回的匹配处理方式，这种处理方式相较于有放回的匹配处理方式以及半径匹配相比于近邻匹配都有可能引起偏差增大，但有助于降低方差（考虑到本书先前采用的内生控制技术 IV－2SLS 可能显著地扩大了方差，此处引入不致使方差过大的内生控制技术，将更有利于达到稳健检验的目的），详情可见于 Caliendo 和 Kopeinig（2008）。

[c] 此时，ATE，亦即 Average Treatment Effect（平均干预效应），为 －0.045。

　　Barnhill 和 Longo（1978）曾经指出，在探索家庭发展阶段转换与家庭潜在困难发生之间的相关关系时，"固定"这个心理学的概念可以被有效地借用过来。他们假定，家庭跨过各阶段时对于各阶段所发生的问题有着不同程度上的解决，由于百分之百地成功解决问题是十分罕见的，一个阶段或者几个阶段上未被完全解决的问题将会"固定"下来，这指的是，问题可能被暂时的封锁。但家庭持续向前演化的过程是不可阻挡的（这实际上是家庭克服新挑战、实现新目标的基本要求），不过，其后一旦出现家庭压力，过去那些未被解决掉的问题就有可能从"固定"的状态中重新暴露出来、活跃起来，老问题连同于不成功地解决老问题的行动模式都会再次唤醒，进而引致家庭成员的挫败感、无助感、紧迫感，家庭此时往往需要求助于其他的系统，家庭发展过程可能就会"卡住"，变得步履维艰。

　　举家流动实际上存在着许多的家庭发展过程当中未被完全解决

故而"固定"下来的问题，例如，经济立足态势尚不稳固，社会适应能力还不健全，文化交融状况并不成熟，等等。这就使得此类流动人口家庭在谋求进一步地向前发展时更有可能陷入到多种问题交织、多重挑战并发的境地，在家庭式融入阶段里更易面临家庭发展滞退的风险、更多出现家庭融入不佳的情形。当然，本章节无意批判举家流动的家庭化流动策略、倡导分批流动的家庭化流动方式，而是旨在说明，本书提出了流动人口家庭发展的三阶段基础理论模型，举家流动亦是包纳于其中的一种阶段演化的特定形态，且其作为阶段进化的特殊模式可能在家庭发展过程中遭遇更大困难，应当予以更多关注。

# 第 六 章

# 第二阶段（家庭式融入阶段）
# 实证分析

## 第一节 不同生命周期阶段的
## 家庭式融入状况

### 一 本书对家庭式融入的测量方式

以家庭为单位整体融入当地社区，使家庭可以实现内在保有的功能与已外化了的功能相协调、能够借助于外部支持更好推动内部成员个体发展，是流动人口家庭发展过程在跨过第一阶段后所面临的新问题，是中国正经历的家庭化流动大推进大突破的新时代的新议题，是学界一直以来未曾充分关注的流动人口家庭层面的新命题。认识家庭式融入当前呈现的基本态势、理解家庭式融入本身蕴藏的深刻意涵，是把发展思维向着后家庭化流动时期延伸，不以家庭化流动的完成作为流动人口家庭发展终点，而将其视为流动人口家庭发展节点的重要举措，是从流动人口家庭的实际需求着眼，不在融入研究中把本隶属于家庭的流动人口割裂成个体来看待，而将融入视角投射到家庭层面的必要环节。考察家庭式融入，首先需要一把"尺子"，能在实证过程当中把家庭式融入"量"个清楚、"测"个

明白，这有赖于结合理论框架的关联性与调查数据的可得性对其定
义进行操作化处理。

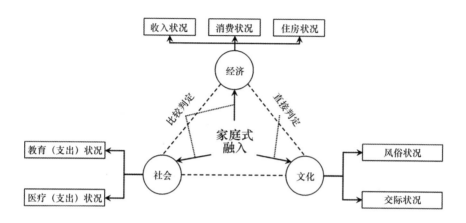

**图6-1　家庭式融入的测量方式分析框架**

考虑到把家庭作为融入的基本着眼点在国内相关的领域尚属新
提法、新动议，并无特定文献可寻支持、可作参考，本书基于操作
化界定的需要，创新性地提出了测量家庭式融入的一整套分析框架
（见图6-1）。这里首先选定经济、社会和文化三个既在经典的迁移
流动融入理论研究当中备受重视①、又在家庭的功能以及发展任务分
析当中颇被关注②的维度展开框架构建工作。有鉴于2013年全国流
动人口动态监测调查社会融合专题调查在这三个维度上可提供的家

---

　　①　例如，在Gordon（1964）所提出的融入过程阶段分化中，文化（和行为）的
同化与结构的同化这两个先导性的、基础性的子阶段充分地凸显出经济、社会、文化
等维度对融入的决定性意义。另外，杨菊华（2016）也认为，融入过程要经历的阶段
需从经济、社会、文化以及心理等维度上界定。具体可以参见第三章中相关综述。
　　②　例如，家庭许多的面向成员的最基本的发展任务，包括社会化、资源配置、
责任界定、"士气"保持等也都可以分别归入社会、经济、文化等各维度。

庭层级的变量较为有限①，之后的框架完善工作将会主要围绕可使用的变量：聚焦于经济维度，本书将考察收入、消费、住房等方面的状况②，它们都在相当程度上代表着从家庭系统内部外化至市场而由市场担负的经济功能，通过把流动人口同当地户籍人口进行对照可以管窥其在该维度上家庭内外的协调性③，亦即其在家庭整体流入新环境后的适应性；着眼于社会维度，本书将探析教育（支出）、医疗（支出）等方面的状况④，前者反映了在家庭功能外化后学校实际上承担起的部分社会化功能，后者则体现了在家庭功能外化后医院实际上承担起的部分保护性功能，与经济维度上的操作类似，比较流动人口与当地户籍人口相关的状况可判定家庭需求与当地社区供给的匹配性；立足于文化维度，本书将评估风俗、交际等方面的状况⑤，不同于经济和社会两维度是以家庭为单位进行度量，考虑到文化在家庭中具有浸染性，这里采用被访流动人口个体层次的特征变量来替代家庭整体状况，风俗、交际等带有明显的家庭功能外化的

---

① 相比于 2013 年全国流动人口动态监测调查社会融合专题调查，2014 年全国流动人口卫生计生动态监测调查以及其社会融合与心理健康专题调查能提供的家庭变量更少，为了能在社会、经济、文化等维度上落实本书的分析框架，这部分遂转而采用 2013 年动态监测调查数据。该年数据（原始样本量为 16878）显示，上海等 8 城市已实现家庭团聚的流动人口所占比例为 52.2%，这与第四章第一节估计的全国总体平均家庭化流动水平（53.4%）相差不大，在一定程度上说明其具有较好的代表性。

② 在调查问卷中具体对应的问题分别为："您家在本地的每月总收入是多少钱（包含工资收入、经营收入、财产收入、转移收入等）？""您家在本地的每月总支出是多少钱？""您家在本地每月交纳的住房房租是多少钱（包括分期贷款）？"变量的特征均系连续型。

③ 相较于动态监测调查的全国样本，社会融合专题调查的 8 城市样本除了能够提供流动人口个体以及家庭整体许多更细致的信息，另外一大优势就是同期还将当地城镇户籍人口纳入调查范围（仅对其访问了具有可比性的问卷问题），城镇户籍人口配套调查原始样本量为 7500。

④ 在调查问卷中具体对应的问题分别为"您家在本地每月用于学习、培训、教育的支出：本人及配偶、子女""去年您家在本地的医疗相关支出（自己负担部分）：本人、其他成员"，变量的特征均系连续型。

⑤ 在调查问卷中具体对应的问题是："您自己或外来的同乡与本地居民在××方面有无较大差别？"变量的特征属于二分类。

"烙印"，可以比对流动人口和当地户籍人口的差别直接推测家庭在当地社区中的契合性。总的来说，本书提出的家庭式融入的测量方式分析框架，是以所选指标特性为关键考量因素，同时也不忽略理论的支撑性，能够在现代家庭功能外化背景下集中揭示社会支持家庭运行的态势、家庭融入社会发展的情形。

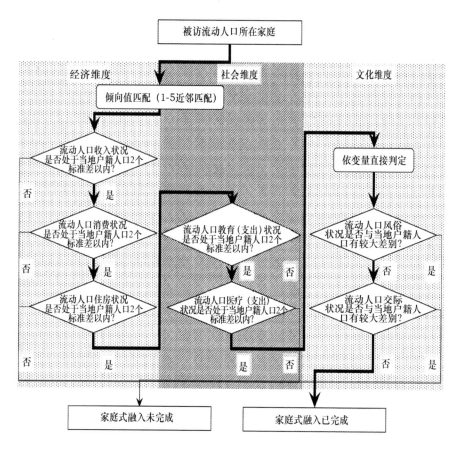

**图6-2 基于调查对家庭式融入的定义进行操作化处理的流程**

在上述分析框架下，本书按照图6-2所示的流程来识别被访流动人口所属家庭是否已经整体融入当地社区：其一，在经济维度各个变量上，本书借助于倾向值匹配（PSM），为每1名被访流动人口

寻找 5 个特征最相近的当地户籍人口进行配对①,而后分别地估算这
5 名当地户籍人口的收入、消费、住房等变量的均值以及标准差,
并判定被访流动人口的收入、消费、住房等状况是否处于所配对的
当地户籍人口相应的均值加减 2 个标准差以内②,如果未超出 2 个标
准差,则可认为被访流动人口所在家庭在该环节没有显著地有别于
当地户籍人口所处家庭,其整体融入性相对较好;其二,社会维度
各个变量也是依托于倾向值匹配(PSM)进行比较判定,操作方案
类似经济维度各个变量;其三,对于文化维度各个变量,本书则基
于被访流动人口与当地户籍人口在风俗、交际等方面是否具有较大
差别的原始调查结果来直接作出判定,如果差异并不明显,则可认
为被访流动人口实现了该环节的家庭式融入。

## 二　当今中国社会家庭式融入图景

基于前文所提出的家庭式融入的测量方式分析框架,本书发
现,较之于相对较高比例的流动人口家庭完成了家庭化流动的
"任务"、跨过了家庭发展第一阶段节点,目前在发展过程中实现
了家庭式融入、脱离第二阶段"束缚"的流动人口家庭还处在相
对很低的水平。在 9058 个已完成家庭化流动的流动人口家庭当中,
进一步地实现了家庭式融入的只有 1061 个,仅占 11.7%,而其余
的 7997 个家庭则尚未整体融入当地社区,占比高达 88.3%。加权

---

①　具体的做法是,在把 2013 年全国流动人口动态监测调查社会融合专题调查流
动人口样本与户籍人口样本对应合并后,以是否流动人口作为被解释变量、以基本不
受该变量影响的性别、年龄、民族、教育程度、婚姻状况、就业身份、职业类型、单
位性质等作为解释变量估计 Logit 模型并预测倾向值,此即在给定性别等变量时个体成
为流动人口的条件概率;基于上述倾向值,采用近邻匹配法,为每名流动人口(干预
组成员)搜寻 5 名倾向值相差最小的当地户籍人口(控制组成员)并加以配对。

②　考虑到正态分布下,变量值落入均值加减 2 个标准差以内的范围的概率可达
95%,而 95% 一般可以作为判定差异显著与否的重要置信标准,这里故使用 2 个标准
差作为推断依据:如果处在了加减 2 个标准差以内,可认为差别并不显著,如果超出
加减 2 个标准差的范围,则认定差别较为显著。

调整结果表明，家庭式融入是一成左右的极少数的流动人口家庭的发展"成就"，流动人口由于种种因素的影响而在家庭层面上融入状况欠佳。

恰如本书的理论假设 2.2（亦即不同生命周期阶段家庭在"家庭式融入阶段"具有差别化的融入水平）所言，家庭式融入的实现水平也与生命周期阶段息息相关。表 6-1 呈现了不同生命周期阶段下的家庭式融入完成度，从中不难看出，在步入解体期之前，家庭式融入显示完成比例不断下滑的趋势：形成期家庭的整体融入状况相对最优，尽管只有 11.7% 的实现水平；相比于此，整体融入状况在扩展稳定期家庭中还要略差一点，目前的相应比例为 10.8%，这可能与新成员到来提出新融入需求（特别是在以教育为代表的社会化层面、以医疗为代表的保护性层面等）有关；收缩空巢期家庭的实现水平明显较低，与形成期家庭相差 4.2 个百分点，究其原因，家庭当中处在夫妇—父母这类地位关系上的被访流动人口一般年龄偏大，其在同原居住地的社会联系发生断裂之后往往更难突破融入障碍。总体而言，随着流动人口家庭生命周期阶段演替，家庭式融入的实现似乎变得愈加不易，推动第二阶段流动人口家庭发展任重道远。

表 6-1　　　　家庭式融入在不同生命周期阶段上的完成状况

| 生命周期阶段 | 已完成家庭式融入 | | | 未完成家庭式融入 | | |
|---|---|---|---|---|---|---|
| | 样本量 | 比例 | 加权比例 | 样本量 | 比例 | 加权比例 |
| | （个） | （%） | （%） | （个） | （%） | （%） |
| 形成期 | 112 | 12.70 | 11.74 | 770 | 87.30 | 88.26 |
| 扩展稳定期 | 873 | 11.83 | 10.78 | 6505 | 88.17 | 89.22 |
| 收缩空巢期 | 51 | 8.53 | 7.57 | 547 | 91.47 | 92.43 |
| 解体期 | 25 | 12.50 | 10.10 | 175 | 87.50 | 89.90 |
| 全体合计 | 1061 | 11.71 | 10.62 | 7997 | 88.29 | 89.38 |

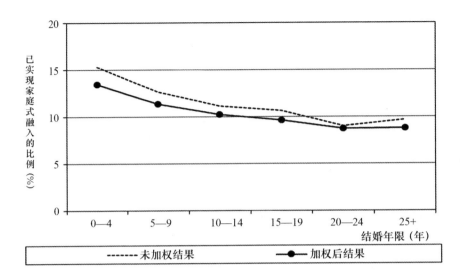

**图6-3　家庭式融入在不同结婚年限上的实现状况**

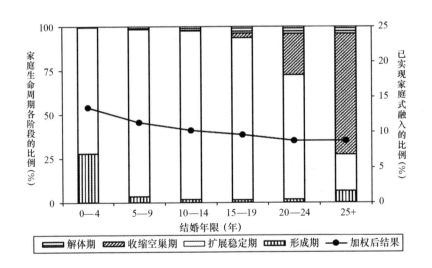

**图6-4　家庭式融入实现状况与流动人口家庭的生命周期阶段**

从家庭式融入阶段向一般性发展阶段"真正"进化的艰巨性还可通过夫妇结婚年限这一指标下的整体融入水平变动格局加以

窥视①。在图6-3当中能够看到，已实现家庭式融入的比例在逐年（组）降低，其最高达13.5%，出现在婚姻生涯的前5年内，最低则只有8.8%，显现在婚姻生涯的后期，尽管两者只是相差4.7个百分点，但考虑到家庭整体融入当地社区的水平还不算很高，这种差异已是相当显著。将图6-3报告的家庭式融入实现状况叠合上生命周期阶段分布得到图6-4，由此可见，伴随形成期家庭的占比收缩，家庭整体融入水平呈现大幅下跌，而在扩展稳定期家庭主导的时期，家庭式融入完成度还在继续小幅下落，直至收缩空巢期家庭的占比逐渐抬升，家庭融入状况持续恶化的态势才基本得以遏制。据其来说，绝大部分流动人口家庭所处的扩展稳定期实际上是家庭式融入渐趋脆弱化的生命周期阶段。

综览本节，我们可以发现，楔入生命周期中也是家庭式融入所显露的重要特质，立足于本书创新性提出的家庭式融入的测量方式分析框架以及操作化处理的流程，本书的"第二阶段生命周期假设"能够得以证实：作为流动人口家庭发展第二阶段的家庭式融入在生命周期阶段演替的过程中变得越来越不易实现，特别是扩展稳定期几乎成为致使家庭式融入整体呈现下降走势的关键性转折期和迫使家庭式融入总体处于较低水平的决定性变动期。从流动人口家庭生命周期演化的总体趋势推测，即便已经实现了家庭式融入，流动人口家庭发展同样也存在着重回"旧轨"再走"老路"的风险，流动人口家庭发展面临生命周期"挤压""侵蚀"的状况不会明显地改变。

结合第四章中第一节的研究所得，我们会意识到，流动人口家庭发展在完成了第一阶段之后，仍将遭受双重困境：一方面是团聚了的家庭本身可能因为成员（子女）由随迁转留守而陷入到家

---

① 有鉴于本部分的样本总量（9058）相对偏少，已不足以支撑在单年组的夫妇结婚年限下分析家庭式融入的实现状况，这里只得改用5年组的夫妇结婚年限进行相关研究。

庭化流动滞退的境地；另一方面则是进一步地整体融入当地社区困难极大且家庭式融入也可能在家庭生涯的演进中再次滞退。上述两者又有一定的统一性，那就是说，流动人口家庭发展过程如同逆水行舟一般面临重重阻力，是"不进则退"的，不仅继续向前迈步需要大力予以投入，而且稳定既有局面也要求着力给予支持，因为流动人口家庭比一般性的家庭在更大程度上会被生命周期"挤压掉""侵蚀掉"家庭发展"成果"。因此，目前很难乐观预期、不应盲目推断流动人口家庭未来将有"水到渠成""瓜熟蒂落"式的自然发展过程，破除生命周期对流动人口家庭发展的"诅咒"道阻且长。

# 第二节　家庭式融入对于家庭结构稳定的影响

## 一　家庭式融入对于长期居留意愿的影响

### （一）基本思路

以长期居留和就地养老两种意愿为切入点，本书对家庭式融入影响下的结构型状况所开展的分析同样秉持了从基准模型到内生控制，再到稳健检验的基本思路。不过，考虑到本部分据问卷界定的长期居留意愿和就地养老意愿①均系二分类变量（其中，有意愿者相应变量均取值为1，无意愿者则取值为0），以之为被解释变量构建出的回归模型如果在形式上仍为多元线性、在估计时仍用最小二乘（OLS）法，更可能会面临着异方差等问题的干扰，而采用Probit

---

① 在调查问卷中具体对应的问题分别为："您是否打算在本地长期居住？""您将来打算在哪里养老？"本书对上述两个问题所对应的分类变量进行了类别的整合，以避免单个类别上容纳的个案数太少。

回归模型（或者 Logit 回归模型①）并以最大似然（MLE）法测算家庭式融入的影响方向、程度以及显著水平，不仅可以有效规避这些问题，而且还能确保预测值可以被限定在 0—1 的合理区间内，本书这部分遂引入了流动人口长期居留意愿和就地养老意愿的二分类 Probit 回归模型来对同样作为二分类变量的家庭式融入的边际效应进行估算。受到 2013 年全国流动人口动态监测调查问卷设计本身所带来的限制，本部分无法如同前两章那样系统地对经济特征、卫生健康特征以及户籍地特征等加以控制，且考虑到下文回归模型当中所纳入的关键解释变量家庭式融入状况已经部分地包含了上述相关特征的信息，这里只控制了人口特征、流动特征以及城市固定效应，它们的主要含义可参见表 6 - 2。此外，本书遵照实证环节一贯秉持的分析思路，采取工具变量（IV-Probit）法来控制潜在的内生性②，可在消减遗漏变量风险的条件下求得较精准的结果，因此，尽管这部分的模型所控制的变量不多，我们依然能够最终实现较可靠的估计。由于前述各主要的控制变量上不存在数据缺失，本书这部分中的有效样本量即为原始样本（已完成家庭化流动者）的 9058。

表 6 - 2　　　　　　　　　　　**控制变量的主要含义**

| 主要变量 | 主要含义 |
| --- | --- |
| 人口特征 | |
| 性别 | 二分类，女 = 0，男 = 1 |
| 年龄 | 连续型，根据被访者所填的阳历出生年月推算，单位为"岁" |
| 教育程度 | 二分类，初中及以下 = 0，高中及以上 = 1 |
| 户口性质 | 二分类，农业 = 0，非农 = 1 |

---

　　① Probit 模型与 Logit 模型都是在被解释变量为分类变量的情况下通常使用的回归技术，关于它们的具体介绍可见于陈强（2014）。一般认为，两者的估计结果具有高度的一致性，不会出现待估回归系数方向以及显著水平上的差别，这里遂择其一来对长期居留意愿与就地养老意愿的影响因素状况进行推算。

　　② 有关于内生性的探讨，可以参见第四章第二节和第五章第一节的相关介绍。

| 主要变量 | 主要含义 |
|---|---|
| 婚姻状况 | 二分类,不在婚=0,在婚=1 |
| 流动特征 | |
| 流动年限 | 连续型,根据被访者所填的本次流入时间推算,单位为"年" |
| 流动范围 | 二分类,省内流动=0,跨省流动=1 |
| 所在城市 | 多分类,上海市松江区=1,江苏省无锡市=2,江苏省苏州市=3,福建省泉州市=4,湖北省武汉市=5,湖南省长沙市=6,陕西省西安市=7,陕西省咸阳市=8 |

注:表中所涉变量基本都保留了动态监测原始调查数据风貌,本书仅针对部分分类变量进行了类别的整合,以避免单个类别上容纳的个案数太少;所在城市变量在纳入模型时转换为虚拟变量的形式。

## (二) 实证结果

本书首先估计出了家庭式融入实现与否对流动人口长期居留意愿的影响力度,结果如表6-3所示。模型(1)的回归系数约为0.06,所对应的边际效应则为0.02,由此推知,已实现家庭整体融入当地社区的流动人口要比那些未达成这一目标的流动人口具有更强烈的长期居留意愿。然而,源于模型(1)的上述结论并没有通过显著性检验,其提示我们,团聚后的流动人口家庭如果进一步整体融入了当地社区似乎不会明显提升长期居留的可能性、未能以家庭为单位实现融入类似地也不会明显降低长期居留的可能性,以二分类 Probit 回归模型估计家庭式融入在长期居留意愿上的干预效应,无法证实本书所提出的"第二阶段结构功能假设"。不过,这到底是家庭式融入的真实作用情况的反映,还是被内生性等相关问题扭曲了的结果,只能在使用工具变量(IV-Probit)法控制内生性之后才能确切地作出判定(这里仍从区县层面寻找工具变量,亦即将区县家庭式融入平均实现度作为工具变量)。另外,控制变量方面,除了性别之外,其他均对流动人口长期居留意愿构成极显著的影响,年龄小的较之于年龄大的、教育程度高的相对于教育程度低的、非农户口的比之于农业户口的、在婚的相较于未婚的、长期流动的相比于短期流动的、省内流动的较之于跨省流动的，长期居留意愿都会明显更加强烈。

表6-3　家庭式融入对长期居留意愿的影响：基于 Probit 的估计

| 主要变量 | (1) Probit | |
| --- | --- | --- |
| | 回归系数 | 边际效应 |
| 家庭式融入实现（否 =0） | 0.059 | 0.020 |
| 人口特征 | | |
| 性别（女 =0） | −0.020 | −0.007 |
| 年龄（岁） | −0.007 | −0.002*** |
| 教育程度（初中及以下 =0） | 0.263 | 0.091*** |
| 户口性质（农业 =0） | 0.356 | 0.124*** |
| 婚姻状况（不在婚 =0） | 0.223 | 0.077*** |
| 流动特征 | | |
| 流动年限（年） | 0.047 | 0.016*** |
| 流动范围（省内流动 =0） | −0.221 | −0.077*** |
| 城市固定效应 | 控制 | |
| 截距项 | 0.255 | — |
| 样本量 | 9058 | |
| 虚拟 $R^2$ | 0.041 | |

注：边际效应在其均值处加以计算。* 代表 0.1 的统计水平上显著；** 代表 0.05 的统计水平上显著；*** 代表 0.01 的统计水平上显著。为使表格内容相对简洁，此处未对各城市的估计结果加以报告。

适用于被解释变量为二分类情况下的内生性控制的 IV-Probit 回归模型通常可采用 Newey 两步法进行估算，其虽效率不及最大似然（MLE）法，但是却具有计算方便的优势，相关内容具体参见 Newey（1987）。表6-4为我们展示了基于两步法估计的流动人口长期居留意愿影响因素模型两阶段的结果。模型（2）当中，家庭式融入变量的回归系数为2.6，所对应的 $p$ 值小于及等于0.01，这无疑推翻了实现家庭式融入并不会带来流动人口长期居留意愿上的显著差异的前述结论,转而支持了实现家庭式融入对流动人口长期居留意愿产生极显著的正向效应的崭新结论。之所以会出现两类 Probit 回归模型估计结果上的巨大差异,其归咎于内生性的突出影响,表 6 - 5 为此给出了相应的检验佐证。从中可见,可作为内生性检验重要参考的 Wald 统计量对应的 $p$ 值不超过 0.01,表明两类 Probit 回归模型在 1% 的统计水平上存在着显著的系统性差别,家庭式融入实现度当被视为长期居留意愿影响因素估计时的内生解释变量,在这种情况下,由于工具变量(IV-Probit)法能较有效地消减内生性偏误,进而求出具有一致性的结果,据其所作出的相关结论更应得到采信,也就是说,家庭式融入确实可充当提升流动人口长期居留可能性的助推剂,不过,其影响机制被证实存在着典型的内生性问题,需要借助工具变量实现较精准的估计。此外,表 6 - 5 还提供了针对工具变量相关性进行检验所得的结果,以帮助我们判定是否存在着明显的弱工具变量问题。基于 Anderson-Rubin 统计量可构造出置信水平为 95% 的置信区间,一定程度表明弱工具变量问题基本不会产生突出的影响。

表6 - 4    家庭式融入对长期居留意愿的影响: 基于 IV-Probit 的估计

| 主要变量 | (2) IV-Probit | |
| --- | --- | --- |
| | 一阶段 | 二阶段 |
| 家庭式融入实现(否 = 0) | — | 2.646*** |
| 人口特征 | | |
| 性别(女 = 0) | - 0.003 | - 0.011 |
| 年龄(岁) | - 0.003*** | - 0.001 |
| 教育程度(初中及以下 = 0) | - 0.012** | 0.292*** |
| 户口性质(农业 = 0) | - 0.024** | 0.437*** |
| 婚姻状况(不在婚 = 0) | 0.102*** | - 0.048 |
| 流动特征 | | |

续表

| 主要变量 | （2）IV-Probit | |
| --- | --- | --- |
| | 一阶段 | 二阶段 |
| 流动年限（年） | -0.000 | 0.051*** |
| 流动范围（省内流动=0） | -0.013* | -0.115*** |
| 城市固定效应 | 控制 | |
| 工具变量 | | |
| 区县家庭式融入实现度 | 0.935*** | —— |
| 截距项 | 0.017 | -0.120 |
| 样本量 | 9058 | 9058 |
| $R^2$/虚拟 $R^2$ | 0.031 | —— |

注：*代表 0.1 的统计水平上显著；**代表 0.05 的统计水平上显著；***代表 0.01 的统计水平上显著。为使表格内容相对简洁，此处未对各城市的估计结果加以报告。

表 6 - 5　　　　　　　　　　IV-Probit 估计相关检验结果

| 检验类型 | 所用检验统计量 | 统计值 | $p$ 值/95% 置信区间 |
| --- | --- | --- | --- |
| 内生性检验 | Wald Chi2 | 55.460 | <0.001*** |
| 相关性检验（弱工具变量）[a] | Anderson-Rubin Chi2 | 57.100 | [1.911, 3.511] |

注：*代表 0.1 的统计水平上显著；**代表 0.05 的统计水平上显著；***代表 0.01 的统计水平上显著。

[a] 本书这里使用的是适合于 IV-Probit 的弱工具变量稳健检验以及置信区间构建的 Anderson-Rubin 统计量，不过，此为联合检验，仅可在一定程度上验证是否存在弱工具变量的问题，其具体介绍可见于 Anderson 和 Rubin（1949）。考虑到内生变量与工具变量为分类变量的情况下，弱工具变量的检验方法尚不十分成熟（Nichols，2011），本书只能以 Anderson-Rubin 统计量对应的相关结果作为参考。

　　为了保证结果可靠，本书还依照实证环节所一贯秉持的分析思路，引入倾向值匹配（PSM）来对家庭式融入的长期居留意愿促进效应作出检验。从表 6 - 6 所报告的干预组的平均干预效应（ATT）及对应的显著性统计值当中可以清晰看到，无论选取多少控制组的成员（未实现家庭式融入的人）来跟干预组的成员（已实现家庭式融入的人）进行配对，模型（3）和模型（4）所得的ATT（已实现家庭式融入的人如果未实现家庭式融入将在长期居留意愿上出现多大的差别）均显著为正向。这进一步表明，流动人口家庭能否整体融入当地社区，深刻影响长期居留意愿，并在此基础上对家庭结构状况具有重要的预测力。显然，利用多种方法控制了估计过程中的内生性之后，本书一致地发现，作为流动人口家庭发展第二阶段的家庭式融入同长期居留意愿具有极其密切的关系，前者能否得以达成将会对后者这一反映家庭结构稳定性的特殊指标产生尤为突出的作用，由此一定程度上揭示出流动人口家庭的功能性演进过程与结构型发展意涵之间存在着的深刻联系。

表6-6　　家庭式融入对长期居留意愿的影响：基于PSM的估计

| 方法 | 干预组的平均干预效应（ATT） | $t$ 值 |
|---|---|---|
| （3）1-1 近邻匹配 | 0.057 | 3.850*** |
| （4）1-5 近邻匹配 | 0.035 | 2.040** |

注：*代表0.1的统计水平上显著；**代表0.05的统计水平上显著；***代表0.01的统计水平上显著。

## 二　家庭式融入对于就地养老意愿的影响

本书选用二分类Probit回归模型考察流动人口就地养老意愿的影响因素，从中重点探析家庭式融入实现度所发挥的作用，表6-7报告了相关估计结果。与长期居留意愿影响因素回归模型相类似，模型（1）这里所得到的回归系数同样为正，但却并不具有统计学意义上的显著性，由此可以说明，跨过流动人口家庭发展第一阶段（家庭化流动阶段）之后，再进一步地完成第二阶段（家庭式融入阶段）的发展任务会使就地养老的可能性有所提升，但家庭式融入实现与否所带来的差别并非十分突出。不过，从前文对长期居留意愿开展的相关研究得到的经验来看，我们有理由去怀疑，上述结果可能受到内生性的挑战，据此所作判断或许有失偏颇。所以，本书再次引入工具变量（IV-Probit）法，以期实现更可靠的推估。另外，控制变量方面，表6-7呈现了同长期居留意愿影响因素回归模型高度一致的作用方向和显著水平，亦即意愿随个体年龄增长、流动范围扩大而弱化，因教育程度提升、流动年限延长而强化，同时具有非农强于农业、未婚弱于在婚以及男性近于女性的特征。

表6-7　　家庭式融入对就地养老意愿的影响：基于 Probit 的估计

| 主要变量 | （1）Probit | |
|---|---|---|
| | 回归系数 | 边际效应 |
| 家庭式融入实现（否=0） | 0.062 | 0.018 |
| 人口特征 | | |
| 性别（女=0） | -0.006 | -0.002 |
| 年龄（岁） | -0.005 | -0.002*** |
| 教育程度（初中及以下=0） | 0.249 | 0.073*** |
| 户口性质（农业=0） | 0.425 | 0.124*** |
| 婚姻状况（不在婚=0） | 0.350 | 0.102*** |
| 流动特征 | | |
| 流动年限（年） | 0.039 | 0.011*** |
| 流动范围（省内流动=0） | -0.268 | -0.079*** |
| 城市固定效应 | 控制 | |
| 截距项 | 0.255 | — |
| 样本量 | 9058 | |
| 虚拟 $R^2$ | 0.051 | |

注：边际效应在其均值处加以计算。*代表0.1的统计水平上显著；**代表0.05的统计水平上显著；***代表0.01的统计水平上显著。为使表格内容相对简洁，此处未对各城市的估计结果加以报告。

依托于 IV-Probit 回归模型，本书估得了表6-8所示的家庭式融入对就地养老意愿的干预效应。模型（2）二阶段计算出的关键解释变量家庭式融入的回归系数为0.8，且其在5%的统计水平上具有高度的显著性。这无疑就表明，该变量是就地养老意愿极重要的影响因素，流动人口就地养老的可能性会因其所处的家庭是否整体融入当地社区而出现显著的差异，家庭融入程度越高，则就地养老意愿越强。这同时也表明，基准回归模型由于没能克服内生性的干扰而出现了偏误，据其得出家庭式融入实现度并未对就地养老意愿产生明显作用的结论是虚假的，家庭式融入变量在就地养老意愿影响因素模型中的内生性得到相关检验的证实可以进一步地说明这点，表6-9即为检验结果的具体呈现。从中不难看出，Wald统计量所对应的$p$值介于0.01与0.05之间，仍预示着，家庭式融入状况是就地养老意愿影响因素中的内生变量，在内生控制条件下作估计的IV-Probit回归模型显著地有别于未作内生调整的二分类Probit回归模型。一旦剥离出了家庭式融入的内生影响，其对于就地养老可能性的干预效应就清晰可见。另外，表6-9也为我们提供了应用IV-Probit回归模型时发生弱工具变量问题的风险评估结果，从基于Anderson-Rubin统计量构造出的置信水平为95%的置信区间来看，我们没有确切理由认为该问题十分突出。

表6-8　家庭式融入对就地养老意愿的影响：基于 IV-Probit 的估计

| 主要变量 | (2) IV-Probit | |
| --- | --- | --- |
| | 一阶段 | 二阶段 |
| 家庭式融入实现（否=0） | — | 0.828** |
| 人口特征 | | |
| 性别（女=0） | -0.003 | -0.004 |
| 年龄（岁） | -0.003*** | -0.004 |
| 教育程度（初中及以下=0） | -0.012** | 0.258*** |
| 户口性质（农业=0） | -0.024** | 0.449*** |
| 婚姻状况（不在婚=0） | 0.102*** | 0.273*** |
| 流动特征 | | |

续表

| 主要变量 | （2）IV-Probit | |
|---|---|---|
| | 一阶段 | 二阶段 |
| 流动年限（年） | −0.000 | 0.040*** |
| 流动范围（省内流动=0） | −0.013* | −0.238*** |
| 城市固定效应 | 控制 | |
| 工具变量 | | |
| 区县家庭式融入平均实现度 | 0.935*** | — |
| 截距项 | 0.017 | −1.192 |
| 样本量 | 9058 | 9058 |
| $R^2$/虚拟 $R^2$ | 0.031 | — |

注：*代表0.1的统计水平上显著；**代表0.05的统计水平上显著；***代表0.01的统计水平上显著。为使表格内容相对简洁，此处未对各城市的估计结果加以报告。

**表6−9　　　　　　IV-Probit 估计相关检验结果**

| 检验类型 | 所用检验统计量 | 统计值 | $p$ 值/95% 置信区间 |
|---|---|---|---|
| 内生性检验 | Wald Chi2 | 4.400 | 0.036** |
| 相关性检验（弱工具变量）[a] | Anderson-Rubin Chi2 | 5.060 | [0.132, 1.583] |

注：*代表0.1的统计水平上显著；**代表0.05的统计水平上显著；***代表0.01的统计水平上显著。

[a] 本书这里使用的是适合于 IV-Probit 的弱工具变量稳健检验以及置信区间构建的 Anderson-Rubin 统计量，不过，此为联合检验，仅可在一定程度上验证是否存在弱工具变量的问题，其具体介绍可见于 Anderson 和 Rubin（1949）。考虑到内生变量与工具变量为分类变量的情况下，弱工具变量的检验方法尚不十分成熟（Nichols, 2011），本书只能以 Anderson-Rubin 统计量对应的相关结果作为参考。

进一步借助于倾向值匹配（PSM）实施稳健性检验，模型（3）采用一对一的近邻匹配策略，模型（4）则选用一对多的近邻匹配方案，其结果（见表6−10）均表明，家庭整体融入当地社区所带来的干预组的平均干预效应（ATT，此即处于整体融入当地社区的家庭中的人如果处在与当地社区不相融的家庭里将有多大程度上的就地养老意愿差异）显著为正，从而再度验证了本书前述论断，亦即家庭式融入的实现将有助于提升流动人口就地养老意愿。这意味着，伴随流动人口家庭发展第二阶段功能性演进的完成，流动人口在流入地养老的倾向性更强，在流入地的结构稳定性也就更强。

表6-10　　家庭式融入对就地养老意愿的影响：基于PSM的估计

| 方法 | 干预组的平均干预效应（ATT） | t 值 |
| --- | --- | --- |
| (3) 1-1 近邻匹配 | 0.037 | 2.680 *** |
| (4) 1-5 近邻匹配 | 0.029 | 1.800 * |

注: * 代表0.1的统计水平上显著; ** 代表0.05的统计水平上显著; *** 代表0.01的统计水平上显著。

本书这部分基于调查问卷所涉内容，选取长期居留意愿和就地养老意愿两大方面，旨在考察流动人口家庭结构的预期稳定程度，从而检验"第二阶段结构功能假设"是否成立，以期揭示流动人口家庭发展结构功能逻辑。具体实证过程存在着不可忽视的内生偏误，借助多种专门应对内生性的计量技术，本书这部分基本化解了相关的问题，得到了较为精准的结果。纵观本节，我们可以推知，家庭式融入作为流动人口家庭发展的第二阶段，极大地影响着流动人口长期居留以及就地养老的可能性，实现家庭式融入、完成功能性演进，将有利于稳定以长期居留以及就地养老为代表的结构性预期、服务结构性发展。有鉴于此，本书的理论假设3.2［亦即第二阶段家庭式融入的达成（功能性演进为主）有助于稳定家庭结构状态］可以说得到了有效验证。

# 第 七 章

## 结论讨论

### 第一节　基本研究结论及
相关政策启示

**一　已被研究加以证实的基本结论**

当今中国正奋进在人口大迁移、大流动的新时代，家庭发展的基本格局为此而发生了深刻的变革。在迁移中出现的、由流动而催生的家庭成员居住分离问题呼唤我们把研究目光投射到流动人口家庭这一中国目前最为薄弱的家庭发展环节、最需重视的家庭发展领域。本书着眼于国内流动人口家庭发展理论研究没有充分地考虑流动人口的特殊性、尚未明确其家庭发展的基本内涵，流动人口家庭发展实证研究过于偏重描述事实、对流动人口家庭发展的深层机制的揭示仍显不足的现实状况，致力于对流动人口家庭发展基本规律作出理论层面上的经验梳理、为流动人口家庭发展典型特征提供实证层面上的数据支撑：一是在系统梳理和全面总结家庭发展理论的基础上，构建流动人口家庭发展三阶段论，阐释流动人口家庭发展的生命周期关系和结构功能逻辑；二是基于理论提出研究假设，运用调查数据和计量模型来进行实证检验，分别呈现家庭化流动和家庭式融入在流动人口家庭发展中的特定意义。

　　本书坚持理论驱动实证、实证回馈理论，共包括七章。除了作为首尾两章的第一章"导论"和第七章"结论讨论"之外，其余五章均可归入依据文献回顾基础上的 Zetterberg（1954）发展"公理化"理论（"axiomatic"theory）的一般过程与理论构建中诠释的流动人口家庭发展所特有的阶段过程这两者而设计的两大部分当中：第二章"文献回顾"和第三章"理论构建"实际上是在 Zetterberg（1954）发展"公理化"理论（"axiomatic"theory）的一般过程指引下展开具体研究，它们恰组成了本书的理论探讨环节，其中，"文献回顾"的重点是阐述基于生命周期、现代转变、人类发展等三种主要的理论导向来认识家庭发展的概念框架和理解家庭发展的分析模型，"理论构建"的核心是提出流动人口家庭发展三阶段基础理论模型以及分化进化、生命周期、结构功能等三组基础的假设；第四章、第五章以及第六章则是以流动人口家庭发展所特有的阶段过程为根据进行分解研究，它们共同构成本书的实证检验部分，第四章立足流动人口家庭发展第一阶段（其以家庭化流动为发展"任务"），第五章聚焦流动人口家庭发展第一阶段向第二阶段的进化，第六章植根流动人口家庭发展第二阶段（其以家庭式融入为发展"任务"）。理论和实证两大部分紧密地接合，先从理论出发，以理论假设指引实证，再从实证出发，以实证结果验证理论，这是社会研究"科学环"的直观体现。

　　第二章在归纳总结与比较辨析中描绘出家庭发展理论三大主要导向的演进图谱，并分别地提炼出各种导向的理论内核，亦即生命周期导向彰显的是阶段过程性、现代转变导向凸显的是分化转化性、人类发展导向体现的是发展本位性。有鉴于家庭发展理论本身浓厚的"折中主义"（eclectic）倾向、考虑到三大主要导向之间尤为深刻的理论关联，本书在理论融合的基础上构造了认识家庭发展的概念框架、形成了理解家庭发展的分析模型，强调家庭发展是家庭在结构与功能分化与转化中扩展成员相应能力、增进成员相关福祉的阶段演替过程，其以阶段向阶段的演化与替代为外显的过程特征、以结构与功能的分化与转化为重要的作用机制、以指向成员个体的发展任务为本位的目标要求。本书同时也在经济学和社会学双重视野之下，从人力资本理论、新迁移经济学、性别角色理论、生命历程理论四大主要导向着眼纵览家庭迁移理论的演进历程，发现最新的理论导向正自觉或者不自觉地同家庭发展思想相对接、与家庭发展理念相结合，家庭迁移和家庭发展之间的紧密联系正得到更充分的揭示。

第三章首先对"家庭""家庭发展"等基本概念以及由其组合出的"流动人口家庭发展"等派生概念分别进行界定，而后使用这些概念构建三组理论假设：第一组涉及到流动人口家庭发展三阶段的分化进化特征，实际上集中地呈现了本书的基础理论模型，亦即流动人口家庭发展首先经历"家庭化流动阶段"（对家庭迁移流动本身特有的过程性作出因应），而后度过"家庭式融入阶段"（对家庭迁移流动继发问题的过程性加以应对），最终回归一般意义上的家庭行列按以生命周期阶段演替为突出特征的过程发展；第二组关注于流动人口家庭发展三阶段与生命周期关系，实际上是在流动人口家庭发展的特殊性和一般意义家庭发展的普遍性之间搭建起了桥梁，本书发现，流动人口家庭发展所独有的阶段过程性从属于生命周期、受生命周期制约；第三组围绕着流动人口家庭发展三阶段的结构功能逻辑，实际上是把流动人口家庭发展外显的阶段过程与内隐的作用机制两者统一起来，本书认为，"家庭化流动阶段"再造家庭内部团聚，这场"有形"的内在"革命"使家庭结构趋于稳定，带动家庭功能趋向协调，"家庭式融入阶段"重构家庭外部支持，这场"无声"的外在"革命"使家庭功能趋于协调，带动家庭结构趋向稳定。

本书以阶段分解研究的独特思路对上述理论假设进行了实证检验，深化对相关命题的理解、更新对现实状况的认识。

第四章在对"家庭化流动阶段"的生命周期表现和结构功能问题展开多维度、多方案的定量研究后发现：其一，家庭化流动在扩展稳定期这一生命周期阶段上完成状况相对最差，在扩展稳定期后段的达成情况则尤其差，这与子女随迁因家庭生涯的推进而比例趋于降低是密切相关的，同配偶随迁的关系则不是很大，因为后者在生命周期各阶段上保持着一贯的高水平；其二，家庭化流动的完成能够显著促进流动人口心理健康、优化随迁儿童人际行为以及内在行为，这归功于，成员团聚为家庭保护性功能与社会化功能的有效发挥创造了坚实的基础。

第五章一方面深入地诠释了家庭化流动阶段完成对主客观融入性这个阶段进化标志性测度变量的影响；另一方面也特别地关注到举家流动这种流动人口家庭发展阶段进化中的特殊形态。本书获知：其一，处在流动人口家庭发展第一阶段上的家庭化流动是推动融入进程、改善融入体验的必要环节，是向流动人口家庭发展后一阶段纵向演化、朝流动人口家庭发展新的阶段深度进化的重要基础；其二，举家流动并不是家庭化流动完成方式中的多数选择，其相对于分批流动没能够显现出更积极的融入效应，甚至还有可能在主客观融入性上差于分批流动，应当给予必要关注。

第六章从生命周期角度审视"家庭式融入阶段"、从结构功能维度考察"家庭式融入阶段"，得到以下核心结论：其一，家庭式融入在生命周期阶段演替中变得越来越不易实现，扩展稳定期这一生命周期阶段几乎成为致使家庭式融入整体呈现下降走势的关键性转折期和迫使家庭式融入总体处于较低水平的决定性变动期；其二，家庭式融入作为流动人口家庭发展的第二阶段，极大地影响着流动人口长期居留以及就地养老的可能性，实现家庭式融入、完成功能性演进，将有利于稳定以长期居留以及就地养老为代表的结构性预期、服务结构性发展。

实证部分最终总结归纳出了本书的两大重要发现：其一，从生命周期角度上来看，流动人口家庭比一般意义家庭在更大程度上会被生命周期挤压掉、侵蚀掉家庭发展"成果"，后家庭化流动时代的家庭仍将面临双重困境的"夹逼"，一方面，团聚了的家庭本身可能因为成员由随迁转留守而陷入到家庭化流动滞退的境地，而另一方面，进一步地整体融入当地社区困难极大且家庭式融入也并非完全稳固；其二，从结构功能角度上来看，家庭从完成家庭化流动到实现家庭式融入，对促进其结构趋于稳定、推动其功能趋于协调都是有益的，从根本上说，对满足成员个体优质成长的要求、服务成员个体良性发展的需要也是有利的，这就是为什么可将再造家庭内部团聚与重构家庭外部支持的过程称之为家庭"发展"，而不是单纯的家庭"变动"。

### 二 从研究中得到的相关政策启示

上述结论昭示了本书最重要的一点政策启示：人口流动的相关政策需要纳入家庭的视角。长期以来，讲到城镇化、市民化等这些与迁移流动息息相关的过程之时，我们都是仅仅针对流动人口个体而言，相关政策从没能够充分顾及流动人口家庭的整体性需求。在一种相对较为极端的情况之下，农民工只被当作劳动力加以对待，他们所在家庭的多重诉求却得不到有效的关注。与此同时，针对留守儿童和流动儿童的关怀关爱政策由于未能解决其所在家庭的实际问题，只能"治标"，难以"治本"。

城镇化、市民化必以家庭化为其先，必以家庭为基本的单位，如果脱离家庭，城镇化、市民化将是根基脆弱的、前景黯淡的。解决"三个1亿人"问题①要坚持立足家庭，各项具体政策要把保障流动人口家庭而不仅仅是个人的生存发展权益作为一个最基本的出发点和落脚点，应当更明确和突出流动人口家庭的地位与作用，从家庭发展的高度来制定引导人口有序流动、促进人口合理分布的相关政策，同时重视引入相关配套措施，建立健全增促流动人口家庭成员团聚和融入的政策长效联动机制，鼓励家庭化流动，支持家庭

---

① "三个1亿人"问题是指，促进约1亿农业转移人口落户城镇，改造约1亿人居住的城镇棚户区和城中村，引导约1亿人在中西部地区就近城镇化，引自李克强：《李克强总理作政府工作报告（文字实录）》，http：//www.gov.cn/zhuanti/2014gzbg_yw.htm，2014年。

式融入。

结合本书的具体结论,这里提出以下三点政策建议:其一,尊重流动人口家庭发展客观存在的过程性,不搞超越发展阶段的跃进型政策,不做试图一步到位的快捷型政策;其二,优先推出服务于家庭化流动的社会经济政策①,从当前家庭化流动仍总体处于不高水平的现实出发,解决流动人口对家庭团聚的迫切需要;其三,社会融合政策的重点应转向促进家庭式融入,提前规划,尽早布局,精准化解家庭融入过程中的难题。

此外,我们特别需要看到的是,家庭所固有的生命周期阶段演替几乎成为流动人口家庭发展的"紧箍咒",因为它实际上不断对流动人口家庭提出发展的要求,一旦满足不了,流动人口家庭就将陷入滞退。这就提醒我们,想着不经波折、不历困难即可实现流动人口家庭发展,认为流动人口家庭发展能够一帆风顺、甚至一气呵成,皆是不现实的,制定政策要有啃硬骨头、打攻坚战的充分思想准备。

## 第二节 本书主要的创新 与可能的不足

### 一 尝试作出的主要研究创新

处在中国人口大迁移、大流动的新时代,我们必须深刻回答什么才是流动人口家庭发展、必须积极探寻怎样才能推动流动人口家庭发展。本书以大量的二手文献证据和坚实的一手经验证据为此作出了理论构建、提供了实证检验。较之于国内已有的流动人口家庭研究相关文献,本书旨在达成的主要研究特色包括:

其一,理论与实证更紧密地相结合,着眼于流动人口家庭发展

---

① 本书的结论表明,家庭化流动在流动人口家庭发展的过程中具有两方面的重要意义:其一,它是以家庭结构趋于稳定来带动家庭功能趋向协调的关键性一步,无法实现家庭化流动,就难以有效发挥家庭功能;其二,它是推动融入进程、改善融入体验的必要性环节,没有完成家庭化流动,将严重制约家庭深度融入当地社区的步伐。

的特征与规律，本书的根本导向就是以最为科学的逻辑和最为严谨的方式［Zetterberg 发展"公理化"理论（"axiomatic" theory）的主要步骤，或者说是，社会研究"科学环"的一般过程］将理论与实证联系起来，着力克服许多国内研究（特别是国内博士学位论文研究）长期存在的"两张皮"问题，坚决防范理论部分讲得"天花乱坠"、实证环节却又"另起炉灶"，同时拒绝实证部分搞得"千节百扣"、理论环节则是"乏善可陈"，本书意在让实证检验过程皆有相应的理论假设可循、理论构建过程都有对应的实证结果支撑，无论是先从理论出发到实证的路径，亦或是从实证再出发到理论的路径，均高度相通；

其二，家庭发展过程视角更加凸显，本书的重要理念就是既不像国内一些研究那样把"家庭发展"照着大而泛的概念进行处理，使得相关分析弥漫抽象主义气息、甚至显露虚无主义色彩，也不像国内部分文献那样将"家庭发展"简单等同于任意的家庭事件，使得相关分析虽然做得足够具体但却仅仅停留在"碎片"，本书考虑到家庭发展研究本身是以对时间维度的关注为突出特色的，遂选取了家庭发展的过程性以及阶段性这个最能体现发展要义的基本维度、最能彰显理论传统的独特视角作为理论的出发点和实证的落脚点，以对流动人口家庭发展阶段过程性的探讨来融合流动人口家庭发展的分化转化性、来突出流动人口家庭发展的发展本位性，确保视域既不至于过宽而陷入虚浮化的境地，又不至于过窄而出现片面化的问题；

其三，深层机制得到更系统地揭示，本书的特殊使命就是把国内流动人口家庭理论探讨努力推进到一个新的深度，同时将国内流动人口家庭实证分析努力深化到一个新的层次，既包含了国内相关文献已经有所涉及的流动人口家庭的整体态势与分类特征描述，也包括了国内相关文献目前甚少论及的流动人口家庭的干预效应与作用机制解析，本书在理论构建部分并未仅仅限于单纯描摹流动人口家庭发展过程与阶段的表象，同时也从家庭发展的结构与功能逻辑着眼探讨内在作用机理,在实证检验环节以调查数据概况描述为基,同时也以计量模型精细估计为重,坚持把由表及里、由内而外、表里一体、内外兼修的研究方针落到实处,让对流动人口家庭发展的探析有底蕴、显厚重。

总体而言,本书尝试作出的创新之处可从理论层面和方法层面来加以概述,这恰同本书旨在实现的重点目标相对应:

其一,理论层面上的创新,本书明确流动人口家庭发展基本内涵,提出三阶段论作为流动人口家庭发展全过程全周期的统一分析框架。本书认为,流动人口家庭发展相关问题首先是理论性命题,没有较充分的理论构建工作,就不可能形成对特征的清晰认识、对规律的深刻理解,但这项工作的艰巨性又是显而易见的。本书以极大的气魄担负起理论探析的任务。一是依托对大量文献的综述形成了基于生命周期、现代转变以及人类发展等三种主要的理论导向来认识家庭发展的概念框架和理解家庭发展的分析模型,并据此界定了流动人口家庭发展这一核心概念。二是突出阶段过程性在流动人口家庭发展理论研究全局中的统领性地位,提出了流动人口家庭发展三阶段基础理论模型,并融合了对流动人口家庭发展与生命周期关系、结构与功能逻辑等方面的探讨,从家庭发展的特殊性回归到其普遍性,从家庭发展的外化性延伸到其内隐性。本书创设的流动人口家庭发展三阶段论将为认识中国流动人口家庭特征、理解中国流动人口家庭规律提供一种可参考的分析框架。

其二,实证层面上的创新,本书以多种计量模型为依托,在对流动人口家庭发展深层机制的探讨中着力作出更为稳健可靠的实证检验。本书认为,流动人口家庭发展所聚焦的并非虚无缥缈的理论框架、所强调的亦非触不可及的理论命题,实证分析手段在其中的应用是深化理解、更新认识的必然取向。本书故而引入相应统计方法针对细化后的问题开展了大量实证检验工作。一是在阶段分解研究中逐一考察本书提出的分化进化、生命周期以及结构功能等三组基础的理论假设,综合应用描述统计、多元回归、内生控制以及稳健检验等多重的方法，以充分的经验证据、坚实的数据结果来对本书的核心问题进行再回答，使流动人口家庭发展相关探析绝不是简单停留在理论层，而是可以深度触及实证层，达到理论与实证结合的效果。二是在调查数据考察中增进对于家庭化流动与家庭式融入、家庭功能与家庭结构、举家流动与分批流动等现实问题的认知，其中不乏一些长期以来想了解而没能了解的态势、想掌握而没有掌握的状况。

还有就是外围层面上的创新，本书揭示人口流动的相关政策纳入家庭视角的极端重要性，提供服务以人为核心的新型城镇化的政策建议。

本书在除了作为首尾两章的第一章"导论"和第七章"结论讨论"之外的各章中所实现的创新具体包括：

第二章"文献回顾"中，在理论融合的基础之上构造了从生命周期、现代转变以及人类发展三种导向出发来认识家庭发展的概念框架，同时也形成了从这三种导向出发来理解家庭发展的分析模型，系统地呈现了家庭发展基本内涵；

第三章"理论构建"中，提出了流动人口家庭发展三阶段基础理论模型作为一整套崭新的统一分析框架，并对流动人口家庭发展这种特殊外化过程同生命周期普遍规律的关系以及所内隐的结构与功能的逻辑进行了较深入地探讨；

第四章"第一阶段（家庭化流动阶段）实证分析"中，基于生命周期阶段对家庭化流动定义作出更为精准的操作化处理，通过分解研究的独特方式来探析家庭化流动蕴含的决策发生机制，发现配偶随迁是相对普遍的且一贯的，子女随迁状况在生命周期演进中趋于恶化，故而直接地制约家庭化流动完成水平；

第五章"从第一阶段向第二阶段进化的实证分析"中，基于调查数据并参照 Gordon（1964）所提出的融入过程理论形成了主客观融入性指标体系，同时对举家流动与分批流动两种家庭化流动的完成形态作出比较研究，发现举家流动并不是家庭化流动完成方式中

的多数选择,而且没能够显现出相对更积极的融入效应;

第六章"第二阶段(家庭式融入阶段)实证分析"中,创新性地提出以调查数据为依托的家庭式融入测量方式分析框架以及操作化处理的流程,发现家庭式融入在生命周期阶段演替中变得越来越不易实现,扩展稳定期几乎成为了致使其呈现下降走势的关键性转折期和迫使其处于较低水平的决定性变动期。

## 二 可能存在的典型研究局限

本书可能存在的局限之处包括:其一,以核心家庭为研究的基本切入点,难以应对人口流动未来深度演进背景下的老人随迁等相关问题所带来的挑战;其二,对流动人口在流入地的家庭发展是一种单向度的认知,流动人口主动返乡回流与其家庭发展关系无法得到诠释[1];其三,家庭式融入对流动人口家庭结构的影响应当使用追踪数据作出更严密的探讨,截面数据难以充分揭示这一问题;此外,家庭化流动和家庭式融入本身也是过程,未在过程内部再作更进一步的细分,只是提供了一个基本的分析框架。

三阶段论是对流动人口家庭发展的现实路径的抽象,流动人口家庭发展的实际过程并非如同三阶段论描绘得那般节点清晰、线条单一,阶段之间发展任务交织、演化轨迹反复等情形正是在三阶段论体现的普遍性之下蕴藏的特殊性。本书在最后想要特别加以强调的是,强求某一理论在构建过程中穷尽各种各样的情形是不现实的,理论只能是在寻求"最大公约数"亦即在把握矛盾普遍性的基础之上得以构建,这是坚持马克思主义唯物辩证法立场所应有的基本认知。

---

[1] 这一方面是因为受到既有数据的限制;另一方面也是因为本书对流动人口家庭发展的考察是以流入地为基本着眼点,尤以城市地区为特定聚焦点,所以流动人口返乡回流之后,其在流出地的家庭发展不在本书的研究范畴之中。

# 参考文献

## 一 中文文献

[1]［奥］迈克尔·米特罗尔、雷因哈德·西德尔，1987，《欧洲家庭史》，赵世玲、赵世瑜等译，华夏出版社。

[2]［法］安·比尔基埃等，1998，《家庭史 第二卷 现代化的冲击》，袁树仁等译，生活·读书·新知三联书店。

[3]［美］马克·赫特尔，1987，《变动中的家庭——跨文化的透视》，宋践、李茹等译，浙江人民出版社。

[4] 陈强，2014，《高级计量经济学及 Stata 应用》，高等教育出版社。

[5] 陈璇，2008，《当代西方家庭模式变迁的理论探讨：世纪末美国家庭论战再思考》，《湖北社会科学》，第 1 期。

[6] 程菲等，2017，《农民工心理健康现状及其影响因素研究——来自 8 城市的调查分析》，《统计与信息论坛》，第 11 期。

[7] 杜鹏、张文娟，2010，《对中国流动人口"梯次流动"的理论思考》，《人口学刊》，第 3 期。

[8] 段成荣等，2013，《我国流动儿童生存和发展：问题与对策——基于 2010 年第六次全国人口普查数据的分析》，《南方人口》，第 4 期。

[9] 段成荣等，2013，《我国农村留守儿童生存和发展基本状

况——基于第六次人口普查数据的分析》,《人口学刊》,第
3 期。

[10] 段成荣等,2017,《21 世纪以来我国农村留守儿童变动趋势研
究》,《中国青年研究》,第 6 期。

[11] 段成荣等,2017,《我国农村留守妻子的分布与生存发展现
状——基于 2015 年 1% 人口抽样调查数据的分析》,《南方人
口》,第 2 期。

[12] 方晓义等,2004,《家庭功能:理论、影响因素及其与青少年
社会适应的关系》,《心理科学进展》,第 4 期。

[13] 国家统计局,2015,《2014 年全国农民工监测调查报告》,http://
www. stats. gov. cn/tjsj/zxfb/201504/t20150429_ 797821. html。

[14] 国家卫生计生委流动人口司,2017,《中国流动人口发展报告
2016》,中国人口出版社。

[15] 李克强,2014,《李克强总理作政府工作报告(文字实录)》,
http, p. //www. gov. cn/zhuanti/2014gzbg_ yw. htm。

[16] 李龙、宋月萍,2016,《农地流转对家庭化流动的影响——来
自流出地的证据》,《公共管理学报》,第 2 期。

[17] 李龙、宋月萍,2017,《工会参与对农民工工资率的影响——
基于倾向值方法的检验》,《中国农村经济》,第 3 期。

[18] 李晓晶等,2014,《儿童期缺乏父母陪伴经历、被忽视及躯体
虐待对大学新生情绪问题的影响》,《中国神经精神疾病杂志》,
第 10 期。

[19] 刘衔华等,2008,《在岗农民工主观幸福感与心理健康、人格
的相关研究》,《现代预防医学》,第 17 期。

[20] 马焱、李龙,2014,《照料老年父母对城镇已婚中青年女性就
业的影响》,《人口与经济》,第 2 期。

[21] 苏丽锋,2017,《中国流动人口市民化水平测算及影响因素研
究》,《中国人口科学》,第 2 期。

[22] 王谦,2014,《对有序推进农业转移人口市民化的几点思考》,

《中国劳动保障报》，1月24日第5版。

［23］习近平，2017，《决胜全面建成小康社会 夺取新时代中国特色社会主义伟大胜利》，人民出版社。

［24］杨菊华，2016，《论社会融合》，《江苏行政学院学报》，第6期。

［25］杨菊华、陈传波，2013，《流动人口家庭化的现状与特点：流动过程特征分析》，《人口与发展》，第3期。

［26］中共中央编译局，2012，《马克思恩格斯选集（第一卷）》，人民出版社。

［27］周福林，2006，《我国留守老人状况研究》，《西北人口》，第1期。

二　英文文献

［1］Abu - Lughod, J. and Foley, M. M., 1960, "Consumer Differences," in Foote, N., et al., eds. *Housing Choices and Housing Constraints*, Basic Books.

［2］Agesa, R. U. and Kim, S., 2001, "Rural to Urban Migration as a Household Decision: Evidence from Kenya," *Review of Development Economics*, Vol. 5, No. 1.

［3］Alba, R. D. and Victor, N., 2003, *Remaking the American Mainstream: Assimilation and Contemporary Immigration*, Cambridge Harvard UP.

［4］Aldous, J., 1978, *Family Careers: Developmental Change in Families*, Wiley.

［5］Anderson, B., 2000, *Doing the Dirty Work? The Global Politics of Domestic Labour*, Zed Books.

［6］Anderson, T. W. and Rubin, H., 1949, "Estimation of the Parameters of a Single Equation in a Complete System of Stochastic Equations," *The Annals of Mathematical Statistics*, Vol. 20, No. 1.

[7] Anthias, F. and Lazaridis, G., 2000, *Gender and Migration in Southern Europe: Women on the Move*, Berg.

[8] Ariès, P., 1962, *Centuries of Childhood*, Ran – dom House.

[9] Baldassar, L. and Baldock, C., 2000, "Linking Migration and Family Studies: Transnational Migrants and the Care of Ageing Parents," in Agozino, B., ed. *Theoretical and Methodological Issues in Migration Research*, Ashgate Publishing Limited.

[10] Ballard, M. B., 2012, "The Family Life Cycle and Critical Transitions: Utilizing Cinematherapy to Facilitate Understanding and Increase Communication," *Journal of Creativity in Mental Health*, Vol. 7, No. 2.

[11] Barnhill, L. R. and Longo, D., 1978, "Fixation and Regression in the Family Life Cycle," *Family Process*, Vol. 17, No. 4.

[12] Bates, F. L., 1956, "Position, Role, and Status: A Reformulation of Concepts," *Social Forces*, Vol. 34, No. 4.

[13] Bauer, E. and Thompson, P., 2004, " 'She's Always the Person with a Very Global Vision': The Gender Dynamics of Migration, Narrative Interpretation andthe Case of Transnational Global Families," *Gender & History*, Vol. 16, No. 2.

[14] Beavers, W. R. and Hampson, R., 2000, "The Beavers Systems Model of Family Functioning," *Journal of Family Therapy*, Vol. 22, No. 2.

[15] Becker, G. S., 1974, "A Theory of Marriage," in Schultz, T. W., ed. *The Economics of the Family: Marriage, Children, and Human Capital*, University of Chicago Press.

[16] Bennett, J. W. andTumin, M. W., 1948, *Social Life*, A. A. Knopf.

[17] Berger, J. M., et al., 2011, "Family Life Cycle Transitions and the Onset of Eating Disorders: A Retrospective Grounded Theory Ap-

proach," *Journal of Clinical Nursing*, Vol. 21, No. 9 – 10.

[18] Berger, P. L., et al., 1973, *The Homeless Mind*: *Modernization and Consciousness*, Random House.

[19] Bhattacharyya, B., 1985, "The Role of Family Decision in Internal Migration: The Case of India," *Journal of Development Economics*, Vol. 18, No. 1.

[20] Bielby, W. T. and Bielby, D. D., 1992, "I Will Follow Him: Family Ties, Gender – Role Beliefs, and Reluctance to Relocate for a Better Job," *American Journal of Sociology*, Vol. 97, No. 5.

[21] Bigelow, H. F., 1942, "Money and Marriage," in Becker, H. and Hill, R., eds. *Marriage and the Family*, Heath and Company.

[22] Bird, G. A. and Bird, G. W., 1985. "Determinants of Mobility in Two Earner Families: Does the Wife's Income Count?" *Journal of Marriage and the Family*, Vol. 47.

[23] Bowlby, J. M., 1969, *Attachment and Loss*: *Attachment* ( Vol. 1 ) . Basic books.

[24] Boyle, P. J., et al., 2008, "Moving and Union Dissolution," *Demography*, Vol. 45, No. 1.

[25] Brandon, P. D., 2002, "The Living Arrangements of Children in Immigrant Families inthe United States," *The International Migration Review*, Vol. 36, No. 2.

[26] Bronfenbrenner, U., 1977, "Toward an Experimental Ecology of Human Development," *American psychologist*, Vol. 32, No. 7.

[27] Brown, L. A. and Goetz, A. R., 1987, "Development – Related Contextual Effects and Individual Attributes in Third World Migration Processes: A Venezuelan Example," *Demography*, Vol. 24, No. 4.

[28] Burgess, E. W. and Locke, H. J., 1945, *The Family*: *From Institution to Companionship*, American Book Co.

[29] Burgess, E. W., 1926, "The Family as a Unity of Interacting Per-

sonalities," *The Family*, No. 7.

[30] Burkhead, E. J. and Wilson, L. M. , 1995, "The Family as a Developmental System: Impact on the Career Development of Individuals with Disabilities," *Journal of Career Development*, Vol. 21, No. 3.

[31] Burr, W. R. , 1995, "Using Theories in Family Science", in Day, R. D. , et al. , eds. *Research and Theory in Family Science*, Brooks/Cole Publishing Company.

[32] Cadwallader, M. T. , 1992, *Migration and Residential Mobility: Macro and Micro Approaches*, University of Wisconsin Press.

[33] Caliendo, M. andKopeinig, M. , 2008, "Some Practical Guidance for the Implementation of Propensity Score Matching," *Journal of Economic Surveys*, Vol. 22, No. 1.

[34] Carreon, G. P. , et al. , 2005, "The Importance of Presence: Immigrant Parents' School Engagement Experiences," *American Educational Research Journal*, Vol. 42, No. 3.

[35] Carter, B. and McGoldrick, M. , 1989, *The Changing Family Life Cycle*, Allyn & Bacon.

[36] Carter, H. and Glick, P. , 1976, *Marriage and Divorce: A Social and Economic Study*, Harvard University Press.

[37] Chase – Lansdale, P. L. , et al. , 2004, *Human Development Across Lives and Generations: The Potential for Change*, Cambridge University Press.

[38] Chevan, A. , 1971, "Family Growth, Household Density and Moving," *Demography*, No. 8.

[39] Clark, W. A. V. and Withers, S. D. , 2008, "Fertility, Mobility and Labor – Force Participation: A Study ofSynchronocity," *CA. working paper*, *UCLA Department of Geography*.

[40] Clark, W. A. V. and Withers, S. D. , 2009, "Fertility, Mobility and Labor – Force Participation: A Study of Synchronicity," *Popula-*

*tion*, *Space and Place*, Vol. 15, No. 4.

[41] Cohen, S. and Wills, T. A., 1985, "Stress, Social Support, and the Buffering Hypothesis," *Psychological Bulletin*, Vol. 98, No. 2.

[42] Collver, A., 1963, "The Family Cycle in India and the United States," *American Sociological Review*, Vol. 28, No. 1.

[43] Combrinck – Graham, L., 1985, "A Developmental Model for Family Systems," *Family Process*, Vol. 24.

[44] Connell, J., et al., 1976, *Migration from Rural Areas: The Evidence from Village Studies*, Oxford University Press.

[45] Cooke, T. J. and Bailey, A. J., 1996, "Family Migration and the Employment of Married Women and Men," *Economic Geography*, Vol. 72.

[46] Cooke, T. J., 2001, " 'Trailing Wife' or 'Trailing Mother'? The Effect of Parental Status on the Relationship Between Family Migration and the Labor – market Participation of Married Women," *Environment and Planning A*, Vol. 33.

[47] Coontz, S., 2005, *Marriage, a History: How Love Conquered Marriage*. Viking/Penguin Books.

[48] Cornell, L. L., 1990, "Constructing a Theory of the Family: From Malinowski Through the Modern Nuclear Family to Production and Reproduction," *International Journal of Comparative Sociology*, Vol. 31, No. 1.

[49] Cornell, L. L., 1990, "Constructing a Theory of the Family: From Malinowski Through the Modern Nuclear Family to Production and Reproduction," *International Journal of Comparative Sociology*, Vol. 31, No. 1.

[50] Cowan, P. A., 1991, "Individual and Family Life Transitions: A Proposal for a New Definition", in Cowan, P. A. and Hetherington, M., eds. *Family Transitions*, Lawrence Erlbaum Associates.

[51] Cragg, J. G. and Donald, S. G., 1993, "Testing Identifiability and Specification in Instrumental Variable Models," *Econometric Theory*, Vol. 9, No. 2.

[52] Crosnoe, R., 2007, "Early Child Care and the School Readiness of Children from Mexican Immigrant Families," *The International Migration Review*, Vol. 41, No. 1.

[53] Cuba, L. andHummon, D. M., 1993, "Constructing a Sense of Home: Place Affiliation and Migration across the Life Cycle," *Sociological Forum*, Vol. 8, No. 4.

[54] Davanzo, J., 1976, "Why Families Move: A Model of the Geographic Mobility of Married Couples," *Population and Development Review*, Vol. 3, No. 3.

[55] Davies, J. J. and Gentile, D. A., 2012, "Responses to Children's Media Use in Families With and Without Siblings: A Family Development Perspective," *Family Relations*, Vol. 61, No. 3.

[56] Deutscher, I., 1959, *Married Life in the Middle Years*, Community Studies, Inc.

[57] Duncan, R. P. and Perrucci, C. C., 1976, "Dual Occupation Families and Migration," *American Sociological Review*, Vol. 41.

[58] Durbin, J., 1954, "Errors in Variables," *Review of the International Statistical Institute*, No. 22.

[59] Duvall, E. M. and Hill, R., 1948, *Report of the Committee on the Dynamics of Family Interaction*, National Conference on Family Life.

[60] Duvall, E. M., 1957, *Family Development*, J. B. Lippincott.

[61] Duvall, E. M., 1988, "Family Development's First Forty Years," *Family Relations*, Vol. 37, No. 2.

[62] Dyer, D., 1971, *Sioux Family Development*, North Dakota State University.

［63］ Earner, I. , 2007, "Immigrant Families and Public Child Welfare: Barriers to Services and Approaches for Change," *Child Welfare*, Vol. 86, No. 4.

［64］ Elder, G. H. , 1974, *Children of the Great Depression*, University of Chicago Press.

［65］ Elder, G. H. , 2002, "Historical Times and Lives: A Journey Through Time and Space," in Phelps, E. , et al. , eds. *Looking at Lives: American Longitudinal Studies of the Twentieth Century*, Russell Sage Foundation.

［66］ Erikson, E. H. , 1950, *Childhood and Society*, Norton.

［67］ Fan, C. C. , et al. , 2011, "Migration and Split Households: A Comparison of Sole, Couple, and Family Migrants in Beijing, China", *Environment and Planning A*, Vol. 43.

［68］ Featherman, D. L. , 1983, "Life – Span Perspectives in Social Science Research," in Baltes, P. B. and Brim, P. G. , eds. *Life Span Development and Behavior* (Vol. 5), Academic Press.

［69］ Feldman, H. and Feldman, M. , 1975, "The Family Life Cycle: Some Suggestions for Recycling," *Journal of Marriage and Family*, Vol. 37, No. 2.

［70］ First – Dilić, R. , 1974, "The Life Cycle of the Yugoslav Peasant Farm Family," *Journal of Marriage and Family*, Vol. 36, No. 4.

［71］ Gagnon, P. , 1993, "Role of The Family in the Development of Borderline Personality Disorder," *Canadian Journal of Psychiatry*, Vol. 38, No. 9.

［72］ Geist, H. , 1968, *The Psychological Aspects of the Aging Process: With Sociological Implications*, Warren H. Green.

［73］ Giddens, A. , 1984, *The Constitution of Society, outline of the theory of structuration*, Polity Press.

［74］ Glick, C. , 1977, "Updating the Life Cycle of the Family," *Jour-

*nal of Marriage and the Family*, Vol. 39, No. 1.

[75] Glick, P. C., 1947, "The Family Cycle," *American Sociological Review*, Vol. 12, No. 2.

[76] Goetzke, F. and Rave, T., 2013, "Migration in Germany: A Life Cycle Approach", *International Regional Science Review*, Vol. 36, No. 2.

[77] Goode, W. J., 1963, *World Revolution and Family Patterns*, Free Press of Glencoe.

[78] Gordon, M. M., 1964, *Assimilation in American Life: The Role of Race, Religion, and National Origins*, Oxford UP.

[79] Gottfredson, M. R. and Hirschi T. A., 1990, *General Theory of Crime*. Stanford University Press.

[80] Gross, N., et al, 1958, *Explorations in Role Analysis*, John Wiley.

[81] Guo, S. and Fraser, M. W., 2011, *Propensity Score Analysis: Statistical Methods and Applications*, Sage Publications Inc.

[82] Halfacree, K. H., 1995, "Household Migration and the Structuration of Patriarchy – evidence from the USA," *Progress in Human Geography*, Vol. 19.

[83] Hareven, K., 1974, "The Family as Process: The Historical Study of the Family Cycle," *Journal of Social History*, Vol. 7, No. 3.

[84] Hareven, K., 1976, "Modernization and Family History: Perspectives on Social Change," *Signs: Journal of Women in Culture and Society*, Vol. 2, No. 1.

[85] Hareven, K., 1976, "The Last Stage: Historical Adulthood and Old Age," *Daedalus*, Vol. 105, No. 4.

[86] Hareven, K., 1987, "Historical Analysis of the Family," in Sussman, M. B. and Steinmetz, S. K., eds. *Handbook of Marriage and the Family*, Plenum Press.

［87］ Harris, J. R. and Todaro, M. P. , 1970, "Migration, Unemployment and Development: Two - sector Analysis," *The American Economic Review*, Vol. 60, No. 1.

［88］ Hausman, J. , 1978, "Specification Tests in Econometrics," *Econometrica*, Vol. 46.

［89］ Havighurst, R. J. , 1953, *Human Development and Education*, Longmans Green.

［90］ Havighurst, R. J. , 1956, "Research on the Developmental - Task Concept," *The School Review*, Vol. 64, No. 5.

［91］ Hernández, R. , 2004, "On the Age Against the Poor: Dominican Migration to The United States", *Journal of Immigrant and Refugee Services*, Vol. 2.

［92］ Hill, R. and Hansen, D. A. , 1960, "The Identification of Conceptual Frameworks Utilized in Family Study," *Marriage and Family Living*, Vol. 22, No. 4.

［93］ Hill, R. andMattessich, P. , 1979, "Family Development Theory and Life - span Development," in Baltes, P. and Brim, O. , eds. *Life Span Development and Behavior* (Vol. 3), Academic Press.

［94］ Hill, R. and Rodgers, R. , 1964, "The Developmental Approach," in Christensen, H. , ed. *Handbook of Marriage and the Family*, Rand McNally.

［95］ Hill, R. , 1951, "Interdisciplinary Workshop on Marriage and Family Research," *Marriage and Family Living*, Vol. 13, No. 1.

［96］ Hill, R. , 1955, "A Critique of Contemporary Marriage and Family Research," *Social Forces*, Vol. 33, No. 3.

［97］ Hill, R. , 1964, "Methodological Issues in Family Development Research," *Family Process*, Vol. 3, No. 1.

［98］ Hill, R. , 1971, "Modern Systems Theory and the Family: A Confrontation," *Social Science Information*, Vol. 10, No. 5.

［99］ Hill, R. , 1986, "Life Cycle Stages for Types of Single Parent Families," *Family Relations*, Vol. 35.

［100］ Hirschman, C. , 1983, "America's Melting Pot Reconsidered," *Annual Review of Sociology*, No. 9.

［101］ Hoddinott, J. , 1994, "A Model of Migration and Remittances Applied to Western Kenya," *Oxford Economic Papers*, Vol. 46, No. 3.

［102］ Hoffman, L. , 1980, "The Family Life Cycle and Discontinuous Change," in Carter, E. A. and McGoldrick, M. , eds. *The Family Life Cycle*, Gardner Press.

［103］ Homans, G. C. , 1950, *The Human Group*, Harcourt Brace.

［104］ Hope, T. L. , et al. , 2003, "The Family in Gottfredson and Hirschi's General Theory of Crime: Structure, Parenting, and Self - Control," *Sociological Focus*, Vol. 36, No. 4.

［105］ Jacobsen, J. P. and Levin, L. M. , 1997, "Marriage and Migration: Comparing Gains and Losses from Migration for Couples and Singles," *Social Science Quarterly*, Vol. 78.

［106］ Kirkpatrick, E. L. , et al. , 1934, "The Life Cycle of the Farm Family in Relation to Its Standards of Living and Ability to Provide," *University of Wisconsin Agricultural Experiment Station Research Bulletin*, No. 121.

［107］ Kleibergen, F. and Paap, R. , 2006, "Generalized Reduced Rank Tests Using the Singular Value Decomposition," *Journal of Econometrics*. Vol. 133, No. 1.

［108］ Klein, D. M. and White, J. M. , 1996, *Family Theories: An Introduction*, Sage Publications.

［109］ Knapp, S. J. , 2009, "Critical Theorizing: Enhancing Theoretical Rigor in Family Research," *Journal of Family Theory and Review*, Vol. 1, No. 3.

[110] Kofman, E., 2004, "Family – Related Migration: A Critial Review of European Studies," *Journal of Ethnic and Migration Studies*, Vol. 30, No. 2.

[111] Kofman, E., et al., 2000, *Gender and International Migration in Europe: Employment, Politics and Welfare*, Routledge.

[112] Kumagai, F., 1984, "The Life Cycle of the Japanese Family," *Journal of Marriage and Family*, Vol. 46, No. 1.

[113] Kupiszewski, M., et al., 2001, "Internal Migration and Regional Population Dynamics in Europe: Sweden Case Study," *University of Leeds Working Paper*.

[114] Lansing, J. B. and Kish, L., 1957, "Family Life Cycle as an Independent Variable," *American Sociological Review*, Vol. 22, No. 5.

[115] Lansing, J. B. and Mueller, E., 1967, "The Geographical Mobility of Labor," *Ann Arbor Michigan: Institute for Social Research, The University of Michigan*.

[116] Lee, G. R., 1987, "Comparative Perspectives," in Sussman, M. B. and Steinmetz, S. K., eds. *Handbook of Marriage and the Family*, Plenum Press.

[117] Leslie, G. R. and Richardson, A. H., 1961, "Life – Cycle, Career Pattern, and the Decision to Move," *American Sociological Review*, No. 126.

[118] Lesthaeghe, R. J. and Neidert, L., 2006, "The Second Demographic Transition in the United States: Exception or Textbook Example?", *Population and Development Review*, Vol. 32, No. 4.

[119] Lewis, W. A., 1954, *Economic Development with Unlimited Supplies of Labour*, Manchester School.

[120] Lichter, D. T., 1983, "Socioeconomic Returns to Migration Among Married Women (US)," *Social Forces*, Vol. 62.

[121] Linton, R., 1943, *The Cultural Background of Personality*, Appleton – Century Company.

[122] Long, L. H., 1974, "Women's Labor Force Participation and the Residential Mobility of Families," *Social Forces*, Vol. 52.

[123] Loomis, C. P., 1934, *The Growth of the Farm Family in Relation to its Activities*, North Carolina State College Agricultural Experiment Station.

[124] Low, A., 1986, *Agricultural Development in Southern Africa: Farm Household Economics and the Food Crisis*, James Curry.

[125] Lundberg, S. and Pollak, R. A., 2003, "Efficiency in Marriage," *Review of Economics of the Household*, No. 1.

[126] Magnuson, K., et al., 2006, "Preschool and School Readiness of Children of Immigrants," *Social Science Quarterly*, Vol. 87.

[127] Manski, C. F., 1993, "Identification of Endogenous Social Effects: The Reflection Problem," *Review of Economic Studies*, Vol. 60.

[128] Mason, J., 2004, "Personal Narratives, Relational Selves: Residential Histories in the Living and Telling," *Sociological Review*, Vol. 52, No. 6.

[129] Massey, D. S., et al., 1993, "Theories of International Migration: A Review and Appraisal," *Population and Development Review*, Vol. 19.

[130] Massey, D. S., et al., 2006, "Internationalmigration And Gender in Latin America: A Comparative Analysis," *International Migration*, Vol. 44, No. 5.

[131] Mattessich, P. and Hill, R., 1987, "Life Cycle and Family Development," in Marvin, S. and Suzanne, S., eds. *Handbook of Marriage and the Family*, Springer US.

[132] McGoldrick, M. and Carter, E. A., "The Family Life Cycle,"

in Walsh, F, ed. *Normal Family Processes*, The Guilford Press, 1982.

[133] Mead, D. E. , 1995, "A Functional Analysis of Family Behavior," in Day, R. D. , ed. *Research and Theory in Family Science*, Brooks/Cole Publishing Company.

[134] Mead, G. H. , 1913, "The Social Self," *The Journal of Philosophy, Psychology and Scientific Methods*, Vol. 10, No. 14.

[135] Menjivar, C. , 2000, *Fragmented Ties: Salvadoran Immigrant Networks in America*, University of California Press.

[136] Miller, I. W. , et al. , 2000, "TheMcmaster Approach to Families: Theory, Assessment, Treatment and Research," *Journal of Family Therapy*, Vol. 22.

[137] Miller, J. G. , 1978, *Living Systems*, McGraw – Hill.

[138] Mincer, J. , 1978, "Family Migration Decisions," *Journal of Political Economy*, Vol. 86.

[139] Mitterauer, M, and Sieder, R. , 1983, *The European Family: Patriarchy to Partnership from the Middle Ages to the Present*, Basil Blackwell Publisher Ltd.

[140] Morgan, L. H. , 1877, *Ancient society; or, researches in the lines of human progress from savagery, through barbarism to civilization*, Henry Holt and Company.

[141] Morioka, K. , 1967, "Life Cycle Patterns in Japan, China, and the United States," *Journal of Marriage and Family*, Vol. 29, No. 3.

[142] Morokvasic, M. , 1996, "Entre l' Est et l' Ouest: des migrations pendulaires," in Morokvasic, M. and Rudolph, H. , eds. *Migrants. Les Nouvelles Mobilités en Europe*, L' Harmattan.

[143] Morris, E. W. , et al. , 1976, "Housing Norms, Housing Satisfaction andthe Propensity to Move," *Journal of Marriage and the*

Family, No. 38.

[144] Morrison, D. R. andLichter, D. T. , 1988, "Family Migration and Female Employment: The Problem of Underemployment among Migrant Married Women," *Journal of Marriage and the Family*, Vol. 50.

[145] Murphy, P. and Staples, W. , 1979, "A Modernized Family Life Cycle," *Journal of Consumer Research*, Vol. 6, No. 1.

[146] Nauck, B. and Settles, B. , 2001, "Immigrant and Ethnic Minority Families: An Introduction," *Journal of Comparative Family Studies*, Vol. 32, No. 4.

[147] Newey, W. and West, K. , 1987, "A Simple Positive Semi – Definite, Heteroskedasticity and Autocorrelation Consistent Covariance Matrix," *Econometrica*, Vol. 55.

[148] Nichols, A. , 2011, "Causal Inference for Binary Regression with Observational Data," *Working Paper, Economics Department, University of Michigan*.

[149] Nichols, W. C. and Everett, C. A. , 1986, *Systemic Family Therapy: An Integrative Approach*, Guilford Press.

[150] Nivalainen, S. , 2004, "Determinants of Family Migration: Short Moves vs. Long Moves," *Journal of Population Economics*, Vol. 17, No. 1.

[151] Nock, S. L. , 1979, "The Family Life Cycle: Empirical or Conceptual Tool?" *Journal of Marriage and the Family*, Vol. 41, No. 1.

[152] Ogburn, W. F. andNimkoff, M. F. , 1955, *Technology and the Changing Family*. Houghton Mifflin.

[153] Ogburn, W. F. and Tibbitts, C. , 1933, "The Family and its Functions," in Ogburn, William F. , ed. *Recent Social Trends in the United States*, McGraw – Hill.

[154] Ogburn, W. F. , 1928, "The Changing Family," *Publication of American Sociological Society*, Vol. 23.

[155] Okolski, M. , 2001, "Incomplete migration: a new form of mobility in Central and Eastern Europe. The case of Polish and Ukrainian migrants," in Wallace, C. and Stola, D. , eds. *Patterns of Migration in Central Europe*, Palgrave.

[156] Olson, D. H. , 2000, "Circumplex Model of Marital and Family Systems," *Journal of Family Therapy*, Vol. 22, No. 2.

[157] Oppenheimer, V. A. , 1974, "The Life – Cycle Squeeze: The Interaction of Men's Occupational and Family Life Cycles," *Demography*, Vol. 11, No. 2.

[158] Orellana, M. F. , et al. , 2001, "Transnational Childhoods: The Participation of Children in Processes of Family Migration," *Social Problems*, Vol. 48, No. 4.

[159] Oswald, F. L. , Schmitt, N. , Kim, B. H. , et al. , 2004, "Developing a Biodata Measure and Situational Judgment Inventory as Predictors of College Student Performance," *Journal of Applied Psychology*, Vol. 89, No. 2.

[160] Owen, D. and Green, A. , 1992, "Migration Patterns and Trends," in Champion, T. and Fielding, T. , eds. *Migration Processes and Patterns* (Volume 1), Belhaven Press.

[161] Parkes, C. M. , 1971, "Psycho – social transitions: A field for study," *Social Science and Medicine*, No. 5.

[162] Parsons, T. , 1943, "The Kinship System of the Contemporary United States," *American Anthropologist*, Vol. 45, No. 1.

[163] Parsons, T. , 1951, *The Social System*, Free Press.

[164] Parsons, T. , 1964, "The Incest Taboo in Relation to Social Structure," inCoser, R. L. , ed. *The Family: Its Structure and Functions.* St Martin's Press.

[165] Perreira, K. M. , et al. , 2006, "Becoming an American Parent," *Journal of Family Issues*, Vol. 27.

[166] Peterson, A. , 2017, "Humanitarian Border Workers in Confrontation with the Swedish State's Performances of Sovereignty," *WISERD Civil Society Seminar.*

[167] Pickvance, C. G. , 1973, "Life – Cycle, Housing Tenure, and Intra – Urban Residential Mobility: A Causal Model," *Sociological Review*, No. 21.

[168] Popenoe, D. , 1993, "American Family Decline, 1960 – 1990: A Review and Appraisal," *Journal of Marriage and Family*, Vol. 55, No. 3.

[169] Rapoport, R. and Rapoport, R. , 1965, "Work and Family in Contemporary Society," *American Sociological Review*, Vol. 30, No. 3.

[170] Rebhun, U. , 2015, "Assimilation in American Life: An Empirical Assessment of Milton Gordon's Multi – dimensional Theory," *Journal of Contemporary Religion*, Vol. 30, No. 3.

[171] Rempel, H. andLodbell, R. , 1978, "The Role of Rural Remittances in Rural to Urban Migration," *Journal of Development Studies*, Vol. 14, No. 3.

[172] Rodgers, R. H. and White, J. M. , 1993, "Family Development Theory," in Pauline, G. , et al, eds. *Sourcebook of Family Theories and Methods: A Contextual Approach*, Kluwer/Plenum Press.

[173] Rodgers, R. H. and Witney, G. , 1981, "The Family Cycle in Twentieth Century Canada," *Journal of Marriage and Family*, Vol. 43, No. 3.

[174] Rodgers, R. H. , 1962, *Improvements in the Construction and Analysis of Family Life Cycle Categories*, Western Michigan University.

[175] Rodgers, R. H. , 1964, "Toward a Theory of Family Develop-

ment," *Journal of Marriage and Family*, Vol. 26, No. 3.

[176] Rodgers, R. H. , 1973, *Family Interaction and Transaction: The Developmental Approach*, Prentice – Hall.

[177] Rodgers, R. H. , 1977, "The Family Life Cycle Concept: Past Present and Future," inCuisenier, J. , ed. *The Family Life Cycle in European Societies*, The Hague.

[178] Rollins, R. C. and Thomas, D. L. , 1979, "Parental Support, Power and Control Techniques in the Socialization of Children," in Burr, W. R. , et al. , eds. *Contemporary Theories about the Family.* Free Press.

[179] Rossi, P. , 1955, *Why Families Move*, The Free Press.

[180] Rothbaum, F. , et al. , 2002, "Family Systems Theory, Attachment Theory, and Culture," *Family Process*, Vol. 41.

[181] Rowntree, E. S. , 1901, *Poverty: A Study of Town Life*, Longmans Green.

[182] Russell, C. S. , 1993, "Family Development Theory as Revised by Rodgers and White: Implications for Practice," in Pauline, G. , et al, eds. *Sourcebook of Family Theories and Methods: A Contextual Approach*, Kluwer/Plenum Press.

[183] Ryan, L. , et al. , 2009, "Family Strategies and Transnational Migration: Recent Polish Migrants in London," *Journal of Ethnic and Migration Studies*, Vol. 35, No. 1.

[184] Sandefur, G. and Scott, W. , 1981, "A Dynamic Analysis of Migration: An Assessment of the Effects of Family and Career Variables," *Demography*, Vol. 18.

[185] Sandell, S. H. , 1977, "Women and the Economics of Family Migration," *Review of Economics and Statistics*, Vol. 59.

[186] Seginer, R. , 2006, "Parents' Educational Involvement: A Developmental Ecology Perspective," *Parenting*, Vol. 6, No. 1.

[187] Seltzer, J. A., et al., 2005, "Explaining Family Change and Variation: Challenges for Family Demographers," *Journal of Marriage and Family*, Vol. 67, No. 4.

[188] Settles, B. H., 2001, "Being at Home in a Global Society: A Model for Families' Mobility and Immigration Decisions," *Journal of Comparative Family Studies*, Vol. 32.

[189] Shields, G. M. and Shields, M. P., 1989, "The Emergence of Migration Theory and a Suggested New Direction," *Journal of Economic Surveys*, Vol. 3, No. 4.

[190] Sjaastad, L. A., 1962, "The Costs and Returns to Human Migration," *Journal of Political Economy*, Vol. 70.

[191] Skinner, H., et al., 2000, "Family Assessment Measure (FAM) and Process Model of Family Functioning," *Journal of Family Therapy*, Vol. 22.

[192] Slater, P., 1964, "Parental RoleDifferentitation," in Coser, R. L., eds. *The Family: Its Structure and Functions*, St Martin's Press.

[193] Smart, M. S. and Smart, R. C., 1975, "Recalled, Present, and Predicted Satisfaction in Stages of the Family Life Cycle in New Zealand," *Journal of Marriage and the Family*, Vol. 37.

[194] Sorokin, P. A., et al., 1931, *A Systematic Source Book in Rural Sociology* (Vol. 2), University of Minnesota Press.

[195] Spanier, G., et al., 1979, An Empirical Evaluation of the Family Life Cycle, *Journal of Marriage and the Family*, Vol. 41.

[196] Speare, A., 1970, "Home Ownership, Life Cycle Stage and Residential Mobility," *Demography*, Vol. 7, No. 4.

[197] Spitze, G., 1986, "Family Migration Largely Unresponsive to Wife's Employment (Across Age Groups)," *Sociology and Social Research*, Vol. 70.

[198] Sprey, J., 1999, "Family Dynamics: An Essay on Conflict and

Power", in Sussman, M. B. , et al. , eds. *Handbook of Marriage and the Family*, Springer US.

[199] Stacey, J. , 1993, "Good Riddance to 'The Family': A Response to David Popenoe," *Journal of Marriage and Family*, Vol. 55, No. 3.

[200] Stark, O. and Bloom, D. E. , 1985, "The New Economics of Labor Migration," *American Economic Review*, Vol. 75.

[201] Stark, O. andLehvari, D. , 1982b, "On Migration and Risk in LDCs," *Economic Development and Cultural Change*, Vol. 31, No. 1.

[202] Stark, O. , 1982a, "Research on Rural – to – Urban Migration in LDCs: The Confusion Frontier and Why We Should Pause to Rethink Afresh," *World Development*, Vol. 10.

[203] Stark, O. , 1984, "Rural – to – Urban Migration in LDCs: A Relative Deprivation Approach," *Economic Development and Cultural Change*, Vol. 32, No. 3.

[204] Steinberg, L. , 2007, *Adolescence*, McGraw – Hill.

[205] Stock, J. andYogo, M. , 2005, "Testing for Weak Instruments in Linear IV Regression," in Andrew, D. and Stock, J. , eds. *Identification and Inference for Economic Models: Essays on Honor of Thomas Rothenberg*, Cambridge University Press.

[206] Sussman, M. B. andBurchinal, L. , 1962, "Parental Aid to Married Children: Implications for Family Functioning," *Marriage and Family Living*, Vol. 24, No. 4.

[207] Sussman, M. B. , 1959, "The Isolated Nuclear Family: Fact or Fiction," *Social Problems*, Vol. 6, No. 4.

[208] Tallman, I. , 1969, "Working – Class Wives in Suburbia: Fulfillment or Crisis?", *Journal of Marriage and Family*, Vol. 31, No. 1.

[209] Terkelson, K. G. , 1980, "Toward a Theory of the Family Life Cycle," in Carter, E. A. and McGoldrick, M. , eds. *The Family Life Cycle*, Gardner Press.

[210] Thornton, A. , 2001, "The Developmental Paradigm, Reading History Sideways, and Family Change," *Demography*, Vol. 38, No. 4.

[211] Todaro, M. P. , 1969, "A Model of Labor Migration and Urban Unemployment in Less Developed Countries," *American Economic Review*, Vol. 59.

[212] Treas, J. , 2008, "Transnational Older Adults and Their Families," *Family Relations*, Vol. 57.

[213] Trost, J. , 1974, "This Family Life Cycle——an Impossible Concept?" *International Journal of Sociology of the Family*, Vol. 4, No. 1.

[214] UN DevelopmentProgramme, 1995, "Defining and Measuring Human Development," in Ayres, R. , ed. *Development Studies: An Introduction Through Selected Readings*, Greenwich University Press.

[215] United Nations, Population Division. , 2017, "World Population Prospects: The 2017 Revision," https://esa. un. org/unpd/wpp/Download/Standard/Population.

[216] Vock, M. , et al. , 2011, "Mental Abilities and School Achievement: A Test of a Mediation Hypothesis," *Intelligence*, 2011, Vol. 39, No. 5.

[217] Waller, W. and Hill, R. , 1951, *The Family: A Dynamic Interpretation*, Dryden Press.

[218] Waller, W. , 1938, *The Family: A Dynamic Interpretation*, Dryden Press.

[219] Warnes, T. , 1992, "Migration and the Life Course," in Champion, T. and Fielding, T. , eds. *Migration Processes and Patterns*

（Volume 1）. Belhaven Press.

[220] Wells, W. D. andGubar, G. , 1966, "Life Cycle Concept in Marketing Research," *Journal of Marketing Research*, Vol. 3, No. 4.

[221] Whitchurch, G. G. and Constantine, L. L. , 1993, "Systems Theory," in Boss, P. G. , et al. , eds. *Sourcebook of Family Theories and Methods: A Contextual Approach*, Plenum.

[222] White, J. M. , 1991, *Dynamics of Family Development: A Theoretical Perspective*, Guilford Press.

[223] Wikipedia, 2017, "Family," https: //en. wikipedia. org/wiki/ Family#cite_ note - 49.

[224] Wilensky, H. , 1963. "The Moonlighter: A Product of Relative Deprivation, " *Industrial Relations*, No. 3.

[225] Woelfel, J. and Haller, A. O. , 1971, "Significant Others, the Self - Reflexive Act and the Attitude Formation Process," *American Sociological Review*, Vol. 36, No. 1.

[226] Wooldridge, J. M. , 2006, *Introductory Econometrics: A Modern Approach*, South Western.

[227] Wooldridge, J. M. , 1995, "Selection Corrections for Panel Data Models Under Conditional Mean Independence Assumptions," *Journal of Econometrics*, Vol. 68, No. 1.

[228] Wu, D. , 1973, "Alternative Tests of Independence Between Stochastic Regressions and Disturbances," *Econometrics*, Vol. 41. barn

[229] Wynne, L. , 1984, "The Epigenesist of Relational Systems: A Model for Understanding Family Development," *Family Process*, Vol. 23.

[230] Young, G. , 1997, "Family Development," in Young, G. , e-d. *Adult Development, Therapy, and Culture*, Springer US.

[231] Zelinsky, W. , 1971, "The Hypothesis of Mobility Transition, "

*Geographical Review*, Vol. 61, No. 2.

[232] Zetterberg, H. L., 1954, *On Theory and Verification in Sociology*, Almquist and Wiksell.

[233] Zinn, M. B. andEitzen, D. S., 2002, *Diversity in Families*, Allyn and Bacon.

# 索　引

# 后　记

　　本书是由我的博士学位论文修改而来。原文提交之际琐务交杂，以致不得余暇撰写后记，只能草草收场，徒留一丝遗憾。而今，其在国家社科基金后期资助暨优秀博士论文项目支持下，即将出版发行，我也终得机会补全最后一环。

　　人口流动长期以来始终都是中国最为突出的人口现象。人民日益增长的美好生活需要和不平衡不充分的发展之间的矛盾，是人口流动现象空前活跃、流动人口规模异常庞大的根源。本书可以说是我从关注流动人口到探究流动人口这个求索过程的一次总结。本科时候与流动人口群体的"邂逅"，是我一直以来关注和探究流动人口问题的主要诱因。从寒暑假的调研到"创新杯"的访谈、再到国家卫生计生委的实习，从本科毕业论文着眼撒点并校背景下的人口流动到硕士学位论文瞄准农地流转与家庭化流动，再到博士学位论文聚焦流动人口家庭发展，我亲眼看到、亲耳听到的是流动人口作为相对弱势群体在生活中的酸甜苦辣、荣辱悲欢。这些让我发现，书上的理论模型尽管能很好地"照"进中国的现实，却不能完全地"照"透中国的现实。唯有扎根中国大地在社会的"大熔炉"中持续历练、到群众的"大课堂"上不断学习，才能求得实、求得真，才能为相关理论积累起厚重的底蕴、锤炼出创新的品格。

　　本书同样是我在中国人民大学从学士到硕士再到博士这个求知过程的一个总结。九年的时间里，青春的赛道上，我亲身经历了许多酸甜苦辣、荣辱悲欢。但是，人大于我而言，就是精神、就是力量。她的良好氛围，让我既能感受到经典的气息、也能紧扣住时代的脉搏。虽然可能因为阅读经典文献、熟悉经典学说而需要奋战到深夜，但是功力增进之后的获得感、成就感却让我鼓足勇气去不断发掘新天地。作为我研究生阶段和本科生阶段的导师，翟振武老师和宋月萍老师从不在对我的指导上吝惜时间。办公桌前打开一盒饭、办公楼里最后一盏灯，就是在我持续的追问和他们反复的指正中，我对学习经典理论、剖析时代问题愈加地严谨和审慎。在全面建成小康社会、全面深化改革背景下，我们将人口流动的一般规律结合户籍制度改革的形势来探讨家庭化、稳定化的新特点。我也渐渐地认识到，经典气息与时代特色的交融碰撞，体现着对学术理想的坚持和对社会责任的担当。

　　本书算是一次到达，又是一次启程，而今，我依然在关注着那些相对弱势的群体、探究着他们生存发展的问题。成长成熟的每一步都要感谢那些鼓励我、帮助我的人。他们当中，既有为本书的完善提出意见的老师和同学，也有为本人的发展给予支持的师长和亲友。请原谅我挂一漏万的担忧，不再逐一将其列出。本书但有闪光之处，谨此献于他们。最后，还要感谢中国社会科学出版社王莎莎老师，我也担当着《人口研究》的责任编辑，深知编校工作多有不易，本书得以面世，也离不开她的辛勤付出。

李　龙

于中国人民大学